在线研究

数智时代体育研究的方法与实践

贾　晨/著

广东第二师范学院学术出版基金资助

前言

PREFACE

当人类社会进入以“数字化生存”为常态的移动互联时代后，互联网在世界各地的日益普及以及社会媒介化趋势的日渐明显在改变人们体育行为与运动经历、催生出体育研究新焦点的同时，也深刻地重塑着探索社会体育问题和体育文化现象的方式、开辟着窥探体育世界的田野、拓展着体育研究的学科边界。而作为一种新工具、新场域、新社会互动与文化实践平台的互联网在生成丰富的社会形态与多元的角色身份，加速社会行为、关系、文化、结构变革的过程中，也为探索体育世界和推动体育研究发展提供了崭新的机遇。那么我们究竟应该如何借助互联网去考察和探究数字社会带来的体育新生活、运动新模式和健身新场景？又该如何依托互联网去审视和管窥数字社会所出现的一系列体育新问题？正是出于对当前我国技术革新与社会转型复杂背景下发生的这些与我们体育文化生活息息相关问题的深切关注，构成了本书写作的初衷。为了能够系统地解析移动互联网时代与体育相关的新行为与新现象，深入地从人们所处的全新数字生活中去挖掘体育的意义与价值，多维地从多元交融的数字情境中探究体育文化的改写与变迁，本书将体育在线研究的理论建构同互联网语境中的数字体育文化实践相结合，将国际体育传播视野与本土体育文化特色相融合，将跨学科方法论体系与体育独特内核相糅合，形成了三大部分共八章内容。

第一部分“体育在线研究的理论背景”由三章组成(第一章到第三章),主要从方法论的角度出发对在线研究的定义、起源和发展进行了回溯,同时介绍了在线研究与体育的逻辑关联,明确了体育在线研究的选题设计、研究质量与伦理道德等重要的理论问题。作为本研究的“理论基础”部分,本书的第一章对在线研究的内涵、渊源、特点、背景等问题进行了说明,廓清了研究边界,厘清了关键概念,并通过对国内外体育在线研究开展状况与基本脉络的历史追溯,揭示了在线研究在当前体育领域中的价值与意义。第二章从选题确定、信息获取、过程评估等层面对体育在线研究进行整体考量和通盘计划的全貌予以呈现,并对开展体育在线研究的一些关键问题进行了深入阐释。第三章提供了体育在线研究开展和实施的道德、法律及伦理立场,探讨了需要遵循的策略原则、伦理程序和关键问题,并对开展体育在线研究可能引发的争议性问题进行了回应。

第二部分“体育在线研究的资料收集”共三章(第四章到第六章),本部分进入具体如何做研究的范畴。除了系统地介绍了体育在线研究中最主要的三种收集资料的方法——在线调查、在线访谈和在线民族志外,还提供了适用于不同类型研究主题方法选取的基本原则,对各方法的概念内涵、本质特征、规范原则、具体操作、技术性问题进行了说明与讨论,并通过引入国内外体育在线研究的经典实践案例来对体育在线研究进行理论反思。具体而言,第四章对体育在线调查的基本概念、操作流程、评价标准等重要内容进行了系统介绍;第五章对体育在线访谈的适用情境、类型划分、方法策略及其“盲点”展开了深入分析;第六章对体育在线民族志的理论倾向、发展脉络、应用价值、方法类型、实施程序采取了全方位的归纳与总结。

第三部分“体育在线研究的数据分析”共两章(第七章与第八章),本部分进入体育在线研究的“诠释之环”,主要呈现了体育在线研究对原始数据进行分析与处理的具体方法,针对体育在线研究中描述性量化数据和探索性质性资料的分析过程与主要环节进行全景式、多面向的概述，探讨了数据处理与分析中存在的经验主义与建构主义争论，并力图通过对经典体育研究案例的解析来加深理解与直观感受。具体而言，第七章从量化研究范式出发对描述性、因果性数据分析的基本逻辑、操作技巧和解释步骤展开整体描绘；第八章从质化研究范式出发对探索性、经验性资料分析的理论概念、分析技术和方法策略进行完整勾勒。

总体而言，本书希冀从学科理论、适用边界、方法实践等方面为从事或有意探索数字社会中体育研究的新境遇、新问题与新现象的体育研究同仁们开展体育交往实践和数字体育行动提供研究思路与实施策略。与此同时也期待本书能够抛砖引玉，引发更多学者对体育学学科融合与方法使用的关注，从而在真正意义上架起学科方法论体系建构与本土体育实践创新的桥梁。

贾 晨

2023 年 8 月于广州

目录

CONTENTS

第一章 在线研究及其在体育研究中的应用

互联网的出现不仅从本质上改变了人们的交往方式，颠覆了传统的社会形态，同时也重塑着我们的社会结构，并在此过程中催生了动态交互的社会场景，形成了丰富多维的文化样态，提供了多元主题的庞大数据，也带来了完善科学研究方法的机遇与挑战。而在线研究作为一种网络与物理世界深度融合、虚拟和现实生活并置背景下应运而生，用以探索复杂场景与社会文化的有效手段，在深度挖掘和寻求文化行为、社会行动等人类经验，从而实现整体性认知、共情化理解和过程性透视方面发挥着重要的作用，进而也成为移动互联时代探究社会体育新问题和体育社会新现象更具价值的研究路径。

第一节 在线研究概述

一、什么是在线研究

网络与媒介技术在革新社会形态的同时，也促使我们必须开展一系列全新的研究来理解这个快速扩展的新世界。而在线研究正是在互联网浪潮背景下兴起的一种用于发现和理解现代社会的研究新路径，它既可以被看作是一种独特的研究工具，也可以被视为一种全新的研究场域。[①] 这种变

① Harriman, S. and Patel, J. (2014). The ethics and editorial challenges of internet-based research[J]. BMC Medicine, 12(1): 124.

革性的研究方法不同于传统研究所具有的相对稳定性，而是处于持续的动态发展状态，其将互联网作为研究对象和作为数据收集工具的研究相结合，不仅涉及对数字时代人们在虚拟和中介环境中日常生活行为多维样态的探究，也关注以某种方式参与和使用基于互联网工具与计算机技术以及将其作为一种干预手段的群体，从而在一定程度上弥合了探索虚拟空间与日常生活之间的鸿沟。[①]

二、在线研究的缘起

随着网络对社会个体的重要性愈发凸显，互联网作为"开展研究的新工具、社会研究的新场域以及理解社会现实的新手段"开始在探索个体行为和群体文化方面释放出巨大的潜力，[②]并逐步作用于方法论思维与实践的发展。于是建立在互联网发展基础之上的在线研究也随之在不断变化的互联网技术、复杂多元的社会环境和持续创新的研究范式的交织过程中发展起来，这一点我们或许可以从互联网的发展变迁与在线研究的演进历程的时间轴中寻找到线索（如图 1－1 所示）。

20 世纪 60 年代，随着美国麻省理工学院的约瑟夫·利克莱德（J.C.R. Licklider）有关"银河""全球性""信息网络"等计算机通信网络概念的提出，计算机技术开始被用于促进信息共享与文化交流，网络也逐步被开发成一种研究工具。[③] 在历经了近 30 年缓慢而稳定的发展时期，伴随超文本、浏览器以及即时通信服务的出现，互联网得以快速扩展并成为社会文化、人们工作生活的重心，从而愈发显现出其国际性和高度的学术性。特别是当基

---

① Walther, J. (1999). Researching Internet behavior: Methods, issues and concerns. National Communication Association Summer Conference on Communication and Technology[M]. Washington, DC.

② Markham, AN. (2004). Internet communication as a tool for qualitative research, In D Silverman (ed.), Qualitative research: theory, method, and practices[M]. 2nd edn, Sage, London, p.95.

③ Leiner, B.M., Cerf, V.G., Clark, D.D., Kahn, R.E., Kleinrock, L., Lynch, D.C., Postel, J., Roberts, L.G. and Wolff, S. (2009). A brief history of the internet[J]. ACM SIGCOMM Computer Communication Review, 39(5): 22－31.

1960s

1962年，随着早期计算机中介传播技术出现，约瑟夫·利克莱德(J.C.R Licklider)提出了“银河”“全球性”“信息网络”等概念。

1970s

1973年，世界第一台手机诞生。
1979年，第一代蜂窝移动通信系统开通。

1980s

1986年Kiesler和Sproull进行了一项在线调查，随后用于分析定性数据的计算机软件包问世。

1983年，摩托罗拉推出第一部商用手持移动电话。
1989年，蒂姆·伯纳斯·李(Tim Berners-Lee)发明了万维网。

1990s

1993年，第一款网络搜索工具和浏览器发布，随后Alta Vista、Lycos、Excite和Yahoo等搜索引擎被开发。
1997年，即时信息服务推出，Google、博客以及社交网站相继出现。

1994年，Foster开始使用电子邮件进行在线异步采访，Brotherson首次进行了在线访谈的方法论探讨。
1995年，在线民族志、网络实验等方法相继出现，从而引发了有关在线研究伦理的探讨。

2000年后，互联网研究协会成立，《在线民族志》《在线研究手册》《在线社会科学》等在线研究相关方法及伦理类专著相继出版。

2000年，全球使用互联网的人超过4亿。
2004年，3G手机问世，Facebook发布，全球进入web2.0时代，互联网用户达20亿。

2010s

2010年开始随着微博、微信等社交媒体的风靡、直播浪潮的兴盛，以及人工智能、元宇宙等数字互联概念的提出，全球进入web3.0时代。

2010年后在线研究方法逐渐成为独立的方法论领域，其方法实践与研究思维开始在各学科中广泛传播与应用，呈现出多领域和跨学科发展的趋势。

图 1-1　互联网发展与在线研究推进的历史时间轴

于文本的即时通信界面、影音结合的通信渠道成为人际互动的一种极为重要的形式，并以此创造出新的、开放的社会与文化形态后，学界便很快开始将其作为社会研究的焦点以及用于采集研究数据的替代方案。

早期在线研究的关注点主要集中在在线调查领域，自 1986 年 Kiesler 和 Sproull 开启了使用在线调查进行研究的先河后，各领域的研究者逐渐看到了网络在提供调查和探索现代社会复杂问题与多元现象方面的潜力，因此这种速度快、成本低、易分析和便管理的方法也很快受到了学界的青睐。1994 年，Foster 利用电子邮件进行在线异步访谈的方式将在线研究向前推进，而后在线民族志、网络实验等方法的相继出现再次丰富了在线研究的手段，2008 年，Gaiser 对公告板、互联网聊天小组（IRC）、多用户维度（MUD）和网络会议页面作为开展在线焦点小组潜在场所的探索，进一步推动了在线研究的系统性、规范性和跨学科性。① 随后，当互联网越来越被理解为社区和社会互动的场所，在线民族志也开始被视为一种调查和了解互动者生活体验与人生经验的有效方式，进而引发了有关在线研究的适用场景、问题边界、操作规范、伦理道德的探讨。② 特别是 2002 年 Batinic、Reips 和 Bosnjak 的《在线社会科学》、2004 年 Johns，Chen and Hall 的《在线社会研究》、2008 年 Fielding，Lee and Blank 的《在线研究方法手册》、2009 年 Kozinets 的《如何研究网络人群与社区》等重要著作的出版，使其在社会科学研究方法中确立了明确的地位，正式开启了在线研究作为独立的方法论领域之路，并使其迅速在不同学科中广泛传播与应用。

三、在线研究的方法类型

在方法论视角下，在线研究的方法类型通常被划分为定量研究、定性研究和混合研究三种。前两种方法类型主要是在遵循社会科学研究的基本范式划分的基础上出现的，而混合研究则是以研究者所面临社会现象和生活情境的多样性，以及定量和定性研究的局限性为起点发展起来的。

（一）定量研究方法

定量研究（Quantitative Research）在社会科学研究中，是指对研究现象的"经验观察"运用数字符号表示，并通过数理统计技术或计算机技术来对研究现象进行系统、经验的研究，或是以高度抽象的数学公式、模型、理论对社会现象本质进行揭示和解释，以探讨事物之间无法直接观察到

---

① Gaiser，T.J.（2008）. Online focus groups，in N. Fielding，R.M. Lee and G. Blank（eds.），The Handbook of Online Research Methods[M]. Thousand Oaks，CA：Sage Publications，290－306.

② Hine，C.M.（2008）. Virtual ethnography：Modes，varieties，affordances，in N. Fielding，R.M. Lee and G. Blank（eds.），The Handbook of Online Research Methods[M]. Thousand Oaks，CA：Sage Publications.

的关系。① 这种以逻辑实证主义和实用主义为其方法论基础，强调工具和操作的重要性，注重通过数量关系来解释事物的客观规律，讲究研究过程的科学性、规范性、精确性、可重复性和可预测性，主要用以回答整体的、宏观的、一般性的事实问题的研究方法类型在目前的在线研究中实为常见，并由多个环节的操作化手段所构成。② 例如包括网站/页调查(w-survey)、电子邮件调查(e-survey)、弹出式调查(pop up)和网上固定样本调查(online panel survey)等类型的在线调查和内容分析等方法，通常是在线研究中实现收集资料和对所获取经验性数据进行测算、统计和因果关系分析的较为典型的手段。

(二) 定性研究方法

定性研究(Qualitative Research)与定量研究相对应，也称之为质化研究、质的研究或质性研究，是社会科学研究中的基本类型。定性研究发轫于20世纪初，也成为这一时期人类学、心理学等学科的研究者运用个人主观经验解释和判断问题的研究方法。③ 这种以解释主义和建构主义为其方法论基础，关注实践与意义，倾向于采用非量化、非标准化的方式对人类行为和社会历史现象加以阐释，具有较强的灵活性和开放性，主要用以回答个体的、微观的、特殊的、情境化的社会问题。因此，诺曼·K.邓津也将其看作是一种将观察者置于现实世界之中的情境活动，并将这些转化成一系列陈述，包括田野笔记、访问、谈话、照片和备忘录等，体现出对世界的一种解释性的、自然主义的探索方式。④ 在在线研究中，在线访谈(深度方法、小组座谈)、在线观察、在线民族志、话语分析和扎根理论则是达成对社会事象性质、特征、意义、趋势评价与判断的主要方式。

---

① 仇军，田恩庆.欧美体育社会学研究图景[M].北京：清华大学出版社，2017：128.
② 杨达.社会学定量研究方法的学理脉络及优劣判断[J].江西社会科学，2009(11)：168—180.
③ 仇军，田恩庆.欧美体育社会学研究图景[M].北京：清华大学出版社，2017：129.
④ 诺曼·K.邓津.定性研究：经验资料收集与分析方法[M].重庆：重庆大学出版社.

表 1-1 定量与定性研究的特点

定 量 研 究	定 性 研 究
实证	解释
演绎	归纳
涉及“什么”“何时”“多少”等问题	涉及“为什么”“如何”等问题
局外人观点	局内人立场
假定存在唯一客观的社会现实	假定社会现实是一种主观体验
遵循预先确定的设计	灵活研究设计，过程不断调整
可验证、可重复、概括化	独特不可重复、分析性概括化
建立因果关系	解释因果关系
确认理论	生成理论

表 1-2 定量与定性研究方法的主要差异

研究要素	定 量	定 性
研究目的	预测、检验因果关系	诠释、了解对方立场
研究方法	操作、控制、描述 规范性、一致性 结构化、固定线性模式 以数字语书写	分析、解释、理解 多元性、复杂性 非结构化、螺旋式循环 以陈述语书写
价值伦理	保持距离与公正 客观性描述	个人投入与偏私 同理心理解

（三）混合研究方法

随着调查技术和研究工具的提升、研究问题逐渐趋于多元化和复杂化，以及社会科学研究内涵与外延的延伸与扩展，研究者在很多时候其实很难以单一研究工具或研究思路应对现实中的研究问题，从而使定量研究与定性研究的结合成为可能。伴随《混合方法研究杂志》(*Journal of Mixed Methods Research*)的创刊，这种将“不同的数据收集和分析方法混合”的研究形式也逐步得到了社会科学研究者的广泛接受。[①] 在很多情况下，在线研究不仅需要我们获得相对精准的答案，也需要我们对答案有更为细致具体的阐释，这个时候将线上线下、定性定量相结合的混合型研究方法则展现出其意义与价值。当然正是由于定量研究和定性研究具有各自的方法论基础和技术手段，因此也为其相互共存、相互补充从而构成社会科学研究的整体，以及研究人员将两种研究策略和技术方法有机地结合起来提供了可能。就像张红川等学者所说的，由于两种类型的研究“在研究视角、研究设计、具体研究方法等不同层面结合，能够发挥两类范式的各自优点”，从而使其成为最适合研究所需的“混合研究模式”。[②]

四、在线研究的优势与局限

随着宽带连接率的增加、智能移动设备使用率的提升以及搜索引擎、电子邮件、社区论坛、社交媒体等基于互联网生产、传输数据与资源方式的出现，在线研究逐渐于 20 世纪 90 年代兴起并开始走向主流。[③] 然而，在一个身处媒体融合、中介身份与超越地理边界的时代，在线研究在多元数据采集、文化行为阐释和社会意义挖掘方面为研究者带来更多吸引力和可能性的同时也使其面临着诸多特殊的挑战，具体可从在线研究的所长及其不足中找到答案(见表 1-3)。

---

① 朱迪.混合研究方法的方法论、研究策略及应用——以消费模式研究为例[J].社会学研究，2012(4)：146—166+245.

② 张红川，王耘.论定量与定性研究的结合问题及其对我国心理学研究的启示[J].北京师范大学学报(人文社会科学版)，2001(4)：99—105.

③ Pew Research Center. (2018). Collecting survey data, available at: https://goo.gl/XTSRuf (accessed February 8).

表1-3 在线研究的优势与局限

在线研究的优势	在线研究的局限
速度高效	回应效率与质量不足
成本低廉	
覆盖范围广泛	样本偏差
方式灵活开放	
数据采集与管理便利	隐私与安全问题
易于获取社会数据	

(一)在线研究的优势

在线研究方法作为互联网时代背景下衍生出的新型研究工具与研究场域,其相对于传统研究方法的优势主要表现在以下方面:

1. 速度高效

电子邮件和基于互联网的调查方式主要的优点之一即是能够缩短调查周期,网络的无线传输和即时通信能够在最大程度上提升研究人员在发放问卷、收集访谈资料、追踪观察和联系潜在参与者方面的工作效率。此外在线研究方法对于研究过程全周期的监控、实时访问的允许和定制程式的使用,缩减研究人员在进场、等待回收数据、样本质量检验等各个环节的时间,也在选取和追踪研究对象的过程中提升了精确性,缩短了被访者的感知调查时长。

2. 成本低廉

无论是通过电子邮件发放在线调查问卷,还是借助在线论坛或腾讯会议、微信通话等功能进行在线访谈或线上观察,只需要具备连接网络的终端设备和基本的计算机操作能力即可实现,由于无需再负担打印、邮资、文具、人工培训、交通等费用,因此大大降低了传统研究过程中的相关附加支出。

3. 范围覆盖广泛

美国网络使用调查显示，截至 2021 年，全球近 54%的人口至少每月会使用一次互联网，因此互联网具备让研究人员以最简单、快速、低成本的方式接触到庞大、多元全球人口的能力。特别是当开展社会尖锐现象和敏感人群的研究时，在线研究方法可以获得比线下更多样化、更独特的样本。

4. 方式灵活开放

在线研究方法为研究人员在研究设计与研究实施过程中提供了最大限度的灵活性。首先在调查问卷的问题格式和类型、回答类别、逻辑控制方面，研究者可以根据调查群体的特性及研究需要，灵活地使用颜色、图形，改变问题设置方式与顺序，并动态地调整问卷读取的屏幕分隔样态，适时地加入动画、声音、提醒等嵌入式程序或连接，灵活地配置选择、问答和开放式问题，以此提升数据回收效率与质量。其次在(焦点)访谈实施过程中研究者与被访者双方均冲破了传统访谈方式在地理、时间与频次方面的束缚，时空边界的消弭一方面会增加目标群体中参与者的数量，另一方面在更为开放的节奏、时间和场域中交流可能会产生更丰富的数据。最后在线研究方法为研究人员进行观察和参与式观察工作提供了更多可能性。研究者可以根据研究进程与被观察者建立信任关系的程度来选择是以“隐身”“潜水”的观察者和研究者身份入场，还是以融入、互动的亲历者和创造者身份持续浸入，这种研究方式的灵活性也为引导数据的有效采集增加了几率。

5. 数据采集与管理便利

基于互联网的调查能够生成数量庞大的潜在数据，并且只需借助平板电脑、智能手机等终端设备便能永久保存。这些数据不仅无需人工监控和手动转录便能够自动发送提醒信息和被录入电子数据库中，从而保障了大量持续性数据采集的可能性，而且还能借助电脑中各类软件程式和内置分析工具实现更多有关定时分发、自动追踪(通过 GPS 达成对潜在参与者的信息追踪)、数据捕捉(通过 IP 地址完成对具体地理辖区的信息采集)、内容分析、分类管理、报告反馈等附加功能，以为研究人员在数据采集与资料管理方面减轻压力。

6. 易于获取社会数据

通常来说，研究过程中所收集的数据主要包含信息数据（回应是什么的问题）与社会数据（回应为什么的问题）两种。相对于信息数据调查的容易程度而言，涉及具体的、情境的、微观化的日常现象，并能够挖掘、还原、解析有关社会事实、组织运作、精神文化、人类行动的社会数据获取难度更大。而正是由于网络的虚拟、流动、弱关系等既有特性降低了遭受身份暴露、信息披露、熟人联结与社会压力的可能性，进而使被访人员在基于互联网的交流过程中更容易避免社会期望效应的影响，实现情感交流和增加自我披露。因此受访者能够在没有过多心理设防和个体顾虑的情况下就一些较为敏感、尖锐和私密类社会问题提供更为真实、细致和准确的数据。

（二）在线研究的局限

尽管在线研究方法在便利性、开放性、经济性、高效性方面为移动互联时代研究人员开展调查提供了诸多助力，但其在具体实施过程中也存在以下局限：

1. 回应效率与质量不足

在线研究中存在的诸如在线数据库局限、调查对象的不信任、调查问卷与访谈邀约被屏蔽、过度调查以及所涉及的隐私和安全问题等都会对研究的回应效率和质量产生影响。由于人们每天接收到互联网信息的庞杂性与网络功能的多样性相当，因此多数受访者难以区分网络调查与垃圾邮件，除了可能面临调查信息会被电脑设置直接屏蔽进入垃圾文件夹外，即便是在确认了信息来源可靠的情况下，许多受访者也会因信息传输安全、个人隐私暴露等潜在风险而排斥点击进入访问链接或拒绝接受线上访谈，此外由于在线调查缺乏强制力，调查时长也存在不确定性，以及缺乏一定的激励和补偿机制，因此也不排除部分参与调查的受访者出现分心、应付或欺骗的情况，以致使研究人员在调查的回复率与数据质量方面备受挑战。

2. 样本偏差

尽管互联网不再是一种新技术，使用网络也不再变得困难，但由于在线场域并非是一个获取现实的民主平台，全球社会经济、教育、种族的不平等确实会对互联网的使用产生影响。有研究表明，全球互联网使用人群的区域性差异显著，在总体占比上多以精英男性为主，而选择注册在线讨论小组的人群也呈现出更为年轻化和男性化的趋势，[①]因此网络中存在的人口结构差异和渗透率在某种程度上极大地影响了研究样本的代表性。

3. 隐私与安全问题

互联网不仅为研究人员提供了新的研究工具和研究场域，同时也挑战了过往人们认为理所当然的身份、关系、文化和社会结构构建框架。特别是在一个流动的、无边界且不断变化的空间场域中探索社会现象，必然会带来一系列有关隐私和安全的问题。例如，在线数据收集过程中有关公共空间与私人空间的争议，以及数据采集是否需要知情同意就使在线研究方法在很长一段时间里备受质疑。例如，通过在线方式观察目标群体而不参与其中的研究人员有时候就会被轻蔑地称为“潜伏者”或被谴责具有“虚拟窥视癖”，[②]而基于电子邮件和网络社区的在线调查也会因账号和 IP 的泄露而使受访者遭遇风险。由于研究标准与专门协议的缺乏以及网络空间性质的动态变化，导致此类的道德困境愈发趋于复杂化，[③]在线研究无法保障和维持舒适安全的空间与关系在一定程度上也会影响研究的开展。

第二节　为何要进行体育在线研究

伴随着我国网络技术的快速革新与社会转型的逐步加剧，作为一种新现象、新工具、新场域、新社会互动与文化实践平台的互联网在为身处“数字社会”的人们赋予特殊的体育经历、丰富的运动体验、多元的角色身份和复

① Duffy B.，Smith K.（2005）. Comparing data from online and face-to-face surveys［J］. International Journal of Market Research，47(6)，615－639.

② Bell，D.(2006). An introduction to cybercultures［M］. Routledge，London，p.198.

③ Markham，AN.（2010）. Internet research，In D Silverman（ed.），Qualitative research：theory，method，and practices［M］. 3rd edn，Sage，London.

杂体育文化形态的同时，也深刻地重塑着我们探索体育社会问题和看待体育文化现象的方式。特别是在当前智能终端与互联技术对体育场景的不断改写、虚拟社区与网络文化对体育生活的无限驱动，以及防疫环境与国际形势对体育模式的持续冲击等一系列复杂的内外部环境下，为了拓宽体育研究的边界、增加体育研究的厚度、丰富体育研究的面向，体育学界也亟待一种全新的实践路径和研究手段来激活作为身体活动和社会文化的体育的活力，而在线研究方法则能够为新环境下体育研究的开展注入生机。

一、智能终端与互联技术的革新对体育场景的改写

随着以5G为核心的互联网技术、信息技术、生物技术、AR与VR、人工智能、大数据与物联网技术的快速发展及其在体育领域的创新性应用，科技革命产生的巨大驱动力极大地改写了过往线下单一的体育场景。而在技术迭代、创新、加持与融合下新型、多元且富有感知化的运动场景的出现，在推动着大众的运动体验走向数据化、个体的运动表现迈向可视化和群体的运动社交经验愈发情景化的同时，也改变着人们认识体育世界的方式，并为研究者在多维交融的新体育场景下挖掘人们日常生活中体育行为的纹理、探索全球社会体育事件的过程提出了新的诉求与期待。特别是当线上运动、网络赛事、体感游戏、电子看台、智慧场馆、数字健身社群、可穿戴设备等新产品、新场景和新业态的出现，以及“小屏”替代“大屏”、“草根”取代“官媒”等“微”生态的形成，全球的体育图景和人类的运动生活都会随着新场景进行着改造与重塑，而在线研究则恰巧能为这些发生在基于移动数字技术的体育交互平台和运动消费媒介网络中的新事件、新问题、新现象提供了破解思路。例如，在线民族志这种具有低倾入性、高渗透性和强浸入性的“整体情景化”研究范式，在当前多场景叠加的体育生态中就能够发挥其“融进去”和“跳出来”的优势，从而得以更加深入、多维地诠释体育社群成员的认同、表达与分享机制；在线观察这类能够以多重“文化持有者”角色积极融入所考察网络深层结构中的方式，则可以将数字体育情境下人们的消费感悟、文

化表达、身体感受等运动生活图谱刻画得更为细致、全面和富有温度。因此，当人们的体育生活逐步迈入一个场景化的时代后，当全球的体育图景和人类的运动生活都投射于数字集成、虚拟现实的景观中时，我们也需要在这个由新场景创造和搭建的体育网络里去开辟一条"在线"行动路径，以便从不同侧面认识、挖掘、诠释、反思多元情境中的体育意涵。

二、虚拟社区与网络文化的崛起对体育生活的驱动

虚拟社区是人们基于计算机网络，围绕共同的生存需要、兴趣爱好、意识行为、文化风俗与核心利益发生互动而形成的跨越地理边界的生活"共同体"，而网络文化则是伴随虚拟社区所衍生出的一套行为习惯与价值取向，也是虚拟社区成员在所属媒介生态环境中得以维持和产生互动的基础。[①]随着互联网的普及与体育运动的兴起，滋生出了大量的网络体育社群，那些过往封闭传统的线下体育社区在向动态开放的社会网络空间迁移的过程中，社区中的成员则通过新颖的线上互动模式和独特的体育文化渊源被重新联结在一起，形成具有超强标识性与特定性的群体联结和独特文化，从而促使网络空间开始成为人们开启全新体育生活的重要场域。在这个由网络社会与虚拟形态交织而成的"链式"动态化体育世界里，由于过往体育实践赖以发生、存在的地理意义界限的丧失，情绪、偏好、信仰成为加剧人们因健康意识、健身行为、体育情怀、参与体育益处上的共性所展开社会行动的源动力。从虚拟社区中球迷们的抱团式观赛狂欢到体育联盟对抗中的文化仪式重聚，深陷于圈层认同、群体意志、网络社区信仰和体育亚文化包裹中的网络社会成员，无论是日常的运动参与、竞技观赏，还是平常的休闲娱乐、互动社交，都被深深地打上了仪式、圈层、意识等具有"共性色彩"的印记。然而当网络社会开放、多元的关系结构遭遇社群内部固有、限定的认同标识时，在线研究方法则能够帮助研究人员在运动聚合共同体由固定、明确的关系结构向灵活、松散的网络联结转变的过程中，以及身份区隔、个性标签、情

---

① 周建新，俞志鹏．网络族群的缘起与发展——族群研究的一种新视角[J]．西南民族大学学报(人文社科版)，2018，39(02)：154—159．

绪价值愈发凸显的社会网络里，以更为开阔的研究思路和研究视野从整体上把握球迷网络狂欢、虎扑论坛话语霸凌等体育文化现象与运动社群成员主体性丧失、群体身份认同危机等体育现实问题。

三、防疫环境与国际形势的冲击对体育模式的扭转

自2020年新冠病毒感染疫情在全球范围肆虐以来，扎根于现实生活的体育运动就被迅速地按下了“暂停键”。从东京奥运会的延期到国际大型体育赛事的“停摆”，从各类体育休闲产业的歇业到疫情防控常态化下人们日常健身活动的中断，疫情的全球大流行不仅对世界各地的体育组织、体育从业者和体育爱好者造成了极大程度的影响，让原有的体育模式和体育生态备受冲击，也进一步引发了国际体育环境的巨变和全球体育格局的重塑。[①]因此，在这种不断变化的复杂外部环境和国内相对严格的公共治理策略下，为使体育行业拓展和开辟更大的生存空间，我国体育的生存和运行方式也逐渐开始朝着数字化、网络化、智能化和融合化的方向探索与发展，例如利用互联网和新媒体技术大力开展“数字化健身”“智慧居家运动”“VR竞技”等以线上体验与沉浸观赏为主要形式的大众体育服务；借助大数据、人工智能技术全力推进户外智慧体育设施建设，提高全民健身健康的科学化水平，带动线上健身产品的消费升级。而这些当前我国所面临的体育之大变局也要求研究人员必须以一种全新的视角去发现问题、看待问题和应对问题。比如，我们能否通过更具便捷性与广泛性的在线调查去探讨大众对疫情防控常态化背景下体育全场景、全流程数字化再造工程的看法？又或者能否通过在线访谈、在线观察这类更具人文关怀和现实温度的研究手段去理解数智时代“体育＋”和“＋体育”等虚拟现实叠加互衬、线上线下融合互补的体育新形式、新玩法和新场景对大众社会行为与价值立场的影响？

---

① 鲍明晓.“十四五”时期我国体育发展内外部环境分析与应对[J].体育科学，2020，40(06)：3－8，15.

第三节 体育在线研究的兴起与发展

自20世纪90年代开始，随着互联网和媒介技术彻底改变了我们可以研究的内容、可以使用的方法、可以接触到的社区，并扩大了我们可以合作的对象，在线研究便开始在学界兴起，并在近30余年的发展过程中逐渐走向成熟，其研究面向不仅愈加丰富和多样，研究领域也逐步细化和深入。因此无论是作为一类研究方法还是一种研究取向，在线研究方法均开始被不同学科所接受和应用，而这种在学科范畴内的扩散也逐渐延伸至体育领域。

一、在线研究在西方体育研究中的应用

国外体育学界无论是在在线技术还是方法论体系的探讨上都先于我国，因此也较早将这种把互联网作为工具或场域的方法运用到对现代社会体育问题的讨论中。从整体上来看，西方体育学界开展在线研究的过程大致经历了由将互联网作为工具到将互联网作为方法和场域的转变。20世纪90年代末，随着互联网被作为一种创新性新兴工具介入体育研究领域，在线研究也由此在体育学界悄然兴起。面对这种极具开放性的研究手段，为了保障研究人员在具备一定掌控度的情况下能够简明、快速、经济、有效地收集到庞大数据，在线调查也以其精准、统一、高效等优势首当其冲地成为西方体育学界最先使用的基于互联网的研究方法，而像体育参与过程中的个人体验、情绪反馈、因果关系则是在线调查方法最常涉入的研究议题。例如，Cleland等学者就通过在线调查询问了1 500名球迷的态度和立场，以此探讨了2015年德法足球比赛期间法兰西球场发生的恐怖袭击事件及其安保措施对其观赛体验产生的影响。[①] 而美国印第安纳大学Jang

① Cleland, J. and Cashmore, E.(2018). Nothing will be the same again after the Stade de France attack: Reflections of association football fans on terrorism, security and surveillance[J]. Journal of Sport and Social Issues, 42(6): 454-469.

Wooyoung 等学者为了验证美国四大职业体育联盟的体育场景与观众情感和行为意图之间的关系，也采用了在线调查方法收集了 1 194 名受访者的数据，并运用验证性因子分析和结构方程模型检验了相关假设。①

然而随着研究过程的深入，当互联网不再仅被视为一种研究技术和采集手段而已经成为人们生活的重心，并且诱发了全新的社会形式与运行逻辑时，有学者也开始发现在线调查这种特别便于快速寻找体育世界中客观事实、一般规律的研究方法却在聆听体育参与者想法、观察体育事件动态、诠释个体运动体验、挖掘体育相关行为意义方面存在诸多弊端，也由此进一步推动和提升了采用在线观察、在线访谈及在线民族志等质性研究范式探索体育生活世界的速度与数量。例如，2016 年 Rees 在一项研究体育文化变迁的课题中就以 Facebook 作为调查场域探讨了数字通信技术和在线空间对传统自行车赛事文化的影响，并在采用更具开放性的在线访谈的过程中收集到了更富情景化和层次性的鲜活数据，②从而使人们可以更好地理解多元场景和复杂情境下动态演变的体育文化样态。而无论是像 Abeza 等学者通过在线观察从传播、互动和价值层面对北美四大体育联盟如何利用社交媒体作为关系营销工具与粉丝群体进行互动交流和附加值共创的探索，③还是像 Jamie 等学者尝试通过在线民族志将成瘾、体育博彩和球迷联系在一起，以对在线体育博彩在影响球迷观看行为与参与体育消费方式方面效力的评估，④这些通过沉浸在体育文化情境中并对所处社会环境进行深入接触以获取或建构研究全方位图景的在线研究，不仅推动了移动互联时代西方体育学界的研究范畴和视野，也丰富了在数字社会复杂场景与多

① Jang，W.，Byon，K.K.(2020). Sportscape，emotion，and behavioral intention：a case of the big four US-based major sport leagues[J]. European Sport Management Quarterly，20(3)：321－343.

② Rees，T. (2016). The race for the café：A Bourdieusian analysis of racing cyclists in the training setting [D]. Ph.D. Thesis. Teesside University，UK.

③ Abeza，G.，O'reilly，N.，Seguin，B. and Nzindukiyimana，O. (2017). Social media as a relationship marketing tool in professional sport：A netnographical exploration[J]. International Journal of Sport Communication，10(3)：325－358.

④ Jamie C.，Kevin D.，Daniel K.，(2020). Online research methods in sport studies [M]. London：Routledge：13－14.

元情境下探索体育文化特质与体育社会价值的实践路径。

二、在线研究在我国体育研究中的实践

国内体育领域囿于方法论体系发展滞后、研究视域过于狭窄、学科之间渗透力不足等困境，对在线研究的探讨从时间和数量上都较为滞后，因此利用在线研究方法探索体育问题或现象的研究也较为有限。21 世纪初期，在线调查作为我国体育领域开展在线研究的初步尝试，在短时间内便受到了研究人员的青睐，其中电子邮件调查（e-survey）成为早期体育在线研究课题中最常用的调查方法，多被应用于探讨体育课程中教学效果及满意度、师生互动与教学质量关系等学校体育问题。而随着互联网和体育扮演着日益重要的角色并开始层层深入人们的日常生活，体育在线调查的焦点也逐渐扩展至国家形象、大众体育参与意愿上。例如，柯惠新等学者就通过网络调查考察了北京奥运会举办前后美国、英国和新加坡公众眼中的中国国家、城市与人民形象，并从对中国的接触程度与认知状况、对各类传播渠道的接触频率与信任程度，以及自身背景等维度，探讨了可能影响国际公众眼中中国国家形象的因素。① 刘东锋等学者则采用网络调查的方式对新冠病毒感染疫情期间大众的在线健身服务持续使用意愿及其影响因素进行了探讨。②

然而随着研究进一步深入，单纯以数字和因果关系揭露体育规律的科学性解释已经无法满足体育学科和体育研究的需要，特别是当研究者愈发想要探索作为社会文化形态的体育运动与人和社会之间的互动模式，理解日常运动经验与社会体育现象背后所蕴含的深层意义时，以在线观察、在线访谈以及在线民族志为代表的更具人文性关怀的定性研究方法则为获取更多元、鲜活、开阔的社会性数据提供了温床。也正是由于人们对体育的关注经历了由社会事实、社会行为到社会意义的转变，因此近年来伴随技术的发

---

① 柯惠新，陈旭辉等.北京奥运背景下国际公众眼中的中国形象——以对美国、英国、新加坡和在京国际公众的调查为例[J].亚洲传媒研究，2008：1—20.

② 刘东锋，傅钢强.新型冠状病毒肺炎疫情期间在线健身服务用户持续使用意愿的影响因素研究[J].体育学研究，2020，34(02)：41—50.

展也逐渐出现了一系列关注对象、操作路径、研究取向和探索视域更多元的体育在线研究，例如韦晓康等学者就利用微信朋友圈的在线观察分析了奥运期间人们对竞技体育与“举国体制”的个体表达。[①] 霍兴彦等学者则通过对线上微信跑群的考察，探讨了网络社会背景下跑者在社会互动中的身份认同建构过程。张越等学者采用在线民族志方法在深入观察视频社区内跟练“帕梅拉”健身课程的青年女性爱好者后，窥探了女性运动身体与互联网技术的互动生成。[②] 这些不再只将体育视为单一的身体活动或客观的群体事件，而是把它作为一种特殊的社会生活缩影、社会文化形态和社会子系统来看待的研究，极大地改变和扩展了人们在移动互联时代认识体育、研究体育的路径，也为深入、广泛、多维、能动地挖掘特定政治、经济、文化、媒介情境下的社会体育问题和体育文化现象提供了可能性。

第四节　体育研究中常用的在线研究方法

一、在线调查

在线调查是研究人员利用互联网采用系统和结构化的方式从研究对象那里获取数据，衡量其对特定问题的看法、态度、经验、行为和认知，来了解社会现象及其规律的研究方式。[③] 在线调查研究的目的主要是基于互联网的收集工具或场域从众多的样本中获得规律性的东西，以便对研究问题有一个宏观的把握，因此作为现代社会科学的“坐骑”，调查类研究一般具有明确的理论指导和研究假设，能够使研究人员在自主控制题项与选项的过程中简明、快速、经济、有效地收集大量资料。目前常用的在线调查主要包括

---

① 韦晓康，白一莛.体育民族志：微信田野话举国体制[J].青海民族研究，2017，28(04)：96—99.

② 张越，翟林，曹梅.青年女性运动身体的在场、互动与意义生成——基于哔哩哔哩健身用户群体的网络民族志[J].武汉体育学院学报，2022，56(4)：21—27.

③ Murray, J. (2014). Survey design: Using internet-based surveys for hard-to-reach populations [M]. Sage Research Methods Cases.

网站/页调查(w-survey)、电子邮件调查(e-survey)、弹出式调查(pop up)和网上固定样本调查(online panel survey)等类型,尽管这些调查方式在适用对象和操作过程中存在一定差异,但均具有成本低、时间短、应答快、回应率高、接触人群类型广、达到地域广度宽等特点,所以特别适用于特定或突发体育事件看法的大规模调查和对体育消费观念或体育参与意愿的测量。例如"对父母参与青少年体育态度与认知的调查"(2016)①、"对恐怖主义与安保措施在球迷观赛体验方面的考察"(2018)②等。

二、在线访谈

在线访谈是通过邮件、微信、Skype、zoom 等方式与受访者交谈,从其叙述中获取有关价值观念、行为规范、情感感受、实践经验等社会性数据,以探索和理解其经历与某种现象背后所蕴含的深层次意义。在线访谈是一种具有说服力和相互主体性(inter-subjectivity)价值且充满挑战的研究方法,它一方面能够为受访者提供一个比较开阔、整体性的视野来多维度、无负担地深描事件过程,但另一方面它对在研究者与受访者之间的互动中建构知识的强调,也更考验研究者在线上互动过程中所具备的沟通技术与对情境的判断能力。因此在线访谈也被视为一种技术、一种知识的社会形成过程,甚至是一种社会实践。③ 当前在线访谈法涵盖了多种分类方式,从访谈对象来看既包含针对个体的深度访谈,也涉及某个群体的焦点小组访谈(Focus Group);从访谈控制程度来看可划分为结构化访谈(structured interview)、半结构化访谈(semi-structured interview)和无结构化访谈(unstructured interview);从访谈情境来看则包括在线同步访谈(Synchronous online

---

① Knight, C.J., Dorsch, T.E., Osai, K.V., Haderlie, K.L. and Sellars, P.A.(2016). Influences on parental involvement in youth sport[J]. Journal of Sport, Exercise and Performance Psychology, 5(2): 161-178.

② Cleland, J. and Cashmore, E.(2018). Nothing will be the same again after the Stade de France attack: Reflections of association football fans on terrorism, security and surveillance[J]. Journal of Sport and Social Issues, 42(6): 454-469.

③ 范明林,吴军,马丹丹.质性研究方法(第二版)[M]. 格致出版社,上海人民出版社,2018: 194—196.

interviewing)和在线异步访谈(online asynchronous interviews)。可以说在线访谈是目前在线研究中使用范围最为广泛和运用最为频繁的研究方法,并逐渐从一种与其他方法一起使用的辅助性的研究手段成长为一种贯穿于整个研究过程的独立研究方式。对体育现象发生、发展和变化过程的探讨、对特定群体体育参与经历的调查则是体育领域中的常见议题,例如"对英国民族认同与足球球迷文化的考察"(2014)①、"对混合橄榄球运动中性别挑战问题的探讨"(2016)②等。

三、在线民族志

在线民族志通常又被称为网络志或虚拟民族志,是一种超越民族志的独特研究方法。③ 这种研究方法主要以计算机中介技术和网络虚拟环境作为研究背景,通过各种互联网的表达平台、互动工具及不同的研究策略探索人类如何在线生活与社会互动。而互联网社会和技术概念之间的相互作用作为形成在线民族志研究的关键背景,进一步将传统民族志中倾向具体"田野"的研究引向了对特定情境下基于实践"行动"的分析,④从而确立了在线民族志的核心是以亲历者、创造者和反思者的身份在身临其境、参与互动和浸润体验的过程中洞察人类生活、探索新兴数字行为和考察社会文化现象本质。然而在线关系的分散和网络化性质一方面使线上田野难以识别、界定和分析,另一方面互联网技术和社会实践意味着个人和田野数据比以往任何时候都更开放、更易于访问,⑤因此这种对自我披露和大量自然数据的

① Gibbons, T. (2014). English National Identity and Football Fan Culture: Who Are Ya? [M]. London: Ashgate.

② Micol Pizzolati, Davide Sterchele. (2016). Mixed-sex in sport for development: a pragmatic and symbolic device. The case of touch rugby for forced migrants in Rome[J]. Sport in Society, 19(8): 1267 - 1288.

③ Robert. V. Kozinets. (2010). Netnography: Doing Ethnography Research Online[M]. London: Sage, pp.58 - 63.

④ Andreas, W. (2000). Ethnography on the move: From field to net to internet. Forum Qualitative Social Research[J]. 1(1).

⑤ T Hooley, J Wellens, J Marriott. (2012). What is online research? Using the internet for social science research[M]. Bloomsbury.

采集方式也更便于用来描绘和诠释人类多元的生活经验与复杂的现代文化实践。目前体育领域中常使用在线民族志探讨线上体育文化、网络健身行为及数字运动体验等议题，例如“对拳击粉丝在线论坛中仇恨言论与话语欺凌的种族主义分析”(2015)①、“对参与跑步运动的母职群体在博客中进行自我身份建构的考察”(2016)②、“对运动员和球迷在网络互动中遭受歧视与霸凌行为的审视”(2019)③、“对女性体育电竞迷身份认同与性别平等的探讨”(2022)④等。

四、在线观察

在线观察作为研究社会事务与自然现象的基本研究方法，伴随着媒介技术的发展愈发凸显出其独特价值。在线观察一般分为参与观察(participant observation)和非参与观察(non-participant observation)。非参与观察通常是指研究人员带着特定问题以局外人的观察者身份进入研究现场远距离观看自然情境中人们行为方式的一种研究方法，研究者藏身于“单面镜”之后，或是以一个不被研究对象察觉、关注的角色入场通常被看作是最理想的非参与观察过程，而互联网的隐匿性以及对“身体在场”与“身体到场”的达成则为这种理想的非参与观察提供了“温床”。相对于非参与观察而言，参与观察更类似一种非结构性的持续观察活动，它通常以此时此地的生活情境和场景作为研究方法的基础，把注意力更多地放在日常的、面对面的协商、讨论及社会意义建构的社会过程上，因此极度地耗时耗力且要求研究人员必须深入研究对象的生活背景中，在实际体验和浸入被访者日常生活的过

① Farrington, N., Kilvington, D., Price, J. and Saeed, A. (2015). Sport, Racism and Social Media[M]. London: Routledge.

② McGannon, K., McMahon, J. and Gonsalves, C. (2016). Mother runners in the blogosphere: A discursive psychological analysis of online recreational athlete identities[J]. Psychology of Sport and Exercise, 28: 125 - 135.

③ Kilvington, D. and Price, J. (2019). From backstage to frontstage: Exploring football and the growing problem of online abuse. In Lawrence, S. and Crawford, G. (Eds.) Digital Football Cultures Fandom, Identities and Resistance[M]. London: Routledge, pp.69 - 85.

④ Minhua, L., Huan, X. (2022). Virtual identities and women's empowerment: the implication of the rise of female esports fans in China[J]. Sport in Society, 26(3): 431 - 453.

程中，以观看、倾听、交流、询问等手段建立与被观察者之间的联系，从而以局内人的视角全方位地洞察和理解被观察者所处社会环境、情境文化的多重面相①，以便获得他们看待事物真实而全面的观点。在线观察法通常用于研究体育社群的互动行为、课程与教学内容和传统体育文化，较为有代表性的研究包括“体育赛事与品牌营销”(2018)②、“网络体育社群互动与种族主义”(2023)③等。

---

① 范明林，吴军，马丹丹.质性研究方法(第二版)[M]. 格致出版社，上海人民出版社，2018：165.

② Westberg, K., Stavros, C., Smith, A., Munro, G. and Argus, K. (2018). An examination of how alcohol brands use sport to engage consumers on social media[J].Drug and Alcohol Review, 37(1): 28 - 35.

③ D. Kilvington, K. Hylton, J. Long, A. Bond. (2022). Investigating online football forums: a critical examination of participants' responses to football related racism and Islamophobia[J]. Soccer & Society.

第二章 体育在线研究的选题与设计

在线研究不仅是一种科学的实践活动，也是一项系统的“探索”工程，涉及诸多步骤，而研究选题与研究设计则是在线研究过程中的两个必不可少的重要环节。由于所有的科学研究都是从“问题”(question 或 problem)开始，并以其作为起点开展规划与实施的，因此我们在进行体育领域在线研究伊始既需要处理好“研究什么”的问题，还应该解决好“如何去研究”的问题，并在遵循在线研究自身所具备的一套严谨、完善的研究程序的基础上，不断缩小研究范围、明晰研究领域、厘清研究问题、确定研究分析对象与调查内容，从而较为顺利地推动研究计划的开展与研究目标的完成。

第一节 体育在线研究问题的确定

提出与确定研究问题是社会科学研究的起点，也是开展研究的首要任务。在庞杂、宽泛、笼统、含糊的研究领域或主题中选择一个具体、精确，合适、可行又富有价值、新意的研究问题并非是一件易事。因此研究“问题”究竟应从何而来，选择研究问题时有何标准，需着重考量哪些因素，又该如何根据研究性质与研究目的确定适合的问题类型等，则是本章节予以回应的重点内容。

一、研究问题的来源

研究问题的产生离不开“问题意识”和“探索精神”，我们在开展研究时所面临的不知“如何寻找研究问题”以及“如何提出研究问题”的困境，其根源多是由于缺乏对日常生活中各种社会现象的洞察与思考，以及对文献资料中各种社会事实的质疑与反思。而任何研究“问题”的出现最终还是建立在生活实践与理论知识的基础之上，因此观察社会生活和查阅文献资料则成为当前能够帮助研究人员发现和寻找研究课题的两条较为有效的方法途径。

（一）对经验生活的感触与思考

经验生活既包括个人的生活经历，又囊括对周边世界的深入观察。这些包罗万象的人类经验生活因涵盖着多元个体的生命历程，映衬着动态多变的社会环境，承载着博大精深的历史文化，蕴含着丰富多样的社会活动，从而成为各种社会研究议题最主要、最丰富的来源。尽管经验生活中诸多琐碎繁杂的“小”事看起来简单日常、稀松平凡，但实际背后却隐藏着很多亟待我们去思考、追寻和探究的问题。例如，我们在日常生活中所面临的场地少、距离远等“健身难”问题，傍晚随处可见组团进行广场舞“联欢”的大爷大妈，居民社区中快速出现的 24 小时智慧健身驿站，新闻中对青少年体质健康日益下降与校园体育伤害事故频发的报道，近年来席卷各大城市的马拉松参赛热潮等，这些发生在日常生活中林林总总与我们息息相关的问题、事件和现象也都映照着社会关系、社会文化、社会结构的发展与变迁。因此，作为研究者我们更应该立足于生活实践，善于观察那些“熟视无睹”的身边人，勤于思考那些“司空见惯”的身边事，进而在不断追问各种社会现象、社会行为、社会心理和社会问题的过程中，从纷繁复杂的生活大潮和变化无穷的社会现象里获得“灵感”与“火花”，找到值得研究的议题。

（二）对文献资料的查阅与反思

文献阅读不仅是科学研究中不可缺少的重要环节，也是帮助人们寻找研究课题的可行步骤。由于查阅文献一般具有使研究者详细了解所属领域研究成果,开拓研究思路与研究方法,以及建构理论框架的作用。因此研究者在开展社会科学研究时除了能够以"丰富个人经历"与"观察周边世界"相结合的方式从经验生活中寻找研究"火花"外,也可以尝试从公开出版、发表在学术刊物上具有历史意义和研究价值的著作、论文或资料等学术文献中去获取研究"灵感"这一途径。因为好的研究问题不仅仅源于对生活实践与经验世界的新发现,也包括对前人研究的推敲、打磨和缝补。从这个层面来看,就要求研究者要做到借力于过往研究,并在掌握先行研究发展脉络的基本走向与保持对前沿性学术动态的持续关注的基础上,通过收集查找学术文献、大量泛读领域著作、有效精读主题篇章、深刻思考主要观点等方式汲取"养分",获取有价值有启发的信息和资料、主张与见解,从而为研究选题奠定基础,逐步将那些比较含糊、笼统、宽泛的想法变成清晰、明确、具体的研究问题。

Tips

寻找潜在研究问题时可以尝试使用的一些方法与技巧:

✎ 使用思维导图、速写或音频等方式记录自己在日常生活中闪现的灵感,倾听、分析这些"自由思考"的内容,以此寻找潜在主题;

✎ 通过与老师、同事的探讨,借助他人的专业知识和指点引导缩小自己潜在研究的领域与范畴;

✎ 浏览体育新闻,访问相关博客、播客与社交媒体,了解所在领域相关实例,以掌握领域最新信息;

✎ 时刻关注所在领域研究动向,寻找和获取该领域的重要阅读材料,查阅相关主题的前沿学术文献。

二、选择研究问题的关键因素

选取研究课题是开展研究的首要工作,而在海量信息时代寻找到一个合适的研究问题往往比解决问题本身更重要也更具挑战性。"我该如何确定研究课题?”“这项研究是否有意义?”“怎样能开展一项具有创新性的研究?”这些问题在研究项目开始时总会占据着研究者的思维并使其望而生畏。因此在确定研究课题之前,研究者有必要对课题的意义(如理论旨向、实践价值)、开展课题研究的可行性(如时间、成本、环境、资源)及实施课题研究的持续性(如研究动机、研究性质)等问题进行认真的考量。这里需要着重强调的是研究问题的选取是一个从研究领域、研究主题到研究问题抽丝剥茧、步步深入的逻辑过程(如图 2-1 所示),因此我们应该先从包罗万象的宽泛研究领域中归纳出内容更聚焦、重点更突出的研究主题后,再层层递进地指向潜在的核心议题。

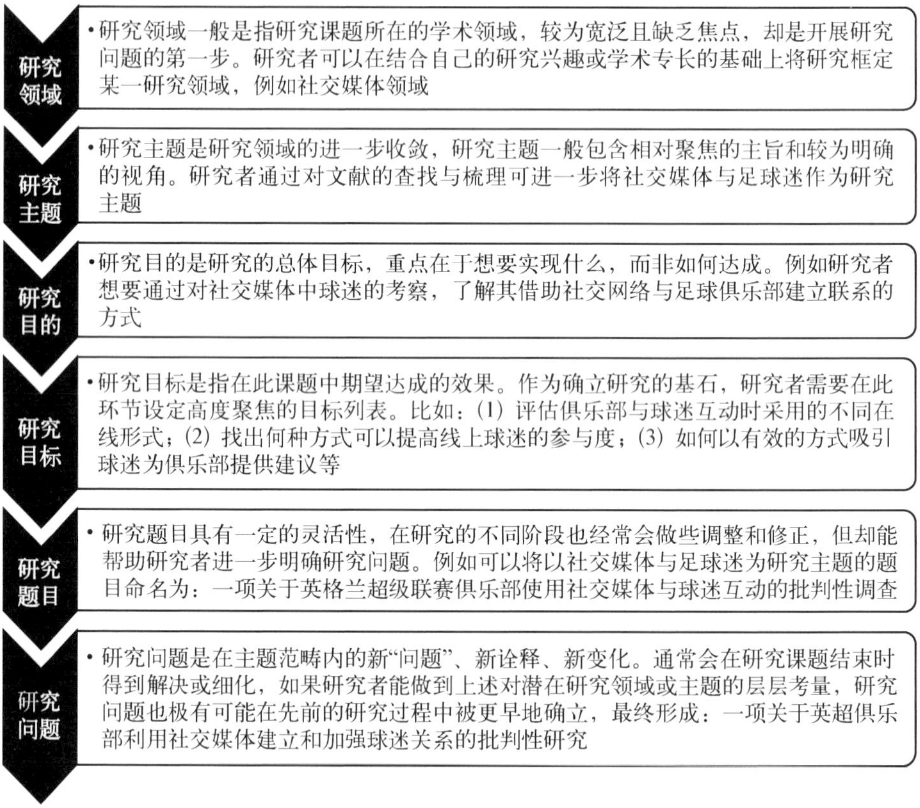

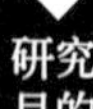

图 2-1　选择研究问题所涉及的关键步骤及示例

体育在线研究在选择研究问题过程中需要考虑以下一些关键因素:

（一）研究动机

研究人员进行一项研究的目的总是多种多样，有的是单纯出于个人的研究兴趣，有的是基于个人的职业选择，也有的则是鉴于自身知识和专长。这些不尽相同的研究出发点看似无关紧要，但往往影响着研究开展的持续性。由于进行科学研究不是一份简单、轻松的“工作”，是需要付出许多精力的，并且这些付出很多时候无法在短时间内能给予我们正向的反馈，因此若是研究者在研究伊始便对所想要探讨的问题充满兴趣，认为自己现有的知识储备能够推动这一问题的开展，或者觉得这是一项能够为其在职业生涯或就业市场上带来帮助的重要议题，那么他们对这项潜在课题的投入程度也就越高，甚至能够成为一种令其享受的爱好，那么这种出于兴趣、专长和职业发展等个人目的而产生的“问题”将会在很大程度上避免陷入半途而废的窘境，从而更能强化研究的持续性。

Reflections & Exercises

尝试使用思维导图、工作备忘录的方式将自己的研究兴趣、学术专长和职业发展规划进行梳理和归纳，看看能否在寻找几者联系的过程中闪现出“灵感”。

（二）研究环境

互联网打破了地理、空间与时间的壁垒，这意味着研究人员已经可以开展关于自身所在地以外社区、组织和国家的调查研究。例如，借助电脑和网络，通过分析社交媒体平台上大型体育联赛的观赛评论来探索世界各地球迷对全球性赛事的态度与立场；抑或通过浸入在线体育论坛去考察种族敌对、性别歧视、体育博彩等敏感且难以涉足的研究话题。然而尽管新兴的网络媒介技术为当下的研究工作在距离、时间和经济上提供了诸多便利，但在选择研究课题时仍需要对移动互联时代实施研究的政治（政策）环境、网络文化环境以及伦理制度环境予以考量和重视，以此保障选题的政治正确以及持续可行。

(三) 研究时间

研究者能够为一项研究课题投入的时间多少,对于确定所要研究的问题的范畴与规模至关重要。因此在选择研究课题前,研究者必须预先确定自己的研究时长,并做好时间规划与平衡,包括:在研究列表中排除课外活动、讲座、研讨会所占用的时间;为自己设定长期(完成研究项目)、中期(规划研究设计)和短期(获取相关资讯)目标;在时间管理平台上加入研究课题时间;以月、周、日为单位设定研究进度等。

(四) 研究成本

与实施传统线下调查的研究者不得不考量差旅、住宿、邮资、培训等经费支出不同,开展体育在线研究的从业人员涉及的财务限制相对较少。尽管访问互联网和使用大多数在线研究工具(电子邮件、腾讯会议、微信通话、在线调查网站、录音软件、爬虫软件)收费较低,甚至是免费的,但仍然需要考虑包括语音转录软件、数据分析软件等在内的资费较为昂贵的研究支出,以及为了获取大规模经验数据所要向线上受访对象或调研参与人群提供的具有一定激励作用和补偿性的额外花销。

(五) 研究的可行性

研究者是否具备解决所选议题的相应能力(社会经验、知识结构、研究经验等)、研究条件(人力、物力、财力、技术手段等)及各种有利的社会因素(政治、政策、文化、道德等)在很大程度上关系着研究实施的可能性。比如,是否符合所在社会法规、政策和意识形态?能否接触到你想要联系的被访者或观察对象?是否进行了预调研且已经与研究对象建立了相对信任的友好关系?可否获得与研究问题相关的一手资料?是否能够敏锐、及时地捕捉到有效信息?因此在选择研究课题时务必要对自身已具备、尚缺乏的研究条件进行通盘考虑,从而避免出现难以实施计划与无力解决"问题"的窘况。

（六）研究的重要性

无论研究者想要解决什么问题，这一"问题"都必须具备一定的研究价值或意义，这种价值既包括对某种理论的形成、拓展或检验所做出的理论贡献，也涉及对现实社会中存在的社会问题的科学回答，以及为解决和改善此类问题所提出的建议与对策。因此当研究人员在调查过程中总是遭遇"so what"（为什么你的研究问题值得被探讨？为什么你的议题需要被研究？）时，就需要进一步思考你的这项研究的要点和主要目标究竟是什么。它是试图提供一些新的观点、理论或者能够解决体育研究领域中一些留白的内容？还是试图提出一些改革体育制度或解决体育问题的政策建议？抑或是试图引发体育组织积极变化的创新性治理模式？从而通过对上述问题的不断省思与回应来确保所选课题的研究价值与意义。

（七）研究的易懂性

研究者应该能够用一句话来清晰地阐释出所选议题。如果研究人员很难将该议题整体性的研究目标、具体的调查内容、明确的研究对象和直观的研究题目简明扼要的概况出来，让他人立刻意识到这项工作的目的，那么在确定此课题前最好还是能够先尝试提出清晰、明了的研究问题。一般在确定研究问题的最终措辞之前，最好能够保证可以明确地回答"要研究什么问题""为什么要研究这个问题"，以及"如何进行这项研究"这三个问题，以为后续研究提供清晰的目标与方向。

Reflections & Exercises

思考如何才能生成具体、重要的研究议题，并查看是否可以从以下主题中提炼出清晰而聚焦的研究题目：

- 精英运动员、运动损伤与康复
- 拳击运动、阳刚之气与性别排斥
- 体育、种族主义与社交媒体

(八) 研究的原创性

研究问题的创新性是研究者在选题的过程中需要着重考虑的因素。研究者一提到"新"往往就会觉得压力倍增,这是由于对"创新性"伴有误解,其实多数研究总是借力于旧有的研究,因为没有人能在未经调查的课题上进行完全独创性的研究,几乎所有的"新"研究都是建立在前人所做工作的基础之上,并使用现有知识的。因此我们在选择课题时所提到的研究创新性并非是指一定要挑选那些"史无前例"或者过往从未探索过的问题,而是要考虑自己的研究能采取怎样的视角或方法以提供一定程度的差异或新颖性,从而为该研究领域的知识作出"新"贡献。

Cases and Exercises

Kilvington and Price 于 2017 年进行的名为"Tackling social media abuse: Critically assessing football's response to online racism"的研究是一项典型的原创性研究。其主要目的是想要了解足球运动中存在的在线种族主义问题以及可以通过何种机制来帮助这些遭受网络虐待的受害者,从而缓解日益严重的体育网络霸凌问题。在此之前已经有大量研究涉及体育运动中的在线种族言论(Feagin、Picca,2007 年;Farrington,2015 年;Hyton、Lawrence,2016 年),那么为什么说这项研究是具有原创性的?首先是它借鉴了心理学和社会学有关减少网络霸凌与种族主义话语的文献,在理论上推动对网络虐待的理解。其次是使用了包括定性和定量在内的多种研究方法,提供了关于足球与网络种族主义的具体案例,填补了该领域的空白。最后提出了足球领域面临此类挑战的解决方案,并可能通过研究结论产生一定影响。因此,Kilvington and Price 在体育领域中所做的研究是具有创新性和价值的。接下来可以思考一下是否能在 Kilvington and Price 这项研究的基础上想到进一步发展这项研究和开展更广泛的体育在线种族主义研究的方法?

三、确定适合的研究问题类型

确定研究问题的类型是连接研究目标、研究目的与研究方法、研究途径的关键环节，其既取决于研究问题的目标与目的，又关系着解决问题将采用的方式与手段，因此针对潜在课题选择适合的研究问题类型是明确选题后需要紧接着开展的工作步骤。研究通常可以被划分为多种类型，像科学研究一般分为应用问题研究和理论问题研究两种；①而社会研究则依照研究性质、研究目的、研究时间和调查对象范围的不同被细化为描述性研究、解释性研究、探索性研究、比较性研究、历史性研究等多种类型。

（一）历史性研究

历史性研究是“系统、客观地定位、评估整体性证据，以确定事实并得出有关过去事件的结论”的研究类型。② 历史性研究能够促使研究者对过往事件进行反思，并在当下所处的社会环境下重新认识和理解有关发现。此外，它还可以帮助解释和预测新出现的或未来发展趋势，并且允许对先前的数据、理论与概况进行重新评估。例如，《以体育人：宋君复体育思想要义探索与价值审视》③《体育具有改变世界的力量——曼德拉体育思想的南非实践与时代启示》④就属于较为典型的历史性研究。

（二）比较性研究

比较性研究主要是用于对比“人们在不同社会发展过程中的人生境遇与生活经历”，⑤这种对比既囊括了发生于过往时代内的旧事件，也涵盖着

---

① ［英］贝弗里奇.科学研究的艺术［M］.北京：科学出版社，1984：130—132.

② Walliman, N. (2011). Your Research Project: Designing and Planning your Work (3rd Edition) [M]. London: Sage Publications, p.9.

③ 周晓刚，李启迪.以体育人：宋君复体育思想要义探索与价值审思［J］.北京体育大学学报，2022，45(07)：144—152.

④ 刘叶郁.体育具有改变世界的力量——曼德拉体育思想的南非实践与时代启示［J］.体育与科学，2022，(05)：26—34.

⑤ Walliman, N. (2011). Your Research Project: Designing and Planning your Work (3rd Edition) [M]. London: Sage Publications, p.11.

产生于当前情境下的新问题，甚至有时会涉及多地点、多对象和多时段的比较。Abeza 等学者在 2017 年的一项名为《Social media as a relationship marketing tool in professional sport：A netnographical exploration》的研究中，对社交媒体如何作为美国职业团体间的关系营销工具进行批判性探讨时，就使用了比较性研究。该项研究通过深入接触并沉浸于体育网络文化中，以此了解了北美四大职业体育联盟球队利用社交媒体与球迷进行互动交流与共同创造附加值的各种方式。①

（三）描述性研究

描述性研究是最简单也是最基本的研究类型，它的主要作用是对认识研究对象的基本情况，并对现存状况、过程、特征和规律等存在事实进行客观陈述，此类研究通常没有明确的研究假设，属于一种说明性研究。其主要关注所研究的对象是什么样的或者正在发生什么，而非为什么发生。② 2017 年 Bennet 和 Jonsson 的一项关于足球网络虐待的研究就采用描述性方法探讨了整个英国职业足球赛季中发布的歧视性社交媒体的信息数量。③ 因此，当需要对研究对象有一个大致了解，或者说在某个问题研究的初始阶段，一般可以采用描述性研究的方式。

（四）探索性研究

探索性研究通常是在对某一现象或问题尚未涉足或几乎没有了解的情况下进行的。该研究类型主要试图在早期寻找线索时便进行现象探索，了解相关概念，从数据中识别模式或趋势，以此探讨开展更为周密的研究的可

---

① Abeza，G.，O'Reilly，N.，Seguin，B. and Nzindukiyimana，O.（2017）. Social media as a rela-tionship marketing tool in professional sport：A netnographical exploration[J]. International Journal of Sport Communication，10(3)：325 - 358.

② Gratton，C. and Jones，I.（2010）. Research Methods for Sports Studies（2nd Edition）[M]. London：Routledge，p.7.

③ Bennet，H. and Jonsson，A.（2017）. "Klick it out：Tackling online discrimination in football". In Kilvington，D. and Price，J.（Eds.）[M]. Sport and Discrimination. London：Routledge，pp.203 - 214.

能性以及发展可用于周详研究的方法。探索性研究在社会科学中是很有价值的，但由于缺乏确定性和抽样的代表性，所以也不易判断探索性研究实际上是回答了问题还是仅仅提出了解决问题的途径，从而也凸显出其难以对研究课题提供满意答案这一弊端。

（五）解释性研究

如果说描述性研究解决的是“是什么”的问题，那么解释性研究则回答的是“为什么”的问题。开展解释性研究的前提是研究人员已经对研究对象的情况有一个较为全面的了解，并且通常也具有了对所调查的社会问题或现象原因的尝试性回答。因此解释性研究主要是在描述性研究基础上的进一步深化，一般具有明确的研究假设，是一种利用收集到的数据资料对研究假设进行验证，进而对社会问题或现象实施深入分析、说明和阐释的研究类型。当然，尽管解释性研究在一定程度上能够极大地提升研究“深度”和揭示人类行为、社会现象背后的复杂本质与因果联系，但是研究者也必须认识到在线上进行此类研究必然会存在的牺牲研究“广度”的问题和可能要面临的伦理道德困境。

（六）预测性研究

预测性研究是带有前瞻性的社会科学研究，它的主要目的是说明研究对象未来的发展状态和变化趋向。由于只有对研究对象的现状、发展规律和因果链条有一个基本的了解才能对未来的趋势进行客观、准确、科学的预测，因此开展预测性研究是需要以描述性和解释性研究为基础的。此类研究能够使研究人员通过收集到的证据与资料尝试设想接下来会发生什么，分析事物未来会朝着怎样的方向推进以及优先提出解决方案以防止所预测到的负面问题的发生。但鉴于社会事物与现象所具有的复杂性，以及线上网络世界情境交融的多元性导致人类的社会行动也富有极大的可塑性和应变性，所以开展预测性的社会科学研究也是异常困难的。[①]

---

① 林聚任，刘玉安主编.社会科学研究方法[M].济南：山东人民出版社，2004：65—66.

第二节　体育在线研究信息的获取

接触、获取在线信息，以及收集到大量、合法、有效的线上数据资源，是开展体育在线研究的重要内容，也是开启体育在线研究的敲门砖。由于所收集的在线信息不仅是研究赖以进行的素材，也是保证研究得以成功的基石，所以研究者应通过何种渠道获得信息？使用何种技巧接触信息？又该以何种价值标准选取信息？采用何种伦理原则处理信息？都是需要我们在研究过程中引起重视的问题。

一、体育在线信息的来源

伴随宽带连接率的增加、智能移动设备使用率的提升，以及搜索引擎、电子邮件、社区论坛、社交媒体等基于互联网生产、传输数据与资源方式的出现，研究人员在进行体育在线研究时获取数据的方式与途径也愈发多样。当前主要搜索和采集在线资源的信息平台有哪些？这些在线资源又具有何种优势和益处？我们可以从表 2－1 中予以了解。

表 2－1　在线信息的主要来源及其优点

在线资源类别	优　　点
电子报纸/电子期刊/电子书	电子报纸是研究人员了解所在领域热点新闻和新近社会“事实”的绝佳来源，报道中的内容甚至可能会为研究者提供一些具有启发性的“点子”。由于当前纸质报纸已经普遍实现了电子化，因此通过所属机构或高校的图书馆可以相对容易地获取相关资源，特别是在开展历史或比较研究时尤为有用 学术类的电子期刊是研究人员在实施研究过程中最常使用的在线资源，也是能够帮助研究者了解所在专业领域前沿资讯的最有效途径。当前几乎所有的学术期刊都会发布电子版本，所以研究者可以通过访问期刊官网或图书馆数据库检索、浏览和阅读在线资源 电子书通过类似 Google Scholar、Z-library 等各种网络数据平台即可获取，不仅省去了借阅时间和购买成本，更具环保性，而且能够在更大、更智能的电子屏上进行(缩放、剪贴、复制、转译)操作，部分电子书甚至还提供语音功能，这种无纸化、便捷性的在线资源也因此颇受读者青睐

续 表

在线资源类别	优　　点
社交媒体/在线论坛	社交媒体和在线论坛中的信息反馈(帖子、评论、弹幕、表情、点赞、标签)能够让研究者了解到大量有关过往现象、现存问题和未来事件的公众意见。阅读发帖文本有时可以帮助研究人员形成研究主题、厘清研究重点、提供历史信息和最新发现,并以此作为调查研究的基础。如果所关注的恰巧是活跃于社交媒体、在线论坛中的意见领袖或把关人,那么也可以寻求其帮助,从而将其纳入重点调查人群
流媒体(哔哩哔哩)bilibili	从 bilibili 等流媒体上获取为学术目的录制的电视、电影、广播节目等视听材料是在研究项目早期规划阶段非常有效的一种收集资讯的方式,查看 TED 上的相关纪录片、人物采访对于研究人员来说尤其实用
搜索引擎(百度/谷歌/雅虎)	使用搜索引擎进行资讯查阅是学术研究中是不可避免的环节。在项目伊始,研究者通常可以以此种方式来帮助定位背景信息或潜在受访者,而对于身处数字时代的研究人员来说其也是快速查找文本和整理图片的便捷工具
维基百科/百度百科	网络百科工具并不适用于专业的学术研究,但当研究者想要试图掌握一些极其复杂的事物,或者需要对某一人物、概念或理论有一个大致了解时,网络百科则是帮助研究者迅速通晓基础知识的适合方法
电子邮件	电子邮件不仅是与研究合作者、图书管理员取得联系以获取文献资料和指导建议的重要方式,也是与研究参与者和潜在被试保持沟通的有效途径。其因成本低、效率高、速度快、覆盖广、易存档的特点也常被用以规模性调查研究的数据收集
在线统计网站	在研究过程中通常会涉及全国性政府公报、社会性统计数据、商业性调查年报与咨询报告等实证资料,因此研究者可以借助高校图书馆馆藏资源以及国家官方数据库(CNNIC/CNSDA/CGSS)等在线统计网站来获取数据作为补充素材与互证依据,以提升研究的权威和专业性

正如表 2-1 所示,互联网的确改变了研究人员收集背景信息和进行文献梳理的方式,但这种遍布全球、包含海量数据的网络资源也不得不让研究者面临遭遇虚假线索、无效信息和陷入精力耗损的隐患与风险,因此有技巧性地接触和筛选信息,以及验证在线资源的有效性则显得至关重要。

Tips

获取体育信息的相关数据库：

√ SportDiscus：囊括了1975年至今的多种学科方法，如社会学、心理学、体育学等期刊文章、图书资料和会议论文。

√ ASSIA：以社会科学为重点的综合数据库，涉及多种体育相关文章。

√ Zetoc：提供大量有关体育的电子目录、学术论文和会议记录详细信息。

二、接触体育在线信息的策略

在了解和明确了获取在线信息的相关途径后，为了进一步提升收集数据的精准性，研究者在面对形态各异、种类多样的网络资源时还需要具备敏锐的信息判断能力、掌握扎实的在线资源检索技巧、有效利用自身的学缘结构以及持续积累丰富的学术资源。在线研究并非仅仅依靠海量数据的堆叠，更重要的是要在庞大的网络数据中采集到最为匹配和适宜的信息。一项研究因其研究性质、研究目的、调查对象的不同，在开展的过程并非需要通过所有在线渠道来收集资料，因此研究者在搜索资讯前，首先要明确何种平台的资源能够为该研究问题的分析和阐释提供助力。例如，若想要调查球迷如何借助社交媒体建立群体归属感，那么深入在线球迷社区或用户论坛所收集到的有关球迷价值取向或行为特点的经验资料，往往比从统计网站或百科工具中得来的数据更具价值。其次选定了最为适用的某种或几种在线资源平台后，研究人员也务必要掌握一定的检索技巧，除了善用“关键词”“研究主题”进行精确搜索外，还应从掌握在线信息资源的把关人或意见领袖那里寻求突破，例如与网络社区的组织者或流媒体的管理者建立友好关系与业务联系，从而循序渐进、逐层深入地获取核心数据。最后，尽管接触和访问在线资源已经变得愈发便利，但部分官方数据和专业性平台仍存在访问权限和下载资费的问题，加之科研机构和高校图书馆目前也无法做到对现有数据库的全覆盖，因此懂得利用自身已具备的学缘结构并且有意识地积攒所属专业领域的学术人脉也是有利于研究者精准、高效采集实证数据和经验资料的实用性策略。

Reflections & Exercises

思考并探讨以下研究问题适合选用怎样的在线资源获取途径，是通过下载电子书、浏览在线报道还是浸入在线论坛？这些在线信息来源属于理论性还是实证性？在线资源中的哪些内容对开展研究最有用及为什么？

- 健身 App 网络社群的互动仪式链
- 拳击粉丝论坛中的性别歧视问题
- 1960—2020 年残奥会新闻报道的主题特征

三、判别体育在线信息的有效性

通过互联网检索到的在线信息是否符合研究数据标准，又可否被作为调查分析的样本直接关系着研究的准确度和可信性。因此研究人员在开始接触和收集在线数据的过程中也要特别注意对信息的排查与分辨。例如，以电子书、电子期刊等在线资源为例，在检索时以“ac”（学术）或“edc”（教育）结尾的网站势必比以“com”或“net”结尾的网站更具学术可信度。政府官方网站检索的全国性统计数据或专业结构发布的研究报告一般也会比商业性的调查数据更具客观性和权威性。研究者通过电子邮件、在线访谈或参与式观察收集到的“一手”资料通常会比在阅读文献时拿到的“二手”信息更具说服力。此外，这些采集到的网络资源的作者是领域专家还是权威组织成员，文章的下载率和引用率高低，甚至观点的引用出处及发表的时间长短都会影响到数据的可靠性、全面性和有效性。因此研究人员应根据研究需要尽量将具有合法性、公信力和实效性的一手数据作为研究分析的基础材料，并通过不同途径下采集到的在线信息间的互证来进一步识别数据的研究效力。

四、体育在线信息的选取

网络世界每时每刻都在生产、传输着庞杂、海量的资讯，如果能将网络中的数据都作为调查对象，其所得结论应是最具普遍意义，也最能反映整体特征的。然而在现实研究过程中，几乎不可能做到将所有人群无一例外地纳入研究范畴进行调查，因此就需要从总量中选取部分具有代表性的研究样本，以便研究的开展，而抽样则是最常采用的方法。

(一) 抽样的基本概念

抽样(Sampling)是指从研究总量中按照一定比例抽取部分样本的过程，其以建立在概率论之上的大数法则和中心极限定律(the central limit theorem)为基础，目的是通过对部分代表性样本的调查结果去推论和说明总体情况。

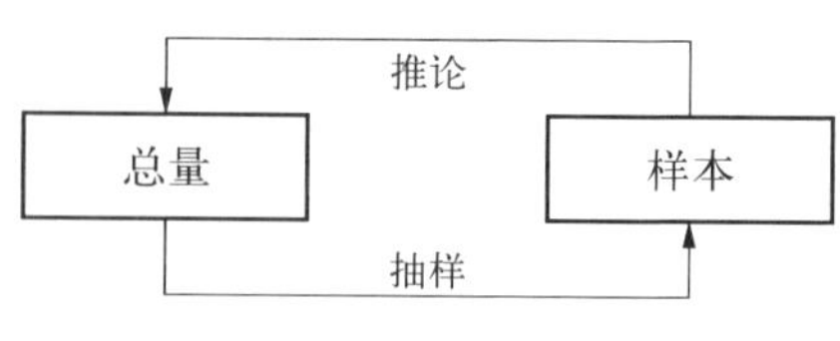

图 2-2 抽样调查过程

在进行数据抽样前，研究者有必要对抽样的相关专业术语和基本概念予以了解，这些常用概念和术语通常包含总体、样本、统计值、参数、分析单位与抽样单位等。

1. 总体(Population)

总体是构成研究对象的所有单位或元素的集合体，这些单位或元素在实践调查中可以是个人，也可以是群体、组织或社区。总体有着具体的时空界限，通常由地域、时间和对象三种要素构成。而我们一般所说的总体多是指调查总体(即研究者从中抽取样本的个体的集合体)而非研究总体(理论上明确界定的个体的集合体)。

2. 样本(Sample)

样本是从总体中按照一定程序抽取出来作为收集资料的若干个对象，也是总体中某些单位的子集。

3. 统计值(Statistic)

统计值又称样本值，是对样本中某个变量数值的综合描述，以此反映样本数量特征。统计值是可变、多样的，其主要来自对样本的调查结果，用以推算总体的各种参数值，从而达到由部分认识总体的目的。

4. 参数值(Parameter)

参数值又称总体值，是反映总体某种特征的数量值。对于一个确定的总体来说，关于某个变量的参数值只有一个，所以说参数值是唯一、不变的。但由于调查研究的特殊性，很多变量值很难做到通过对总体全部单位的调查来获得，所以只能依据统计学知识由样本的统计值估计和推断而得到，因此对于这类数据通常需要借助抽样调查，而一次效度高的抽样调查就是要尽可能使所抽取的样本的统计值接近总体值。

5. 抽样误差（Sampling Error）

抽样误差也称代表性误差或随机误差，即统计值与参数值之差，它是由抽样本身的随机性所导致的用样本值推断总体值时产生的误差。在进行抽样调查过程中，由于总是会受到总体的差异性和样本规模的影响，所以样本统计值与总体参数值很难做到完全一致，因此这种表示样本代表性大小标准的"误差"通常是不可避免的。

6. 置信水平与置信区间（Confidence Level and Interval）

置信水平和置信区间是与抽样误差密切相关的两个概念。置信水平又称置信度，是指总体参数值落在某一区间内的概率，反映的是推论的可信度与可靠性；而置信区间则是在一定的置信度下，样本统计值和总体参数值之间的误差范围，体现的是推论的准确性。置信度与置信区间存在对应关系，参数值的准确性越高置信区间就越小，而置信度的高低和置信区间的大小又会对样本规模造成影响，因此研究过程中通常在置信度和置信区间的选择上采取折中策略。

（二）抽样的主要方法

根据概率论原理，目前常用的抽样方法主要分为概率抽样和非概率抽样两大类。两者的目的都是为了通过对样本统计值的描述准确勾画出总体的面貌，而其主要区别则在于抽样过程是否遵循随机和等概率原则。鉴于两种抽样方法都具有自身的特点，研究者也务必根据研究需要和客观条件来选取适合的方式。

1. 概率抽样

概率抽样（Probability）又称随机抽样，是指严格按照随机原则抽取样本，并保障每个个体被选取的机会都是均等的抽样方法。概率抽样一般会在样本量过大的情况下使用，也更多地出现在定量研究中。概率抽样主要有表 2－2 所示的四种常见类型。

表 2－2　概率抽样的主要类型

概率抽样类型	情　况　描　述
简单随机抽样	简单随机抽样（Simple Random Sampling）也称纯随机抽样，它是直接从总体中完全随机地抽取样本，是概率抽样最基本的形式。由于简单随机抽样可完全按照随机抽样原则操作，简单易行且最能保证总体中各个单位或元素同等被抽取的机会，因此往往也能够提供最可靠、最具代表性的结果。但如果总体规模和样本数都很大时，此种方法将会是一项代价很高的工作
分层抽样	分层抽样（Stratified Sampling）也称类型抽样，它是将总体单位或元素按其属性、特征分为若干个层次或类型，然后根据各类型或层次的单位数与总体单位数的比例确定抽取的样本数量，最后按照随机原则抽取样本。分层是此类抽样方法的重要步骤，而分层的关键则在于选取适当的分层标准。因此在进行分层抽样时通常需要遵循以下原则：以所要分析和研究的主要变量；以已有明显层次的变量和保障不同层次间强异质性为标准。由于分层抽样具有可消除极致影响和精确度高的特点，因此更为适用于总体内部差异大、结构复杂的调查对象
整群抽样	整群抽样（Cluster Sampling）又称聚类抽样，是依据某种标准将总体划分为若干子群体，然后按照随机原则抽取若干子群，并将所抽中的子群集合在一起作为总样本。整群抽样最大的特点在于抽样单位是群体而非个体，这种抽样类型过程简化、成本低廉、能够扩大抽样范围也易于控制调查质量，但所获样本的代表性则相对较低，因此更适用于较大规模且总体同质性程度较高的社会研究
系统抽样	系统抽样（Systematic Sampling）也称机械抽样或等距抽样，是通过给总体的每个单位或元素编号排序，并按照相等间距从总体单位中抽取样本的抽样方法。系统抽样是简单随机抽样的一种变化形式，能够使样本比较均衡地分布在总体中，具有简单易行、代表性强、误差性小的特点。但使用系统抽样也必须以随机排列为前提，即明确不存在与研究变量相关的规则分布，否则样本的代表性会大为降低，结果也将存在较大偏差

2. 非概率抽样

与概率抽样这种严格、正式、代表性强、精确度高且多出现于定量研究中的抽样方法不同，非概率抽样（Non-Probability）这种根据研究者的个体经验、主观判断或条件便利因素选取样本的抽样方法更常出现在小规模的探索性研究中。尽管非概率抽样的样本代表性较差，提供的资料信息相对零散，较难从样本调查结论中对总体情况做出准确推断，但是由于其方便可行，并能够通过适量样本的调查了解大致情况，因此也具有一定启发性。非概率抽样主要有表 2－3 所示的四种常见类型。

表 2－3　非概率抽样的主要类型

非概率抽样类型	情　况　描　述
方便抽样	方便抽样（Convenience or Accidental sampling）又称偶遇抽样，是研究者根据调查对象要求和现象实际情况，以条件的便利性为原则选取样本的方法，街头的拦截式调查就是比较典型的方便抽样方法。方便抽样方便省力，能够迅速了解信息，但却存在较大偶然性，因此多适用于调查总体不确定、流动性较高的群体（如游客、观众、乘客等）
判断抽样	判断抽样（Judgmental or Purposive sampling）又称立意抽样或主观抽样，是根据研究目的和主观经验来选择和确定调查对象的方法。该方法所抽取的样本代表性与结论精确性主要取决于研究者本人的判断能力和对调查对象的了解程度，因此较为适合总体范围较小、总体单位间差异较大的质性研究
配额抽样	配额抽样（Quota Sampling）又称定额抽样，是根据可能影响研究变量的因素对总体进行分层，再按照所占比重分配样本数量的抽样方法。该方法要求研究者对总体的性质有较为充分的了解，并在控制变量的过程中对研究对象进行比较分析，因此多运用于质性研究的比较分析中
滚雪球抽样	滚雪球抽样（Snowball Sampling）即以少量样本为基础，逐渐扩大样本规模直至获取到足量样本的抽样方法。其优点在于能够有针对性地寻找被试，避免了“大海捞针”的状况，但也可能面临信息中断或无法获得预期样本量的困境。因此该方法多用于既无法界定总体，又难以寻找或接近调查对象的情形，特别是探索性的实地研究或针对特定群体的关系研究

第三节　体育在线研究过程的评估

在研究设计阶段，研究人员除了要对研究问题的确立、在线数据的获取进行通盘考量外，还要探讨如何对整个在线研究的过程进行评估，其中包括可靠性、代表性、真实性，以及有关伦理道德方面的问题。

一、检视研究的信效度

信效度是传统实证主义量化研究的判定标准，目的是通过客观的策略和量化推理寻求普遍的法则。① 由于体育在线研究中既囊括了在线调查等关注客观分类计量、因果假设和统计推论的量化研究范式，又涵盖了在线访谈、在线民族志等关注社会事实的建构过程和人们在特定体育文化情境中的经验的质化研究范式，因此这里我们所提及的信效度主要包括研究者对同一研究结果的可重复性、对同一社会事实记录的一致性及对社会现象反映的准确程度。② 而在研究设计阶段，检视在线研究信效度水平更多还是有赖于研究者在获取在线信息时所采用的方法的合理性与可信性，所以研究人员在研究开展过程中除了要多追问“我如何使自己的研究结果令人信服？”“这些在线资源是否支持我的研究结论？”“我应该如何排除或减少研究误差”等问题外，还应多思考可以采取什么措施或方法处理研究中有可能出现的“信效度威胁”（reliability & validity threat）。例如，在判断在线资讯来源和采集数据资料的过程中应该尽量采取中立的价值立场和客观的态度，避免主观性和先入为主的研究取向；在整理和分析在线资源时可以有意寻找数据中相互冲突的内容，以及结论中自相矛盾之处，同时采用相关检验手段对那些来自不同时间、地点、采集方式和抽样人群的研究数据进行对比和相互佐证；在审核和转录在线资讯时可以将收集的经验材料、实证数据与被

① 陈向明.质的研究方法与社会科学研究[M].北京：教育科学出版社，2006：99—100.
② 大卫·希尔弗曼.如何做质性研究[M].李雪译.重庆：重庆大学出版社，2009：1.

调查者分享或与同行进行探讨，聆听他们的看法或反馈，从而回溯到原始资料中对研究的决策的各个阶段进行审视，[①]以便最大限度地提升和确保研究的可靠性与说服力。

二、确保研究的伦理道德

伦理道德问题主要包括自愿、保密、公正合理、公平汇报等原则，是涉及研究全周期、全过程的重要问题，因此在研究设计和操作阶段上，研究者应该充分将可能涉及的关系规则和伦理原则考虑进去。特别是对于在线研究这种基于互联网的研究范式，要确保各个环节的合法性及被调查人群的知情同意与隐私安全更是着实不易，所以更需要提前思考研究在哪些方面可能会遭遇伦理困境，同时设想自己能够采取怎样的方式解决此类问题。通常来说，进行在线研究需要遵循被访者知情同意、避免可能对被访者造成伤害或麻烦，以及给予其福利或补偿等原则。当然相关法规和伦理审查委员会对于不涉及受访者隐私、利益和伤害情况下从公共开放访问空间搜集和分析的文件、记录的合法性也会给予一定程度的豁免，但在真正实施过程中研究人员所要面对和需要处理的伦理问题可能比想象的会更棘手，比如：已经向研究对象承诺对其身份严格保密但仍受到对方的排斥与拒绝；已经向受访者提供了参与研究的福利或补偿却未能满足其要求；在资料收集阶段得到了知情同意而在向其分享研究结论时又遭到反悔；等等。因此，在互联网技术快速变化并影响人们如何思考保障隐私安全和获得知情同意的网络世界中，确保研究的伦理规范是研究人员在日常生活逐步网络化和研究手段越发数智化的移动互联时代所必须面对的挑战。

---

① Morse, J. M. (1994). Designing Funded Qualitative Research. In N. K. Denzin& Y. S. Lincoln (Eds). Handbook of Qualitative Research. Thousand Oaks: Sage, p.230.

第三章 体育在线研究的伦理规范

研究伦理是在线研究中最重要也最复杂的内容之一。随着互联网技术的不断发展，新的交流平台和互动方式在为研究人员提供了更多直接接触大量集群及特定网络社区机会的同时，也为其带来了一系列新的道德挑战。[①] 特别是互联网研究领域的动态化与异质性，[②]更是让如何以适当与合乎道德的方式开展研究，以及应该具备何种道德品质与伦理素养实施研究成为一种极为重要、必要且不可回避的问题。本章通过探讨收集、分析、呈现和存储数据等开展在线研究所需要考量的道德因素，试图让研究人员认识并理解在线研究中存在的多元化伦理问题，从而更具批判性地调整和回应现有伦理方法，以适应技术变革所带来的新的社会形态与研究范式。

第一节 体育在线研究的伦理程序及其关键问题

互联网伦理道德不仅是开展在线研究过程中所应具备适当行为的规

---

① Ruihley, B.J. and Hardin, R. (2014). Sport fans and online data collection: Challenges and ethics[J]. Journal of Applied Sport Management, 6(3): 1－15.

② Association of Internet Researchers. (2012). Ethical decision-making and internet research. Available at: https://aoir.org/reports/ethics2.pdf.

范、标准和法律准则,[①]也是一个新兴的研究领域。对于伦理道德的讨论贯穿于整个在线研究方法的发展历程,自20世纪90年代末以来西方学界就已经开始对在基于互联网或在线环境中"合乎伦理地进行研究意味着什么"等问题展开了激烈的探讨。而随着技术的进一步发展,随之而来的新问题、新现象、新形态更是促使研究者开始重新思考现有道德实践的必要性。由于伦理规范作为保护研究者与被访者的一项促进研究实践的措施,不仅与研究方法同时并行,也与研究质量密切相关,并且具有丰富的内容层次。[②]因此在开展体育领域的在线研究时,我们除了需要对研究的伦理程序有大致的了解外,也有必要对有关研究身份、研究场域的性质和隐私保护等在线伦理道德中的相关争议进行探讨和厘清。

一、体育在线研究的伦理程序

伦理道德总是伴随着一项研究的始末,从研究者划定主题领域、提出研究问题、开启研究设计、实施参与者招募,到进行数据的收集、分析、管理与传播,其中的每个环节都涉及伦理规范并需要遵循相关的伦理程序。而研究者在根据其体育在线研究目标的基础上了解和熟知不同的行为准则则是遵循研究伦理程序的首要前提。目前包括心理协会、社会学协会、互联网研究者协会及体育与运动科学协会等在内的诸多协会都出台了自己的伦理规范,并在不断开发、修正和完善自身指导方针的过程中向研究者提供在线研究的实践政策。此外,如果研究项目或议题获得了基金资助,那么研究者也需要明晰资助机构所制定的行为准则,从而确保在线研究实践能够遵循相应的伦理规范。在对不同协会与机构的行为准则有了基本了解后,则需要基于实用取向(utilitarian approach)、规范本位、道义观(ontological view)和关系观(relation ethics),经由"知情同意"的程序,[③]邀请潜在的研究对象参

---

① Cleland, J., Dixon, K., Kilvington, D. (2020). Online research methods in sport studies [M]. London: Routledge, p.40.

② Brancati, D. (2018). Social Scientific Research[M]. London: Sage Publications, p.15.

③ Flinders, D.J. (1992). In search of ethical guidance: constructing a basis for dialogue[J]. Qualitative Studies in Education, 5(2): 101-116.

与或协作研究，进入在线场域也要特别强调研究者与研究对象均有所得，即双方的互惠与合作。而数据收集阶段除了使“知情同意”得到进一步扩展外，还要立马启动“非侵害”的程序，尽量在现场工作中对有关科学、人文精神的研究参与者降低非必要的伤害、风险或错误。此外研究者也应注意在采集数据过程中自己的言行举止是否会对整体研究生态带来潜在、复杂、负面的影响，以此避免双方关系的疏离。在报告撰写阶段，则要实施“隐私保护”程序，不仅要秉持公正、公平和诚信的理念，而且要尊重独立个体的自主性，理解对方的目标与利益，考量其担忧、选择与立场。

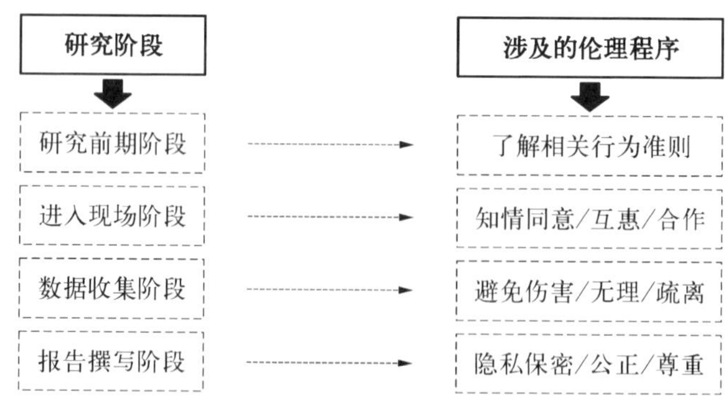

图 3-1　在线研究不同阶段及其所涉及的伦理程序

Tips

国际相关协会或机构有关伦理道德的通用章程及规范：

✎ 互联网研究协会—https://aoir.org/reports/ethics2.pdf

✎ 英国心理学会—www.bps.org.uk/news-and-policy/ethics-guidelines-internet-mediated-research-2017

✎ 英国的数据保护—www.gov.uk/data-protection

✎ 欧盟通用数据保护条例—https://eugdpr.org/

二、体育在线研究伦理涉及的关键问题

作为一个整体，互联网研究伦理讨论的问题动态且复杂，其既关注包括

过失责任、名誉伤害等法律相关问题，又重视知情同意、个体尊重等传统伦理原则，还强调匿名性、隐私性等更广义的社会问题。想要适应互联网的独特环境和体育的既有特点进行一项合乎伦理的体育在线研究绝非易事，因此在开展体育在线研究前我们除了需要了解体育在线研究的伦理程序外，还应该对涉及如何判定一项研究是正义的、正确的或恰当的关键问题进行厘清。

(一) 体育在线研究中观察者与参与者身份的调适

在一项研究中，研究者的角色定位和身份意识不仅影响着是否能够平衡研究者的潜在利益与参与者的既有权利，而且也决定着其将如何与研究对象展开交往与互动，又以何种方式来搜集相关的在线信息。因此研究者以什么样的身份和立场开展体育在线研究在当前的学界看来已经成为研究人员首要面对和拷问自己的问题。研究者在实施在线研究的过程中并非只是简单地使用互联网、服务器和各种技术手段对“冷冰冰”的在线信息进行采集，也不能仅限于对互联网中资料的获取，而是要通过参与、卷入、互动、分享、合作等方式与生产网络数据的无数个体实现“连线”。然而在现实的研究实践中，无论是对有关网络行动、关系、话语生成测量和统计的互联网定量研究，还是对文化情境、意义书写体察的互联网质化研究，如果研究者仅片面地以“观察者”或“参与者”的身份与立场展开调查，势必会面临诸多困境。如果单纯以研究的“观察者”身份入场，在线环境的复杂性及网络社区独有的文化情境和身份边界很容易使作为“观察者”的研究者被当作“入侵者”而遭到排斥，也可能会牺牲参与者的积极性，因被扰乱自然行为的发展而影响研究的真实性。① 尽管互联网的隐匿性能够帮助研究者掩饰身份“潜伏”于被研究的网络文化社群中，却也意味着研究者将会冒着极大的伦理风险，遭遇被定性“那是一个间谍”的尴尬，甚至使研究者丧失诚信和进一步的友好交流。如果研究者以“参与者”“体验者”甚至“贡献者”等局内人的身份入场，虽然能够较为容易地被所调查的群体接纳，从内部获得“近距离经验”，但在此过

① Soukup, C. (1999). The gendered interactional patterns of computer-mediated chatrooms: A critical ethnographic study[J]. Information Society, 15(3): 161 - 176.

程中研究者如果不能保持价值的中立和理论反思，跳出“主位”视角从外部获取“远距离经验”，那么也会使研究浮于就数据论数据的浅表层面。所以说“参与者”视角能够从基于行动主体的内部视角做出深度理解，从而带来更多知识发现的可能性；而“观察者”视角则可以基于实证主义取向，以局外人的身份客观、中立的评价和看待事物，从而使研究更加科学、真实。① 因此在研究中采用何种身份与立场并无绝对，研究人员需要紧密围绕研究问题和研究阶段的需要，在最大程度保障伦理规范的情况下对自己的“多重角色”进行调适。

（二）体育在线研究中公私场域的划分争议及隐私界定

互联网与社交媒体的发展既让人们能够通过微信朋友圈、微博等方式展示自己“私人”的生活细节，又让他人可以经由网络主页去探访“公共”信息，伴随自我披露现象的与日俱增、网络中公共数据与私人数据之间的界限愈发模糊，在线研究领域对网络空间公私场域性质划分的争议和隐私界定的差异也愈演愈烈。例如，有研究者就以“通过互联网连接即可访问”和“参与者认可其为公共数据”为标准来确定网络中数据的“公共”性质与状态。② 怀特曼③、兰格和贝克曼④等学者也持此立场为潜伏于网络空间内并在社区成员不知情的情况下从中下载和收集帖子的研究行为的合法性进行辩护。拉菲利则认为，将信息张贴于网络空间的行为本身就蕴含着知情同意，并且多数网络社区的条款与准则也并未对是否可以让第三方免费访问用户数据进行明确规定，因此对这些自行发布且设置公众可见的在线信息无需采取知情同意的伦理原则。⑤ Nissenbaum、Grodzinsky 和 Tavani 等学者在其探

① 王昕.日常生活转向中的互联网研究——定性研究方法思考与操作[J].学习与探索，2019(12)：36—44.

② Rosenberg，A. (2010). Virtual world research ethics and the private/public distinction[J]. International Journal of Internet Research Ethics，3(1).

③ Whiteman，N. (2010). Control and Contingency：Maintaining Ethical Stances in Research [J]. International Journal of Internet Research Ethics，3(1)：6 - 22.

④ Langer，R. and Beckman，S.C. (2005). Sensitive research topics：netnography revisited [J].Qualitative Market Research：An International Journal，8(2)：189 - 203.

⑤ Kozinets，Robert. (2002). The Field behind the screen：Using Netnography for Marketing Research in Online Communities[J]. Journal of Marketing Research，39(2)：61 - 72.

讨博客用户隐私保护问题的研究中也都发现了"网络社区中的博客主对于其个人隐私受到伦理规范保护并未表现出强烈的期待和明确的需求",从而进一步指出,"不应将个体的因素过多地牵涉进公开的学术研究中"。①

然而也有研究者持不同立场,认为基于互联网的资源尽管具有开放性,但也保留了个人化和私密性的互动属性。由于网络空间的公共性与私人性之间的界限依旧是模糊的,所以在采集在线资料的时候尝试谨慎划分在线环境的公共性与私密性,甚至获得额外的知情同意也是研究人员所应有的责任。② 特别是在当前大部分将网络社区视为"第二人生"的成员对什么是线上公共空间还缺乏共识的情况下,研究者对目标网络社区和空间的具体背景、实践与期待的整体考量,将会非常有助于其明确和反思自己的道德立场。③

事实上,近年来学界关于公私场域的争论从未停止过,只是网络空间中生成的信息数据并非来源于单一种类的社会互动,而是多元化的,因此仅用公共或私人的概念去做简单的判定与划分显然是不合适的,这也进一步要求研究人员在实践过程中明确互联网究竟是一个空间还是一份文本?在线研究究竟是对档案信息的分析还是对人类的社会考察?

(三) 体育在线研究中化名处理及署名与否的考量

保护研究对象的隐私是体育在线研究过程中的特殊伦理问题,鉴于互联网的开放性、追踪性、检索性、存储性,以及网络空间前后台交融、真实与虚拟叠加的独特环境,使得在线研究的隐私保护相较于传统研究更具复杂性和挑战性,如何对待线上化名与是否署名也成了在线研究中一个不可回避的话题。

来自互联网的大量信息资源多采用非实名的虚拟昵称,这种基于网络

---

① Grodzinsky, F.S. and Tavani H.T. (2010). Applying the "Contextual Integrity" Model of Privacy to Personal Blogs in the Blogospher[J]. International Journal of Internet Research Ethics, 3(1): 38 - 47.

② Sharf, Barbara F. (1999). Beyond Netiquette: the Ethics of Doing Naturalistic Discourse Research on the Internet[A]. in Jones, Steve, ed. Doing Internet Research: Critical Issues and Methods for Examining the Net[C]. Thousand Oaks, CA: Sage, pp.243 - 256.

③ Driscoll, C. and Gregg, M. (2010). My profile: The ethics of virtual ethnography[J]. Emotion, Space and Society, 3(1): 15 - 20.

的匿名性看似削弱了研究对象的隐私暴露的可能，但其实却隐藏着信息披露的巨大风险。由于在公共的搜索引擎中通过检索可以很容易地追溯到直接引用的内容和涉及其个人真实信息的潜在数据与原始背景，所以线上的虚拟昵称往往与真实的姓名具有相同的功能，因此在研究中务必要对从网络中采集到的内容实施一些具有防御性或可操作性的解决办法，例如进行“再次匿名”或控制直接引用内容长度来降低在线数据的可识别度，以避免将引文与网络成员现用的虚拟昵称联系起来。①

然而，网络中的许多研究对象除了将自己作为个体看待、注重个人隐私外，还会将自己视为网络社会里的文化成员或意见领袖、强调声望，因此他们更希望自己在网络空间中的言论与发帖能够被适当地引用，正如作品从书中或文章中被引用一样。因为比起那些所谓“注重隐私的个人”（这些人不寻求权力、影响力和关注），他们更少控制关于自己的信息（更强调自己的观点）。② 所以在现实研究中，研究人员也会遭遇参与者主动要求实名的情况，在这种时刻研究者所面临的已经不再只是一个“署名与否”的问题，而更多的是一个“如何署名”的问题。

Tips

评估体育在线研究伦理问题的重要因素：

√ 参与者的风险被置于研究项目的利益之上；

√ 参与者属于自愿参加；

√ 尽可能将参与者在心理、社会和身体层面的风险降到最低；

√ 所有信息均受到严格保密；

√ 参与者享有项目知情权（研究目的、研究进展等）；

√ 参与者享有退出自由权。

---

① Kozinets，Robert.（2006）. Netnography2. 0，in russell W. Belk（ed.），Handbook of qualitative Research Methods in Marketing[M]. Cheltenham，UL and Northampton，MA：Edward Elgar Publishing，pp.129 - 142.

② 罗伯特·V.库兹奈特.如何研究网络人群和社区：网络民族志方法实践指导[M].重庆：重庆大学出版社，2016：173—174.

第二节 体育在线研究遵循的基本原则

好的伦理与好的研究方法总是同时并行、相辅相成的。[①] 在体育在线研究中，遵守既定的伦理原则与道德规范不仅可以让研究者本人“心安理得”，而且也能够让研究本身“物有所值”。由于伦理道德问题具有涉及面广、内容层次丰富等特点，因此通过初步的归纳与梳理，本节内容将对价值中立、自愿平等、隐私保护、非侵害和适度补偿等在线伦理研究的基本原则进行探讨。

一、价值中立

互联网的出现确实使研究人员面临着一系列新的伦理挑战，但在某种程度上，互联网研究的伦理问题在结构上也与社会科学和人文科学中相对传统的研究领域中的已知问题相类似，价值中立则是开展任何在线或传统研究都需要遵循的原则。在学术领域任何伦理道德方面的判断和决策都是相对且没有统一标准的，也正是因为没有绝对的标准，所以研究者对待研究核心利益与他者利益的权衡，对研究完整性与自主性的取舍，以及对发表论文的兴趣与生产新知识的热情的态度都可能会直接或间接地影响研究的走向。如果研究人员仅以“自己的目的正确”为借口事先设定或持有某一立场，不仅会影响研究结果的可信度，还可能获得“有罪的知识”。[②] 所以在开展研究的过程中研究者应以更为中立的价值和更加客观的态度为标尺，在研究利益与自己的良心和对研究对象的责任之间寻求一种平衡，从而避免主观性和先入为主的研究取向。

---

① Sieber, J.E. (1992). Planning Ethically Responsive Research[M]. Newbury Park: Sage.

② Punch, M. (1994). Politics and Ethics in Qualitative Research. In N.K. Denzin & Y.S. Lincoln(Eds.) Handbook of Qualitative Research[M]. Thousand Oaks: Sage.

Reflections & Exercises

Ruihley 和 Hardin 于 2014 年发表的名为 Sport fans and online data collection：Challenges and ethics 的一文在伦理道德分析中曾提出诚实、责任、公正和仁爱四个方面的价值立场。阅读该文章并思考一下其中的哪些关键因素可用于你的在线研究伦理实践中?

二、自愿平等

在互联网研究中保障研究者与参与者之间的自愿平等是极其重要的，因为它不仅可以减少参与者的顾虑，愿意吐露心声，就他们平常不会评论的话题发表意见、观点和经验，而且能够帮助研究者获取研究对象的信任从而更为顺利地开展研究。因此，在研究伊始，以及数据收集和展开互动的过程中，研究人员应该始终表明自己的身份、隶属关系，以及研究意图。但 McName 等学者也指出，知情下的自愿参与也绝不是单纯的在方框中打钩，很多时候向参与者提供的信息水平没有达到所需标准，没有告知研究具体需要，或省略了可能误导参与者的重要细节，或以专业术语和行话来写知情同意，以至参与者无法充分理解。① 所以开展研究时首先需要以清晰易懂的方式向参与者介绍研究项目的基本情况，通过参与者信息表的形式说明参与此项研究的好处与风险，以便参与者在知情的情况下选择是否同意自愿参与，并达成"有效同意(Valid Consent)"。② 这里特别要注意的是因为过于冗长的文件很难被认真阅读，所以要避免将参与者信息表设计得过于复杂，但务必要保障在信息表中提供在研究过程中存在疑问时可供联系的人员信息、伦理委员会批准该研究项目的许可。同时还要告知参与者将以何种方式收集、分析和传播数据，谁有权访问其数据，以及存储数据的方式和保密级别。最终在主动向参与者提供身份认证、公开地告知其研究目

---

① 克里斯·格拉顿，伊恩·琼斯.体育学研究方法[M].花勇民等译.北京：北京大学体育出版社，2014：108.

② Berg K. E，Latin R. W. (2008). Essentials of research methods in health，physical education，exercise science，and recreation[M]. Lippincott Williams & Wilkins.

的、准确地描述研究过程、详尽地分享研究发现的过程中，获得恰当许可、给予充分尊重、保持相互信任。

Cases and Exercises

2019 年 Luguetti, Goodyear and André 为了考察社交媒体在何种程度上对体育教育中真实运动体验发展起到支持作用，开展了一项名为 That is like a 24 hours-day tournament! Using social media to further an authentic sport experience within sport education 的研究。该项研究通过鼓励学习者体验体育文化和运动中的各种角色，来说明社交媒体和数字技术如何在体育教育模式中加速和扩展参与者对体育文化、价值观和道德的体验。

该项研究采取了怎样的伦理原则?

这是一项混合方法研究，使用了访谈和 Facebook 群组分析。为了进行此研究，研究人员首先获得了其所在机构伦理委员会的批准，然后获得了包括提供访谈信息和所采集网页数据的参与者的知情同意。虽然这项研究在最初的研究设计中没有囊括 Facebook 这类社交群组，但其确实是可以作为探讨体育教育的一个优质场域。由于研究者在过往研究中积攒了作为体育社群局内人的经验，因此在从 Facebook 获取数据时尽管未能在最初获得同意，但研究团队随后还是获得了访问和分析群组成员帖子的许可。在撰写研究报告时，对 Facebook 群组成员进行了化名处理，从而限制了外部个体对参与者身份的可追溯性。

三、隐私保护

在离线研究中匿名和保密常被用来保护参与者的隐私，而在线研究中的隐私问题通常颇为隐晦不明且常被研究者误解，其主要原因则是在网络空间中“公共”与“私人”的界限较为模糊，由于互联网一方面为人们“私人”生活细节的展示提供了场域，另一方面又让他者能够公开地管窥此空间，所以也导致了对“隐私”的界定存有颇多争议。然而在现实研究中，除了如吸毒、艾滋、同性恋等敏感性、个体性较强且可能给参与者带来伤害、利益和其他影响的内容外，研究人员还必须要对那些参与者心存顾虑、担忧畏忌的内容予以处理和干预，以通过实施具体、周全的匿名和保密措施来保障参与者的个人隐私。

保密原则是在项目伊始就应该主动向研究对象许诺的原则，研究者需要明确告知被访者或调查对象此项研究不论在任何情况下都不会暴露参与者的真实姓名和身份，并且会对从网络中采集到的涉及具体人名、头像、昵称、地名和机关名称的内容做二次化名处理，必要时还会隐去或删除具有敏感性、尖锐性和争议性的相关材料。这里特别要注意的是研究者要做到完全对参与者的隐私保密并不是一件易事，因为除了在研究数据收集与互动过程中要保障避免参与者之间的内部传播外，还要在研究报告撰写阶段尤其是向相关人员的致谢部分隐去被研究者的信息情况，避免前期所做的匿名保护会前功尽弃。当然在研究实践中可能还会遇到被访对象声名显赫，即便匿名也很难掩盖所指对象真实身份的情况。基于这种情形，研究人员能够采取的办法则是在研究报告正式发表前与被访者商议，探讨研究结果可行的呈现方式或替代方案，适时地做出调整或修改，以免产生误会。总而言之，在线研究中的隐私保护一定要做到“尊重”和“保密”相结合，从而在最大限度上保障参与者的隐私权。

Cases and Reflections

2016 年 McGovern 进行了一项名为 Does race belong on sports blogs? Solidarity and racial discourse in online baseball fan forums 的研究。该项研究考察了美国 7 个球类博客中有关“种族”“民族”和体育话题的球迷讨论。为了避免情境和运动项目差异，McGovern 只选择了棒球这项运动对博客环境的维度及其如何影响对“种族”讨论进行了分析，以此证明身处网络环境中的球迷之间存在不同程度的社会团结。

该项研究采取了怎样的伦理原则？

为了不因为身份暴露而影响博客成员对“种族”议题的探讨，McGovern 在研究伊始并没有选择寻求每个博客或在线社区管理员的许可。其这么做主要因为她将此类博客网站视为公共领域，由于只需持有有效的电子邮件地址，任何用户都可以进行注册和免费获取网站上所发布的内容，并且博客中所讨论的内容并不具有敏感性和隐私性，所以在保障研究顺利进行的基础上，具体的伦理原则也并非是固定不变的。但McGovern却仍旧放弃了对参与者人口统计学数据的采集，并在结果的呈现中对可能有潜在身份暴露风险的文本内容进行了二次匿名和修正，以在最大程度上保护了所有博客网站成员的身份信息。

思考一下你能够使用哪些在线网站获取研究数据以达到所期待的研究目标？在此过程中可能会面临哪些伦理问题，以及如何克服这些问题？

四、非侵害

作为研究者常常享有进入旁人生活、倾听他者故事和观察他人世界的特权，因此在研究过程中也应该尽可能地珍惜这些特权，谨慎小心地行事自己的权利，并且有意识地防止这些特权被误用，以避免给研究对象带来困扰或造成伤害。对于研究人员来说一条基本的原则是，无论发生了什么问题都必须将任何可能对参与者造成的伤害或潜在风险置于现实研究目标的利益之上，做到将被研究者放在首位、研究本身次之、研究者最后。① 但在实际的涉人研究中，由于研究者担心研究流程及意图的过度披露会影响调查的有效性，多少都会在有意无意间向参与者隐瞒一些内容来避免人为性干扰，这也为参与者遭遇暴力威胁和身心伤害以及研究人员遭受行为不当的法律指控埋下了隐患。因此想要真正做到对研究对象的非侵害，除了如隐私保护原则中所提到的要在研究伊始就向参与者提供详尽的信息，明确说明将会如何收集、使用、存储数据，谁有权利接触和传播数据，并告知参与者具有撤回数据的权利外，还需要对有关版权、知识产权、数据所有权的相关

① Fontana, A & Frey, J.H. (1994). Interviewing: The Art of Science. In N.K. Denzin & Y.S. Lincoln(Eds.) Handbook of Qualitative Research[M]. Thousand Oaks: Sage p.373.

条例进行有益探索，并从本质上认识到各个环节将会出现的风险，坦诚地向参与者阐明其可能面临的潜在危害，并尽可能在对研究过程通盘考量的基础上避免参与者受到伤害。这里所说的伤害不仅仅是指身体上的伤害，还包括了情感上的贬损和心理上的压力、焦虑等，特别是在极端情况下一旦参与者的身份在网络中被公开，甚至还可能遭到类似网络暴力形式的羞辱、报复乃至社会压力。

Reflections & Exercises

思考一下你所感兴趣的研究领域或主题在开展过程中可能面临何种潜在的风险？研究对象是否已经得到充分的保障？作为研究人员你会采取什么措施防止给参与者和自己带来伤害？

五、适度补偿

在线研究中无论是基于网站、邮件方式发放调查问卷，还是深入网络社区进行浸入观察和与潜在调查对象沟通交流，通常都要花费很多时间和精力，参与者在研究调查过程中填写问卷、提供信息时也不免会涉及自己的个人隐私。因此为了避免让研究对象产生“被剥夺”“被侵入”甚至“被利用”的感觉，应对其所提供的帮助表示感谢与尊重，给予每一位参与研究的成员适度的回报，这也是研究者必须要考量的问题。那么在科学研究中，究竟应该以怎样的方式去回馈参与者或表达感激之情？对于很多参与者而言，他们认为一项研究的调查者与被调查者双方本就处于权利不平等的关系中，因为研究者往往会获得诸如论文发表、晋升、名誉等更多隐性的收益。但如果参与者因此便对配合研究开展抱有更高的回报期待，甚至主动或不断索取报酬，这种想法和行为对研究者来说也非常不公平，所以如何在补偿过程中把握好“度”则成为关键。因为很多时候相对于过于直接的物质性回报，研究者在调查中所表现出的尊重、关注和理解，在沟通过程中提出的发人深省的问题，耐心、关切的倾听，坦诚、直接的分享所带来的精神力量、思想启迪，以及对心理压力的舒缓对参与者来说反而是一种更有价值、更可贵的补偿。[①] 因此，回报原则的实施并不是简单地受制于研究者的财力、能力或个人意愿，而更多受到研究者与被研究者之间关系深浅及被研究者价值观的影响。研究者在研究开展过程中只要做到事先向参与者真诚地说明自己的想法，尽量在研究经费或个人力所能及的范围内或按照一般社会认可的方式向其提供物质上、行为上或情感上的适度回报，又不要过于"好心"或盲目"对比"地将研究者和参与者置于对立或纯利益的立场上使研究陷入道德两难的困境，从而形成一个相对公平的"社会交换"和较为良性的"关系互构"路径即可。

Tips

关于在互联网中进行良好道德实践的一些建议：

✎ 在研究伊始便与所在机构或资助单位进行沟通，在研究中遵循其相关行为规范和伦理准则将会是一种较优的做法；

✎ 对研究伦理的考量并非在伦理委员会批准后就停止了，而是要动态贯穿于研究的全过程；

✎ 有效利用导师与研究合作者帮助解决研究中所面临的伦理难题；

✎ 尽可能地获取研究对象的知情同意，必要时可通过与在线社区的管理员或论坛版主来实现对潜在调查对象的访问与接触；

✎ 撰写研究报告时需要酌情考虑是否对引用内容进行转述或做适当删减；

✎ 研究人员需要寻求研究利益与他者利益、研究完整性与自主性、论文发表与知识生产之间的平衡。

第三节　体育在线研究的伦理反思

体育在线研究是一个复杂、多变、流动的新兴研究领域，其研究情境和

① 陈向明.质的研究方法与社会科学研究[M].北京：教育科学出版社，2006：439—442.

所处场域的独特性在为研究人员提供开放性、便利性的同时也为其提出了不同于社会科学和人文科学中传统研究的一系列新问题。然而现有的法律框架和伦理规范并不能充分地回应这些挑战，甚至为在线研究的道德实践带来了诸多争议与质疑，[①]这也促使研究人员在研究开展过程中需要对相关问题持续地进行伦理反思。

一、体育在线研究中能否运用欺骗形式

对于研究者来说科学规范和伦理道德在体育在线研究过程中均扮演着重要角色，有时候后者甚至更加重要，但社会科学研究中的伦理守则有时也意味着两难选择。如果将研究计划告知参与者，处于被"凝视"状态下的参与者很有可能会不自觉地改变自己的行为而影响调查结果，甚至还会为了避免外界的"观看"拒绝参加调查而影响研究秩序。如果不将研究计划告知参与者，那么则会面临另一个让人困扰的问题，即违背了知情、自愿等伦理规范。随着在线研究的快速发展和逐渐完善，尽管有学者仍认为欺骗是进入田野工作、获得对社会生活许多层面充分了解的必要手法，但有更多的声音呼吁：作为研究者，对伦理道德的界定不应只考虑是否可以了解"事实的真相"或达成研究目的，还应该强调对被研究者个人的关怀，以及是否能够做到与对方共情。因此在做关于是否要运用欺骗形式的道德决策时，研究者应该先真诚地追问自己："究竟什么样的行为是'欺骗'？如果我处于被研究者的位置是否愿意受到他人的'欺骗'？作为被研究者我能够接受怎样程度和怎样形式的'欺骗'？"

二、体育在线研究中能否实施必要的、适度的蒙蔽

尽管多数学者认为，在线研究中的伦理问题在很大程度上与现有的实

---

① Basset, E., O'Riordan, K. (2002). Ethics of Internet research: contesting the human subjects' research model[J]. Ethics and Information Technology, 4(3), 233－247.

地研究中的伦理问题相似，[①]但在某种情况下，特别是对于在在线环境中使用更为“传统”的访谈或调查方法，就需要考量适用于在线世界的道德规范，并根据每项研究的背景、目的和方法进行针对性探讨。在讨论在线研究中研究人员是否应该实施必要的、适度的蒙蔽这一问题时，要首先强调了解互联网用户对在线研究看法的重要性。因为研究者与被研究者身份的差异及对在线研究所持的不同价值观与期望既是理解在线研究伦理问题的核心，也是影响伦理决策和道德治理模式的重要因素。

对于大多数人来说，伦理道德作为在线研究必须遵守的准则并不具有协商、调和的余地，认为研究人员没有权利基于“研究公开便无法获得真实信息”这种个体的价值判断就利用自己的研究者优势或研究操作中的便利而隐瞒身份、“蒙混过关”。因为学界对于所谓的“真实”并无绝对的衡量标准，只要在被告知情况下参与者所提供的信息在此时此地就应该被认为是“真实”的。此外若是研究真的带有某种蒙蔽的色彩，不仅会剥夺参与者选择的机会，而且在“受蒙蔽”的情况下的研究过程也很可能违背了他们自身的意愿，甚至这种在“无知”情况下吐露的内容还将在今后为参与者带来麻烦和风险。

而对于那些认为在线研究能够发现、记录和揭示社会发展过程中的“坏”现象，推助社会多元问题的解决，并肩负知识创新责任的学者和参与者来说，则更倾向于根据研究需要使用包括隐瞒个体身份、设计人为研究情境在内的方式获取调查数据和研究资讯。[②] 因为人类的本性本就不愿意向他人暴露自己真实想法，“如果研究人员在当事者面前对自己的活动完全直言不讳或开诚布公地告知其研究目的，那么他们就有可能试图隐瞒那些自己认为不好的行为和态度，甚至因自己从事了‘不公正’的活动而就此将研究者拒之门外。其结果便是研究者为了获得真实的资料而必须变得不诚实或不得不违背有关原则和法规来从事研

① Walther, J. (2002). Research ethics in internet-enabled research: human subjects issues and methodological myopia [J]. Ethics and Information Technology, 4(3), 205 - 216.

② Douglas, J.D. (1976). Investigative Social Research[M]. Beverly Hills: Sage.

究活动”。[①] 所以在很多情境下，研究者只有采取必要的蒙蔽才有可能了解事情的真相、获得可靠的信息、记录真实的数据，以此来推动研究平稳开展，那么这些对社会的自我认识有利的隐瞒型研究在理论上应该被视为具有正当性。[②]

当然目的的正确性不应该使任何研究自然而然地就被赋予合法性，在现实的在线研究实践中，评判能否实施必要的、适度的蒙蔽往往更复杂也更具灵活性，研究者对其判断除了会受制于参与研究双方的价值观及自己的个人经历外，还需要考虑到研究进行的各种条件、有关人员之间的关系、网络社会中动态变化的情境及可能带来的短期和长期效应，所以在做决策时还是应尽量以一种开放的姿态做到“因需制宜”“问心无愧”和“将心比心”。

---

① Gans, H.J. (1962). The Urban Villagers: Group and Class in the Life of a New Suburban Community[M]. London: Allen Lane.

② Punch, M. (1994). Politics and Ethics in Qualitative Research. In N.K. Denzin & Y.S. Lincoln(Eds.) Handbook of Qualitative Research[M]. Thousand Oaks: Sage.

第四章 体育研究中的在线调查

随着互联网人口渗透率的增加，以及在线调查在成本、数据收集与分析速度层面所蕴含的巨大价值，让使用在线调查采集数据作为一种传统调查法的替代形式在互联网时代变得不足为奇。然而在学术研究中，研究人员应该意识到尽管互联网为进行在线调查创造了条件，但却也面临着如何以最有效的方式使用在线调查来实现其研究目的和目标的挑战，所以想要确保基于互联网的在线调查成为优秀的实践典范并不是一项简单的任务。鉴于此，本章在围绕在线调查概况展开探讨的同时，并就如何设计和开展调查、最大限度地规范调查程序和提高调查效率提供了一系列实用建议，以为在线领域的研究人员参考借鉴。

第一节 体育在线调查概述

一、什么是在线调查

在线调查是研究人员用来从被研究者那里获取定性、定量或混合数据，以衡量其对特定研究主题的看法、经验、行为和知识的一种常用工具。Murray 曾指出，"基于互联网的问卷调查是以系统和结构化方式收集特定类型的事实和描述性信息的有效方式"。[①] 其最大的特点是运用多种抽样

① Murray, J. (2014). Survey design: Using internet-based surveys for hard-to-reach (转下页)

方式选取调查对象，依托互联网进行问卷发放和资料收集，并在对相关数据进行统计分析的基础上推论出研究结果。在线调查方法能够通过对网络中大量样本的调查反映社会的一般状况，由于其所获取资料的精确性和可靠度较高，所以也能够帮助研究人员更为客观、真实地分析和呈现所调查的社会现象或问题。然而尽管通过在线调查方法所获得的数据具有较强的概括性和可信度，但与在线访谈或在线民族志等偏质化研究的方法相比却较难获取深入、详细的经验资料，也不易了解具体的有关社会运行和社会行为变迁的议题，所以在线调查更适合作为一种"量器"被用于调查移动互联时代人们对待特定事物的主观评价、价值观念、行为态度、使用情况及其因果关系等内容。

二、体育在线调查的主要类型

在线调查作为以互联网为技术手段和调查对象、收集一手资料的研究方法更偏向于网络定量研究范式（online quantitative methods），那么这种基于量化的在线调查究竟包含哪些具体类型？具有怎么样的特点？是否能够真正成为新的、可行的调查手段？以下将对在线调查所涵盖的四种主要类型——网站（页）问卷调查、电子邮件调查、弹窗式调查和网上固定样本调查进行简要介绍。

（一）网站／页调查（W-SURVEY）

网站/页调查是将设计好的文件放在特定网站的某个网页上，由网民根据自己的实际情况觉得是否填写的一种在线调查类型，也是在线研究中使用频率最高的在线调查法。这一调查方式类似于传统调查中将问卷刊登在报刊上的调查，不同的是要求问卷的设计得具有一定吸引力且易于作答，以此去吸引更多潜在对象主动地参与到调查中去。这种不做任何控制、完全由网民自愿参与的调查形式除了具有成本低廉、分发速度快等优点外，最重

（接上页）populations. Sage Research Methods Cases. Available at：https：//methods.sagepub.com/case/survey-design-using-internet-based-surveys-for-hard-to-reach-populations.

要的是能够覆盖更广地域的人群类型,所以非常有利于收集到量多、面广的社会面数据。但是这种完全自愿的调查方式很可能让受访者作答更具开放和自我表现性,特别是在网络情境浸染下出现的非理性作答会造成样本不具备代表性的问题,所以如果能在发放问卷过程中进行适度的设置,如防止同一人进行重复或多次作答、在问卷首页给出明确醒目的调查主题,甚至为了研究需要按照一定程序采用临时邀约的方式招募样本(为每位答题者提供唯一的 URL 或作答密码),在一定程度上将会提升研究效率和调查效力。

(二) 电子邮件调查(E-SURVEY)

电子邮件调查是将问卷直接发送到受访者的私人电子邮箱中,引起受访者的注意和兴趣,从而主动地参与填写和回复问卷。此种调查方式需要实现收集目标群体的电子邮件地址作为抽样框,因此也更类似于传统调查中邮寄纸质问卷进行调查的形式。电子邮件调查具有覆盖地域广、操作简单、成本较低和接触人群类型较多等优点,只要参与者能够访问网络,便能根据自己的时间、地点和设备自主地完成调查,这种没有时间和情境压力的作答方式也能够使参与者更加全神贯注地阅读和填写问卷。但其在应答速度和回复率方面相对于其他类型的在线调查则仍存在诸如无法把握受访者具体的回复时间、无法确保受访者收到(被拦截或直接进入垃圾信息)或已查阅相关邮件等更多的不确定性因素和拒绝回复、丧失匿名信等潜在挑战。此外,由于电子邮件调查会受到平面文本格式的限制,所以无法实现跳答、随机化、错答检查等较为复杂的调查设计,其质量在很大程度上也更依赖于抽样框的完备性和回收率的高低。① 因此电子邮件调查法更适用于具有一定前期研究基础、已经与潜在的受访群体建立了基本联系或通过一定的学术资源能够保障基本的问卷回收率的情况。

(三) 弹窗式调查(POP UP)

网络用户在浏览网站过程中常常会遇到弹跳式窗口邀约参与网络调查

① 柯惠新,王锡苓,王宁.传播研究方法[M].北京:中国传媒大学出版社,2010:227.

的情况。如果用户有参与意愿，点击窗口的调查按钮，便会收到自动弹出的调查问卷进行线上作答。这种弹窗式调查可以按照等距、随机或一定比例自动地抽取被访者，因此也更类似于传统调查中在街头或商场中进行的拦截式调查。由于网络用户的访问频率和时长是拦截式调查的主要依据，常上网的访问者被拦截中的可能性要远大于偶尔上网的访问者，所以弹窗式调查获取的受访者也不算是真正意义上的随机样本，因此这种需要投入一定成本（需要与网站达成合作）、应答和分发效率较高且接触人群适中的在线调查方式相对也更适用于了解某一类型网站使用情况或某一网络群体的行为态度。

（四）网上固定样本调查（ONLINKE PANEL SURVEY）

网上固定样本调查是一种将互联网技术（线上）与传统调查（线下）相结合的方法。这种方法通过随机抽样调查招募目标总体的一类具有代表性的固定样本，然后利用电子邮件或网站（页）等方式对这些选定的样本进行定期的在线调查。网上固定样本调查更加类似于传统调查中基于计算机辅助的截面调查，不过这种截面调查一般不用于日常跟踪测量网上行为，但如果截面调查的抽样和招募能有一定的质量保障，那么采用此方法的调查则具有较好的代表性。然而特别需要注意的是，网上固定样本调查法在初期建立样本库阶段的支出是非常昂贵的，国外已经出现了 Inter Survey 这样的专业调查机构，但目前国内在此方面的发展仍相对滞后，因此也为研究经费有限和需要开展大规模调查的研究人员带来了一定的阻碍。

表 4-1 不同在线调查类型的特点比较

对比特性	网站/页问卷调查	电子邮件调查	弹窗式调查	网上固定样本调查
成本	低	较低	较高	高
应答速度	快	慢	快	较快
应答率	较快	低	中等	较快

续 表

对 比 特 性	网站/页问卷调查	电子邮件调查	弹窗式调查	网上固定样本调查
能接触到的人群类型	较多	较多	比网络调查少,但比电子邮件多	较少
能达到的地域广度	非常高	高	中等	中等
分发问卷时的时间	短	长	短	短

三、体育在线调查的优势与弊端

20 世纪以来,互联网的发展和潜力改变了研究人员利用在线调查解决其研究目的和目标的过程,随着调查研究中技术含量的持续提升和互联网人口渗透率的不断增加,与其他研究方法相比,在线调查的使用率也愈发频繁。然而在线调查在互联网时代焕发出巨大研究潜力的同时,网络空间的多元、复杂情境也为研究的开展带来了诸多挑战,因此在开展在线研究前对其所具有的优点和局限进行全局性考察,不仅有利于对研究的整体性把控,而且也是有效开展在线调查的必要前提。

通常来看,在线调查的优势主要包括以下方面:

(1) 研究人员能够快速地接触到广泛地域内的大量潜在受访群体;

(2) 研究人员能够在短时间内通过封闭式或开放式问题的混用收集到大量的定性与定量数据;

(3) 研究人员能够在最大程度上降低打印、邮寄、人工等研究成本;

(4) 研究人员能够在调查中使用多媒体(图像、音频)、超链接(新闻资讯、调查报告)和问题跳转模式设置,并直接对采集到的数据进行智能分析,从而有效地避免问卷回收、录入和整理过程中可能的人为错误;

(5) 参与者可以免受外界影响自主地选择时间和地点完成调查,参与研究的自由度和灵活性更高;

(6) 开展在线调查时可以将项目描述、研究者联系方式、知情同意书和匿名保护等伦理准则纳入参与者信息表中。

然而在线调查也并非适用于所有情况和全部人群，在现实研究开展过程中其同样存在以下不足：

（1）如果在线调查没有得到有效的设计和开展，则出现低质量数据的可能较大；

（2）如果在调查中采用非概率抽样，则会缺乏对被调查人群的推断能力，并引发样本的代表性问题；

（3）可能会出现过度依赖辅助软件设计、发放和分析调查问卷的情况；

（4）可能面临信息被屏蔽或被视为垃圾信息的窘境；

（5）有可能存在覆盖率不足、回复率低和随意作答（敷衍或为了遵循社会规范而给出的符合社会期望的答案）所导致的低有效性、高误差率等问题；

（6）可能会面临一系列与在线环境有关的潜在技术与伦理道德层面（如数据泄露、隐私保护等）的质疑和争议。

Reflections & Exercises

思考一下，在具体研究实践中进行电子邮件调查和基于网站（页）的调查分别具有哪些优点和局限？

第二节　在线调查在体育研究中的操作步骤

一、体育在线调查的设计与规划

对于使用在线调查方法的研究项目来说，前期的项目设计与规划是最为关键的步骤之一，因为其不仅会对数据的有效性和可靠性产生巨大影响，也是决定研究目的和目标能否达成的重要环节。所以研究人员务必要认识到在线调查是一个周密、复杂且环环相连的整体性过程，打算以何种方式进行调查、采用哪种问题设置、选择怎样的平台实施调查等不同阶段的决策均会对下一阶段的研究产生影响。在研究伊始如果能在确立调查方式、问卷问题类型设置和受访者沟通流程方面建立更清晰的标准,那么将会对研究的进一步开展和实施提供便利与保障。

选择怎样的方式进行调查既关系着研究目标的达成,又涉及研究方案的开展,因此明确具体的调查方法也成为研究者在设计与规划阶段的主要任务。在上述章节中我们已经对网站/页、电子邮件、弹窗式和网上固定不同的在线调查类型优缺点及其适用性进行了介绍,研究人员可以根据研究需要和自身所具备的研究条件进行合理选择。然而,无论采用何种在线调查法,设计和开展在线调查都是一项艰巨而复杂的任务,基于此,Crawford、McCabe 和 Pope 等学者便对透明度、准确性、一致性、简洁性和自主性等有关设计与规划在线调查的核心要素进行了说明。①

透明度(Transparency):在线调查在设计过程中应该尽量使受访者能够较为容易地获得任何有关调查目的及背景的信息。例如,通过设置一行简短的欢迎字幕或提供研究项目清单等方式将进行调查的研究人员、资助调查的协会机构、调查的目标意义、数据的采集处理等关键信息告知给受访者。

准确性(Accuracy):由于在线调查没有调查员作为中介对答卷进行指导和说明,因此在问卷设计上尤其需要保障调查中的每个问题能够准确地传达信息,尽量消除任何可能引起歧义或造成混淆的语言问题。特别是对于问卷中需要跳答的、排序的情况更需要注意理顺其间的逻辑关联。

一致性(Consistency):在基于互联网的调查中,受访者很可能会因为字体、颜色、导航设置和问题间转接的变化而迷失"方向",特别是对不同问题类型的引入(如开放式问题、排序类问题、多选项问题)可能会给受访者带来新的挑战②。所以限制问卷中使用问题类型的范围一般被看作解决问题

① Krug, S. (2005). Don't Make Me Think: A Common Sense Approach to Web Usability (2nd ed.)[M]. Berkeley: New Riders Press.

② Dillman, D.A., Tortora, R.D. and Bowker, D. (1998). Principles for Constructing Web Surveys[M]. Washington: Pullman.

的关键,除了尽量选择简单的问题类型让受访者能够一目了然地进行作答外,在发布正式调查前进行小范围的预调查并观察问卷的完成情况也被视为保障问卷内部一致性的有价值的举措。

简洁性(Brevity):在线表格的灵活性与低成本可能会促使研究人员创建很长的调查问卷。然而,在现实研究中许多研究者发现较短的在线问卷相对于冗长繁琐的问卷来说能够获得更高的回复率和更少的流失率。① 考虑到这一点,研究人员在问卷设置时便具有充分的理由确保问卷的简洁性,并适当地使用跳转问题以保障受访者只需回复他们必须作答的问题。此外,如果能加入一个明确的问卷填写进度指标,让受访者能直观地了解答题进度,也将会对降低流失率产生积极作用。②

被调查者的自主性(Respondent autonomy):在线调查的受访者通常是在无偿的情况下参与研究的,因此研究人员有义务遵循道德规范在受访者自愿的情况下开展研究。在具体的实践中除了尽可能避免强制性提问之外,还要允许受访者中途退场,并在资料存储、过程描述和数据呈现等环节对被调查者的自主性与研究的完成度予以平衡。

在具体设计层面,在线调查的视觉传达(背景、文本、颜色、字体)和问题设置是两大不容低估的因素。研究人员在考虑问卷设计时应尽量结合研究主题的要点,选用与体育相关或者自己所在机构的标识作为问卷页面背景,因为此方式可以较为直观地呈现研究特色并准确地引起潜在调查对象的兴趣,让参与者能更为轻松地进入答题环节,并更加投入地进行作答。③ 除了在调查中要醒目地添加包含研究背景、参与者重要性、完成调查所需时长、所涉及和能够解决的伦理道德问题,以及主要研究人员联系方式在内的具

① Deutskens, E., de Ruyter, K., Wetzels, M. and Oosterveld, P. (2004). Response rate and response quality of internet-based surveys: An experimental study[J]. Marketing Letters, 15(1): 21 - 36.

② Yan, T., Conrad, F.G., Tourangeau, R. and Couper, M.P. (2010). Should Istay or should I go: The effects of progress feedback, promised task duration, and length of questionnaire on completing web surveys [J]. International Journal of Public Opinion Research, 23(2): 131 - 147.

③ Sue, V.M. and Ritter, L.A. (2012). Developing the survey instrument. In Sue, V.M. and Ritter, L.A. Conducting Online Surveys[M]. Thousand Oaks, CA: Sage Publications, pp.1 - 31.

体信息外，当参与者点击提交或完成在线调查时还应附上感谢信。但在整个调查过程中研究人员也需要在详尽的信息与冗长的说明中做平衡，在保障精确性的基础上尽量避免在同一页面放置过多的信息和复杂的说明，因为有时简短的调查反而可以为研究者提供更多高质量的数据，从而避免信息过载可能给参与者带来的挫败感，以及引发结果不完整或数据缺失的问题。

Reflections & Exercises

在下列研究主题中选取任意一个话题，思考一下应该以怎样的方式展开研究设计，以吸引潜在参与者此研究的关注与兴趣。

- 在线体育博彩的兴起；
- 足球赛事中的安全问题；
- 男性在体育管理机构中的领导地位；
- 网络媒体对女性运动的报道不足；
- 职业游泳比赛中药物滥用问题。

解决了视觉传达的问题后，如何向参与者提问则成为对所有在线调查研究者的另一关键问题，因为任何调查最终都需要以收集到的数据匹配适当的理论框架作为支撑，所以选择以封闭式问题为主还是开放式问题为主，抑或是两者混合来进行数据调查则变得至关重要。

在封闭式问题中，受访者通常只能在数量有限的备选答案中进行选择，这些选项可以包括简单的“是”与“否”、“真”与“假”的回答，也可以是其他复选框（例如，要求参与者“选择所有适用的选项”或“从以下选项中选其一”），还可以是用包含“非常同意”“同意”“既不同意也不反对”“不同意”“非常不同意”的李克特量表衡量对问题的态度或看法。对于某些特殊问题，如果只要求参与者回答“是”或“否”这种相对含糊的答案可能很难辨别与测量出受访者的鲜明态度及群体差异，因此建议研究人员根据具体情境和需求设置像“不知道”“比较适用”或“不愿意透露”等更为明确的选项。封闭式问题主要的优点在于能够对包括性别、种族、年龄、地理区域、收入、职业等特定人口统计学问题进行调查，而人口统计学数据能够有效地防止被调查者匿名性，从而帮助研究者在所撰写的调查报告内出现描述被调查者性别、种族、年龄及其相关个体性问题时能免于伦理规范的道德批判。此外研究人员还能够在参与者完成在线调查后快速、便利地进行数据分析，从而大大提升研究进程与效率。

不同于封闭式问题，开放式问题则允许参与者在多行文本框或空行中用自己的语言自主进行回答。此类问题作答区的文本框大小对于问卷作答至关重要，因为文本框大小在某种程度上表明了其所希望参与者回答问题的长度，并影响着参与者是否回答、是简单回应还是详细作答。开放式问题相对于封闭式问题的优点在于它不局限于以特定的方式去回应研究者所制定的调查清单，所以在调查过程中能够收集和获取到更多的有效信息。尽管如此，在在线调查中还是尽量避免使用过多的开放式问题，因为开放式问题的填写时长和难度很可能会让参与者感到烦扰和焦躁，为了尽快结束调查，一些参与者会选择敷衍作答、跳过问题，甚至就此中断调查。如果需要设置开放式问题，那么最好使用此种问题类型去深入了解那些与你的研究目标紧密相关的特定问题，例如使用超链接让参与者阅读一篇嵌入在问题中的关联性电子报纸报道或在线报告，以获取与研究问题相关的深入背景信息。

Tips

体育在线调查中开放式问题示例：

✎ 我们可以实施哪些策略来更有效地解决足球中的种族主义？

✎ 有证据表明在体育管理机构中缺乏女性领导岗位，你觉得这背后的原因是什么？

✎ 体育协会可以通过哪些方式为裁判提供更好的执裁体验？

✎ 我们可以通过哪些方式鼓励青少年保持健康的生活方式以提升其身体素养？

除了封闭式和开放式问题外，研究人员在在线调查设计中还可以适当设置一些跳转模式的问题。这些问题对参与者来说通常是不可见的，但却能引导参与者进入到一系列新问题中（例如，有关性别、职业、所在体育组织或特定运动中的角色）。跳转模式的问题在在线调查中意味着被访者不会面临被迫阅读或回答不必要问题的情况，从而能够消除参与者在作答过程中填写不合逻辑答案的可能性，以提高调查的有效性。这也是在线调查最为突出的优点之一，因为传统的纸质调查比较容易让被访者感到困惑，多数参与者也都是按照逻辑顺序和问题指示进行作答（例如，当被调查者回答完问题 2，则会按照问题指示“如果没有，请跳转至问题 5”执行），在线调查中的跳转模式问题则避免了这种情况，这也是为什么传统纸质调查中有时会出现更多错误和耗费更多时间的原因之一。

Cases and Exercises

2016 年，Knight 等研究人员为了探究父母参与青少年体育过程中所受到哪些个体与环境的影响及原因，开展了一项名为 Influences on parental involvement in youth sport 的研究。

该项研究使用了哪些研究方法？

研究采用了在线调查方法中的电子邮件调查，为了实现上述研究目标，研究人员在获得伦理批准后便将重点放在美国和英国的数据采集上。在美国，研究团队向 46 个体育联盟的负责人发送了电子邮件，向其介绍和说明相关研究内容与流程，并寻求与他们各自联盟下属球队运动员家长进行联系的许可。获得许可后则向家长发送包含项目概况和问卷调查链接的邀约邮件。在英国，研究团队首先动用相关学术资源联系到了项目教练和体育俱乐部经理，在向其介绍了项目概况后请他们帮忙向家长转发在线调查链接。该调查通过 Qualtrics 软件发布，包含 15 个封闭式问题和 19 个开放式问题在内的 34 个问题。研究人员根据研究主题领域的现有文献，将问题划分为以下五类：(1) 人口统计学信息（如年龄、婚姻情况、子女数量）；(2) 父母自身参与体育运动的经历；(3) 父母对其子女运动能力的期待；(4) 父母对其子女参与体育运动的看法;(5) 父母对其参与子女运动影响的认知。经过前期的邮件发送,共有70名家长完成了在线调查。研究人员特别强调了在调查中要避免为了迎合社会规范(道德、舆论、风俗等)而进行“正确”作答的重要性,同时要求参与者客观、真实地阐述个人和环境艺术对他们参与青少年体育运动的影响。

思考一下在在线调查研究中使用开放式问题会存在哪些机遇?又可能面临哪些挑战?并进一步探讨应该如何将开放式问题与封闭式问题进行有效结合和相互补充?

Tips

设计在线调查问题时需要注意的七个关键点:

- 问题应该始终围绕研究目的与研究目标;
- 保障参与者在进行以下作答时遵循准则;
  - √ 仅在问题选项中择其一
  - √ 在问题选项中选取所有适用项
  - √ 将答案根据其相关程度进行排列,其中1最相关,6最不相关
- 避免使用行话,所提问题要让参与者容易理解;
- 问题尽量简短、精炼从而有效控制问卷的调查时长;
- 确保调查的参与者是抽样框架中的有效群体;
- 避免提出能够引导参与者找到特定答案的问题;
- 避免设置过多的开放式问题,从而防止参与者在填写问卷时感到烦躁或不适。

二、体育在线调查的开展与实施

在完成对在线调查的设计和规划后,就可以进入在线调查的实施阶段。在线调查的实施主要包含调查问卷的发放和调查数据的回收两个关键步骤。在向目标群体发放问卷前,采用预调查的方式进行摸底和检测以获取有价值的反馈将非常有助于找到那些被受访者跳过、敷衍甚至不合逻辑作

答问题的原因,[1]从而为提升数据采集的有效性和可信度以及选取到合适的样本以增加回收率奠定基础。

Tips

使用在线调查实施研究目的与目标的一些建议:

- 开展在线调查的关键是研究所采用的抽样框架;
- 熟练掌握并学会分辨不同类型的抽样方法至关重要;
- 在进行正式的大规模问卷发放前务必要开展预调查,这将有效降低覆盖率不足和无回复出现的几率;
- 在基于互联网的调查中,适当延长调查时间并向最初选定的潜在对象定期发送提醒将能够在一定程度上提高调查的作答率和完成度。

(一)体育在线调查的样本选取

作为研究人员,在测量参与者在某些体育领域议题上的态度、行为、经验时通常会在心里设定一个参与研究的潜在群体,这就需要通过样本选取来实现,因此对网络中受访者的抽样也成为在线调查研究方法的基本内容。与传统调查法类似,偏向量化范式的在线调查的样本抽取原则仍然是以使样本对总体具有显著代表性为主,目前在线调查的常用抽样方法主要包含以下三种类型:

1. 随意样本抽取

随意样本又称任意样本,其抽取以自愿参与为准则,研究人员将调查问卷在相关网络健身社区、体育俱乐部论坛、体育聊天室或社交媒体上发布,尽可能多地吸引用户浏览、关注和参与,但并不对填写在线调查问卷的对象作任何限制。不过由于参与者的自我选择不能代表所有潜在的对象,并且完成调查的人也很可能对该研究主题并不感兴趣,因此以此方式选取的样

① Vicente, P. and Reis, E. (2011). Internet surveys: Opportunities and challenges. In CruzCunha, M.M. and Moreira, F. (Eds.) Handbook of Research on Mobility and Computing: Evolving Technologies and Ubiquitous Impacts[M]. Hershey, PA: IGI Global, pp.805-820.

本也会由于应答者的自荐偏差而引发代表性相对较低的问题。但这种便捷且获取量大的样本抽取方式针对类似网络用户基本特征调查、专题小组成员招募和本质上更具探索性的调查则非常适用。

2. 过滤性样本抽取

过滤性样本又称筛选样本，其抽取是按照想要研究的目标总体的特征（如地理区位、使用模式、行为方式）进行搜寻，一般采用分类模式或跳跃模式来筛选样本。比如，可以在正式发放问卷前先通过设置一些相关问题筛选出适合或合格的应答者后再向其展现问卷的全部内容；也可以借助在线问卷调查系统将应答者分成不同的子群，然后针对各子群专门设计调查问卷。此外，研究人员如果聘请专业的网络调查机构实施调查，那么还可能会用到“固定小组”的模式进行样本抽取。此种模式通常会通过给予物质奖励或相应回报将一群自愿、合格的潜在对象纳入数据库，并根据他们在进入小组前所填写的问卷将其划分为不同的人口统计特征子群进行调查。这里要特别说明的是，由于网络社区中的体育用户或成员多是以趣缘而联结在一起的，所以这种基于形似兴趣特征的筛选也能够得到不同的子群，所以体育网络社群小组以及讨论组名录也可以帮助研究人员实现过滤性样本的抽取。

3. 选择样本抽取

选择样本又称现有成员样本，这种样本抽取方式是在已经知晓应答者特征后，根据研究所拟定的标准将他们再次筛选和分类。此方法多使用网站（页）和电子邮件从现存数据中找到潜在的受访者，在大多数情况下，研究人员会采用电子邮件来通知被选中的受访者，并邀请其直接访问正在进行问卷调查的网站。选择抽样对于规模较小或针对性较强的人群比较有效，并且有助于使数据更加真实可靠。

Reflections & Exercises

尝试寻找一些与体育相关的在线调查案例，分析一下这些研究都采取了怎样的抽样方式，并探讨不同的抽样方式在体育在线调查中具有哪些优点和不足？

(二) 体育在线调查的数据回收

一旦受访者提交了调查回复便会以电子方式存储,并在研究人员用于开展和发布的电子调查平台上进行数据整理,这种能够直接处置回收数据的特性也是在线调查备受研究者青睐的一大原因,因为它不仅绕过了整理数据的耗时过程,避免了传统纸质调查中在编辑、编码阶段可能产生的人工误差,还提供了更高级别的保密措施,致使数据收集的有效性和数据存储的安全性更高。此外研究者所选择开展和发布在线调查的平台如果具有智能数据分析处理功能,那么也会特别有助于进行有关人口统计学的描述性分析和多变量之间相关性的交叉分析,鉴于大部分的在线调查软件均具备进行交叉分析的功能,这使得研究者能够很方便地对某些封闭式问题的答案进行比较分析。

在数据收集期结束后,如何"清理"和消除哪些不完整、不正确、不合逻辑或者仅仅是敷衍作答所生成的数据也是研究者所必须要重视的问题。① 正如 Vicente 和 Reis 所言:在线调查中的问题数据很多时候反映出的可能恰巧是互联网不足以成为能够做出有效推论的工具,尤其是在民意和态度调查中。② 所以那些没有被你的研究项目所吸引或不支持你研究项目的群体反而非常有利于研究者对自己的课题进行反思和调整,帮助研究人员对隐私和安全等伦理道德问题进行审视,对问卷设置的表述和措辞问题进行审核,以及对那些提供不合逻辑答案的参与者进行劝阻等。特别是对前期缺乏预调查或初始假设的研究项目来说,有关覆盖率不足、研究误差等来自"反对者"的声音往往能为研究者提供预期之外且更具价值的反馈与指导。

---

① Benfield, J.A. and Szlemko, W.J. (2006). Internet-based data collection: Promises and realities. Journal of Research Practice[J]. 2(2): 1 - 15.

② Vicente, P. and Reis, E. (2011). Internet surveys: Opportunities and challenges. In CruzCunha, M.M. and Moreira, F. (Eds.) Handbook of Research on Mobility and Computing: Evolving Technologies and Ubiquitous Impacts[M]. Hershey, PA: IGI Global, pp.805 - 820.

Reflections & Exercises

思考一下，在研究实践中可以采取哪些策略来降低数据回收过程中所出现的覆盖率不足、无回应、消极作答等问题？

三、实施体育在线调查的注意事项

除了在发放问卷之前确保在线调查结构合理、信息丰富和引人入胜之外，对于在线调查者而言，招募参与者以获得良好的问卷回收率也同样至关重要。由于基于互联网的调查相对较难限制参与者的背景情况，有些参与者甚至没办法做到一次性便完成调查，因此研究人员在发放问卷时务必要对目标受众在网络调查过程中的一些关键环节进行考量，例如研究初期的关系建立、后续调查的信息跟踪，以及是否需要提供完成在线调查的相关激励措施。此外，可能也需要使用一些技巧，比如周期性地进行数据排查或者使用网络软件监测参与者的互联网协议地址，以纠正或删除那些不相关、不准确和不完整的内容。通常来说，研究者最理想的调查状态即为发放在线问卷后便能迅速在已经设定好的数据收集时间框架内获得详细的回复内容，然而理想的状态往往极富挑战性且需要研究人员在此过程中处理好诸多细节性的工作。在这种情况下如果研究人员能够在试图为网络调查进行宣传时预先通过电子邮件或网络社群获取潜在研究对象的关注，并采用更为灵活的方法以便为自己调整和修正研究实施路径争取足够的时间，例如适当的延长调查时间，向暂未回应的参与者实施定期追踪或发送提醒，或者尝试采用其他相关网站，将能够在很大程度上获得更高的完成率。如果研究经费和实际情况允许，那么也可以适度地向参与者提供一定的奖励，这里的奖励可以是物质回报（如以邮寄或登录网站输入特定代码所收到的优惠券），也可以是非物质激励（如在完成研究后获得查阅研究报告或下载文献的优先权），研究人员需要根据被访者的具体情况进行选择。此外，如果遇到在线调查经验欠缺的情况，那么也可以根据经费和经验水平决定是否雇佣商业网络调查机构（如 SurveyMonkey、Google Surveys、SurveyHero、

Qualtrics、Bristol Online Survey 等），或利用所在研究单位订阅的网站资源帮助生成符合研究抽样框架的列表，从而在启动正式调查时减少进一步伦理审查的环节。

Tips

一些常见的专业在线调查机构及数据库资源：

- Google Surveys—https://surveys.google.com/
- Online Surveys (UK-focused)—www.onlinesurveys.ac.uk/
- Qualtrics—www.qualtrics.com
- SurveyHero—www.surveyhero.com/
- SurveyMonkey—www.surveymonkey.com/mp/uk/

Reflections & Exercises

站在受访者的角度设身处地的思考一下，在在线调查实践中哪些因素能够成功的吸引到潜在参与者的注意并促使其完成调查？

第三节　在线调查在体育研究中的应用案例

通过上述内容的介绍，我们对在线调查的内涵与分类、优势与局限、操作与实施等内容已经有了一个大致的了解，为了加深理解，本节特别选取了一个体育领域的研究案例来对前文内容进行具体说明，以此让体育在线研究者可以在实践层面更为熟练地掌握在线调查方法。

一、研究案例的内容概述

本节的研究案例选取的是中国传媒大学柯惠新教授在第六届亚洲传播论坛上发表的名为《北京奥运背景下国际公众眼中的中国形象研究——以

美国、英国、新加坡和在京国际公众的调查为例》的研究。①

（一）研究目的与内容

研究的主要目的是为了解国际公众眼中的“中国形象”，并以奥运传播为契机探讨北京奥运会后国际公众眼中的中国形象是否有所变化，试图揭示促成国际公众眼中“中国形象”变化可能产生的各种影响因素，从而为以大型体育赛事传播推进“中国形象”建设提供依据和参考。基于上述目的，研究重点考察了北京奥运会举办前后和期间国际公众眼中以中国经济形象、中国政治形象、中国文化形象、北京城市形象和中国民众形象为代表的“中国形象”，并对与中国的直接接触程度、对中国的认知状况、对各类传播渠道的接触情况、奥运因素、媒介信任度和国际公众自身背景等可能影响国际公众眼中“中国形象”的各种因素进行了探讨。

（二）研究方法及过程

研究主要以在线调查为主，截面调查为辅的混合方法对美国、英国、新加坡及在京的国际公众进行了调查。其中在线调查主要采用了网上固定样本调查的方式（ONLINKE PANEL SURVEY），将设计好的包含邀请信、调查主题和研究基本信息等内容的问卷利用网站或电子邮件对选定的潜在对象进行发放，吸引其主动参与。考虑到在线调查的特殊性，以及为了更好地实施调查，研究人员在发放问卷之前便在设计方面进行了一定程度的设定，例如，为了保障对问卷中的筛选甄别、逻辑分支、逻辑跳转、自动查错功能进行反复测试；为了提升问卷回收质量将答题时长控制在 40 分钟以内；为了网络作答的流畅性尽量减少在问卷中添加过大的图片和视频；为了防止敷衍作答和无效问卷对回复者的 IP 及作答时间进行把关和检查等。通过预调查最终确定了具体变量、研究假设，并形成了用于正式调查的三个态度量表（如表 4－2、图 4－1 所示）。

① 柯惠新.北京奥运背景下国际公众眼中的中国形象——以对美国、英国、新加坡和在京外国人的调查为例[C].第六届亚洲传媒论坛——国家形象传播论文集，2008：19—20.

表 4-2　研究的具体理论假设

问题一	北京奥运会作为重大媒介事件是否会对国际公众产生某方面的影响?
H1a	北京奥运事件将会提升国际公众心目中的中国形象;
H1b	北京奥运会将会促使国际公众增加对中国的接触程度;
H1c	北京奥运会将会促使国际公众增加对具有中国元素的传播渠道的接触;
H1d	北京奥运会将会增进国际公众对中国内地媒体的信任度;
H1e	北京奥运会将会提高国际公众对于中国的认知度。
问题二	影响国际公众眼中中国形象的可能因素有哪些?
H2a	与中国接触程度越充分,国际公众对于中国形象评价越高;
H2b	国际公众接触的传播渠道结构中,具有中国元素程度越高,对中国形象评价越高;
H2c	对中国内地媒体信任度越高的国际公众,对于中国形象评价越高;
H2d	对中国认知度越高,国际公众对于中国形象评价越高;
H2e	国际公众个人的背景不同,其心中的中国形象也有所不同。

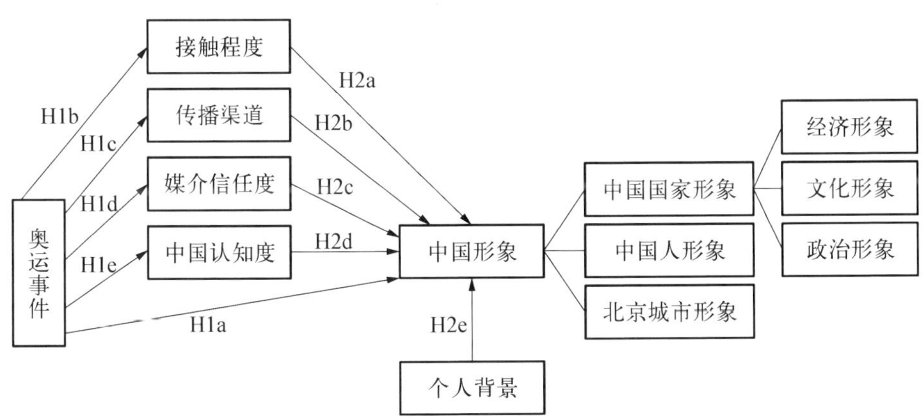

图 4-1　中国形象构成及影响因素研究框架

在完成了前期相关准备后进入问卷调研阶段，正式调研总共分为三个时段：一方面在北京奥运会举办前夕（2008 年 7 月 23 日至 8 月 4 日期间）对美、英、新三国的国际公众进行在线调查，共有 1 050 人参与填写问卷并进行了提交，去除 89 份无效问卷，共回收有效样本 961 个。一方面于奥运会结束后（2008 年 8 月 26 日至 9 月 9 日期间）再次对 1 050 位来自美、英、新三国的国际公众进行在线调查。此外，研究人员还对于北京奥运会举办前夕和举办期间（2008 年 7 月 31 日至 8 月 15 日）对在京访问、学习或工作的 390 位外国公众进行了截面调查，从而通过调查分析对国际公众眼中中国形象的看法、大型体育赛事承办与传播对中国形象的塑造作用，以及影响国际公众眼中中国形象的关键因素进行考察。这里要特别说明的是，研究中在线调查的实施获得了艾斯艾国际市场调查咨询有限公司（SSI）的支持，研究样本均是从该公司的固定样本库中按照国家、性别和年龄三个指标配额抽取的，截面调查则得到了央视—索福瑞传媒研究公司（CSM）的资助，因此在调查效果和研究进度方面也更具保障性。

（三）研究发现与讨论

研究通过对三次调查数据的比较和分析，对相关理论假设进行了验证与回应，并取得了以下发现：

1. 北京奥运会对提升中国形象发挥了较大作用

具体表现为：（1）北京奥运会显著提升了外国被访者心目中的中国形象，尤其是促使北京城市形象有了较大改善；（2）北京奥运会促进国际公众增加了对中国的接触程度；（3）北京奥运会前后，国际公众对于传播渠道接触习惯并未发生较大改变；（4）北京奥运会提升了国际公众对于大陆媒介关于中国报道的可信度；（5）北京奥运会较为显著地提升了国际公众对中国的认知度。

2. 国际公众眼中的中国形象会受到接触程度、传播元素、媒体公信力、个体认知等多种因素的共同影响

具体来说：（1）随着对中国接触频次和总停留时间的增加，国际公众对

中国经济形象、中国文化形象的评价均有所提高，但对中国国民形象的评价却有所下降；(2) 随着接触的传播渠道中的中国元素程度的增强，国际公众对中国形象各维度的评价均有所提升；(3) 随着国际公众对大陆媒体信任度的增加，对中国形象的评价有所提高；(4) 对宏观的认知度越高，对于中国形象的评价也越高，但对中国民众形象的评价则并无显著变化；(5) 国际公众的个人背景差异会导致对中国形象评价的不同，其中在性别、年龄、教育程度、收入水平和国籍方面体现得较为明显。

研究除了借由北京奥运会举办和传播契机，采用在线调查法探寻重大体育赛事对国际公众心目中中国形象的塑造作用之外，还进一步对未通过检验的变量指标进行了探讨，采用横截调查法对中国民众形象在接触频次指标上表现不理想的情况(如 H1c、H2a、H2d)进行了解读，从而为找到提升中国形象的最佳传播途径提供参考。例如，针对接触程度与国民形象呈负相关这一问题，研究便指出，问卷设置中有关国民形象的部分问题使用语句的正负向态度，以及与直接接触频次关联度的不足，可能在一定程度上会影响受访者的选择和研究分析结果，但总体上来说，国际公众心目中的中国国民形象仍具有一定的复杂性，不同的背景、经历，甚至是在接触过程中的一些细微变化都可能影响国际公众对此的态度和看法，因此除了通过奥运会等大型体育赛事传播具有中国元素的内容来提升国际公众眼中的国民形象和认知度外，仍需要从内部改善和加强个体素养。

二、研究案例的分析与反思

本案例研究问题的提出主要是基于对重大体育媒介事件与塑造和提升国家形象这一现实问题的关切，这也构成了研究者开展这项研究的起点。之所以选择在线调查为主要研究方法，主要是因为国内关于国家形象的研究总体还是以描述或定性分析居多，尤其是过于看重文化内涵的分析，难以全面地揭示其本质与特点。因此这项研究试图在研究方法上有所创新，通过网络调查和截面调查的混合式研究方法对北京奥运会期间国际公众对中国形象的认知与态度进行考察，以为我国在国际舞台上塑造积极正面的国际形象提供理论视角和决策参考。总体而言，该案例较好地遵循了在线调查的操作原则与注意事项，研究的逻辑架构层次清晰、实施步骤完整规范、研究过程科学严谨、具有较强的时代价值是其主要优点，特别是该案例在预调研和正式调查阶段（网络调查与截面调查）对研究大样本量的把控程度和获得专业调查机构的支持，使得调查的招募和抽样均具有较好的代表性，从而让该案例的调查效果得到了一定的质量保障。

然而该案例也存在一些不足，主要表现在以下方面。

首先，在调查对象国籍的选取上仍存在一定的局限性。尽管研究者根据自身已有资源（数据库）和可行性原则接触到了大量国际公众，在获得了较好样本质量的基础上也使调查效果和研究进度更具保障，但以美国、英国、新加坡为主的受访群体并不能覆盖和完全代表全球国际公众对中国国家形象的看法及认知。所以在某种程度上也会对所收集数据的完整性和调查结果的普遍性造成一定的影响。

其次，该案例采用了网上固定样本调查的方式（ONLINKE PANEL SURVEY），并在借助专业调查机构的基础上，比较好地避免和省去了在线调查中反复处理可能会面临的知情同意、隐私保护等伦理道德问题。然而使用网络固定样本调查法对于所依托专业调查机构的专业性要求极高，研究团队在研究初期所需要投入的经费也是非常昂贵的，因此对于调查规模有限且研究经费不够充裕的研究人员来说也会产生较大的制约。

无论是上述案例所提及的优点还是所存在的缺陷都应该引起在线调查研究者的关注，因为优点能够帮助挖掘研究的创新与独特之处，缺陷可以积累研究经验，也为之后更全面、立体地开展研究设计与技术考量奠定了基础。这也再一次说明想要获得一份好的调查结果，不仅需要脚踏实地地规范做研究，还需要物尽其用地巧妙干事业。

第五章　体育研究中的在线访谈

在线访谈作为社会科学研究中一种被广泛采用且能够捕捉和反映被访者经历，并引发其对自身生命经验进行深入思考的研究方法，[①]对于发展体育研究这一跨学科的方法论体系具有重要价值。那么在移动互联时代这种基于互联网技术和场域下的经验资料采集方式和理解特定现象的有效方法究竟为研究人员提供怎样的可能性，又开辟了怎样的研究空间呢？带着对以上问题的考量，本章着重将访谈法置于媒介技术环境和网络文化情境中进行考察，以回应如何规范、有效地在体育研究中运用、开展和实施在线访谈。

第一节　在线访谈的适用情境与类型划分

一、在线访谈及其适用情境

（一）什么是在线访谈

访谈是研究者访问被研究者并与其进行交谈和询问的一种活动，也是通过对话和研究性交谈的方式才能够从被访对象那里收集一手资料的一种

① James, N. and Busher, H. (2006). Credibility, authenticity and voice: dilemmas in online interviewing[J]. Qualitative Research, 6(3): 403－420.

研究方法。[①] 在线访谈顾名思义，即是研究者在基于互联网、依托媒介技术和建立于网络空间中对潜在研究对象进行寻访，通过话语交流来深入了解其经历、观念、态度、体验，挖掘其动机、情感和价值，以反映特定社会事实的探索性研究方法。在线访谈既可以了解现实资料，又可以追溯较长时期的历史事件，还适用于对一些尖锐、敏感问题的探讨。其与传统的面对面访谈和日常谈话具有一定的差异性，除了与线下访谈所处场域、依托中介和权力关系存在不同之外，在线访谈相较于以情感交流为目的、以松散自由为谈话方式的日常交流来说也更具目的性与规则性。因为在线访谈首先要通过研究者积极主动地探访研究对象，才能形成与研究对象之间的谈话，所以访谈过程具有较强的推动性。此外，在线访谈这种远距离、虚拟化且更私密化的交谈形式在一定程度上弱化了受访双方在共享谈话情境、交流规则、利益交换的目的性以及权力关系的不对等，[②]也适度地减缓了研究性交谈所设定的"人为"谈话环境为受访者带来的不适感，从而在受访双方相互作用的过程中实现了对社会"事实"和"行为"的共同建构，得以收集到有深度、有广度、更复杂且有价值的经验资料。

（二）体育在线访谈的具体功效与适用情境

在线访谈是依托互联网技术和媒介平台，建立在语言交流、思想表达和互文对话基础上，以达到对社会事实理解的目的。总体来看，体育研究中的在线访谈主要包含以下几个方面的功效：

一是了解受访者对当前新兴体育现象或社会体育问题的所思所想，包括他们的运动行为规范、健康观念、健身意识和身体体验等；

二是了解受访者过往自身的运动经历以及其身边所发生的重大体育事件，探询他们对这些事件意义的解释；

三是对所研究的体育社会问题和新兴体育现象获得一个综合、立体、多

---

① 陈向明.质性研究方法与社会科学研究[M].北京：教育科学出版社，2000：165.

② Mishler，E.G.（1986）. Research Interviewing：Context and Narrative[M]. Cambridge，USA：Harvard University Press.

维的视角，从多元个体层面对体育事件的过程进行详尽、深入的描绘；

四是帮助受访双方在研究过程中建立友好、互信、共情的关系，明晰彼此之间的边界；

五是使研究者在倾听他者声音的同时能够发现和洞察研究中可能涉及的敏感性问题和需要特别注意的细节。

与所有的在线研究方法一样，在线访谈也存在优缺点。然而在体育研究中，在线访谈相对于在线调查、在线民族志、在线观察等研究手段而言也具有其自身的独特性和适用情境。例如，在线访谈在研究中具有更大的灵活性及对行为意义的解释空间，所以比在线调查这种验证性、探究因果关系和建立事实的量化范式来说，更适用于回应和揭示探索性、解释性的研究问题，考察受访者对体育事件、运动行为的情绪反映、观点表达、内心感受和隐含意义，也更易于收集到大量的社会性和解释性数据。由于在线访谈法往往能够通过倾听（listen）、交流（connect）和互动（interact）准确地窥探受访者的内心世界，而不仅仅停留在听（hear）与看（look）的外显行为上，研究者也更能通过此方法来回答深层次的"为什么"而非浅表性的"是什么"的问题。此外，在线访谈法还特别利于探究一些在面对面情境下令人感到敏感、尴尬的话题（如体育博彩、跨性别运动员、兴奋剂等），或在问卷调查中难以处理和立马获得答案的问题，尤其是对于那些拥有较高媒介素养和经验水平的研究者来说，在线访谈为受访者在时间、地点、频次方面所提供的自主性和开放性，以及在受访者"发声"过程中所展现出来的舒适度，更是大大提升了与受访者对话、挖掘更深层意涵的成功率。

二、在线访谈的主要类型

体育研究中的在线访谈类型根据不同的划分标准而有所不同，如按照结构、正式程度、接触方式、受访者人数以及访谈次数进行归类，[①]然而不论何种分类，均是对在线访谈结构和特征的分析与概况。通常来说，常见的分

① Bernard，H. R.（1988）. Unstructured and Semistructured Intervewing［M］. Research Methods in Cultural Anthropology. Newbury Park：Sage.

类标准主要包含依据研究控制程度、依据研究目的和依据研究情境这三种方式。以下将对这些在线访谈的分类方式进行逐一介绍。

(一) 依据研究控制程度分类

就研究者对访谈结构的控制程度而言，在线访谈可以被划分为结构化(Structured interview)、半结构化(Semi-structured interview)和无结构化(Unstructured interview)三种类型。①

1. 结构化访谈

结构化访谈又称封闭式访谈，在结构化访谈中，研究者扮演着主导研究走向的角色，所有受访者均需要按照研究者事先设计好的，具有标准顺序、问题框架、固定结构和步骤流程的访谈提纲来回答其所提出的问题，其形式接近于问卷调查法。结构化访谈可以同时具备定量和定性特征，但一般来说如果研究者越是希望获得不同人群和不同地点的可比数据，那么也就会越倾向于偏标准化和量化的结构化访谈方式。然而，尽管结构化访谈在答案的深度上有所欠缺，但它们却在标准化、可靠性、收集经验资料的可信度上，以及时间上的便利性方面，表现出了明显的优势，特别是结构化访谈所具备的能够在访谈过程中引入大量参与者人口统计学信息的特点，不仅更便于收集统一的数据，同时也为研究结果增添不少可信度与说服力。

2. 半结构化访谈

半结构化访谈又称半开放式访谈，在此种类型的访谈介于结构化与无结构化访谈之间。采用此种方式对访谈的内容并没有严格的限制，但研究人员通常会创建一个需要探讨的主题列表，即一个基于研究主题和被访人群而设置的相对粗线条的访谈指南或提纲。研究者能够利用此访谈指南引导研究的整体走向，并以对受访者进行深入了解。半结构化访谈的特点在于研究者对访谈的总体结构和研究的整体进度拥有一定的把控能力，但同时也允许和鼓励受访者在公开设计的访谈环境中适度地产生和引入自己的

① Bernard, H. R. (1988). Unstructured and Semistructured Intervewing[M]. Research Methods in Cultural Anthropology. Newbury Park: Sage.

新想法。因此在体育研究中，半结构化访谈也因其这种具有针对性、指导性的优势和附带轻松自然属性的方法优势得到了最为广泛的使用。因为与标准化的结构化访谈和开放性的无结构化访谈相比，半结构化访谈既给予了受访者充分的尊重与表达自我的自由，又能够防止谈话冲破研究边界或脱离研究框架，其也从另一个层面提升了研究的弹性，帮助研究者在访谈过程中能够根据具体情境和受访者反馈及时、灵活的对访谈节奏与内容进行调整。

3. 无结构化访谈

无结构化访谈又称开放式访谈，与结构化访谈相反，无结构化访谈没有固定的访谈框架和标准程式，也不存在任何预先的设计和安排，更无需遵循正式的对话风格，而是鼓励受访者积极主动、自主开放地发表自己的观点，并将谈话的主导权交由被访者手中，因此也常常被学界称之为“友善的聊天”。[①] 无结构化访谈的使用难度相较于其他访谈类型更高，同时也非常考验研究者的研究经验和访谈水平，因为此种访谈方式的目的是为了了解受访者所认为重要的问题，他们看待问题的角度、对意义的解释，以及使用的概念和表述方式，在让受访者根据自己思路自由畅谈，而访谈者又仅仅扮演辅助作用的研究情境下，不仅需要研究人员具有了解被访者关心问题的思考方式的洞察力，不拘一格、随机应变的灵活性，而且还需具备保持轻松对话风格的能力与技巧。

上述三种依据研究控制程度划分的访谈类型之间尽管存在一定差别，但也具有较强的连续性。研究者应该根据研究目的、所处的研究阶段和研究需要进行选择或组合。例如，无结构化访谈往往在研究初期打开研究场面、了解受访者关注点和回应方式时更为适用，而随着研究的不断深入，需要进一步对重点问题或存疑反馈进行探究时半结构化访谈则更为合适。总而言之，研究者需要明确的是不同的访谈类型是为了帮助研究者构建思维框架的，而不是为了扼杀创造力或限定研究模式的。

---

① 仇军，田恩庆.欧美体育社会学研究图景[M].北京：清华大学出版社，2017：143.

Reflections & Exercises

思考一下，在体育在线研究中哪种情况下使用结构化、半结构化和无结构化的访谈会更利于研究的开展？

(二) 依据研究目的分类

基于目的性的在线访谈是研究者使用“人＋技术”作为研究的论据来源所依赖的主要手段，依据研究目的进行划分的访谈类型主要包括：重点访谈、深度访谈、叙事访谈和焦点小组访谈。

1. 重点访谈

重点访谈又称集中访谈，其重点不是对访谈对象的重点挑选，而是指访谈所侧重的内容。重点访谈需要将受访者安排到预先设置好的情境中，或选择曾经经历过此情境的对象作为受访者，以此对他们在情境中的主观感受进行访谈，对情境的认识和理解是重点访谈的关键。重点访谈建立在一定的假设基础上，即通过某种刺激使受访者在访谈情境中产生特殊的反应，以对受访者在此情境过程中的模式、结构进行深入分析，搜集有关个体经历或特殊情感的经验资料。重点访谈寻求细节、情感和丰富程度，既是情境性的，又是关系性的，特别适用于探讨由特殊经验所引起的态度变迁，因此常被体育社会学或体育心理学领域用来探讨体育运动或重大体育赛事的传播效果。

2. 深度访谈

深度访谈是为搜集个人特定经验的过程及其动机和情感资料所开展的访谈类型，其核心是了解受访者的鲜活经历，理解他们对其经历生成的意义。由于该访谈类型需要深入到事实内部、详细了解乃至要获得更多关于研究主题的细节性知识，了解那些表明简单直接但实际上却复杂繁琐的事情以及“表明事实”是如何误导人们对“深度事实”的认识的，[①]因此具有一

① Wengraf, T. (2001). Qualitative Research Interviewing—Biographic Narrative and Semi-structured Methods[M]. London: Sage Publications.

定的复杂性和综合性。深度访谈早期多用于个案研究，后来被逐步应用于对个人生活史及有关个人行为、动机、态度、观念的深入考察。相对于重点访谈而言，深度访谈更为机动和松散，通常会采用一对一的追踪性调查方式对受访者进行提问，并在此基础上进一步拓展和深入。这种访谈方式的优点在于能够让访谈双方建立较为融洽的关系，最大限度地降低其他社会性因素的影响，使被访者放松警惕、减少顾虑，从而发自内心、畅所欲言地表达观点，因此也非常有利于体育领域中对某一突出的社会体育问题或新兴的体育文化现象进行深入了解。然而要实现深度访谈的本质，在访谈中就要尽量减少使用一般疑问句，增加开放度和忍耐性，以此避免"是"与"否"这类二分式回答(dichotomy-response)。①

3. 叙事访谈

叙事访谈又称非引导式访谈，其最大的特点在于让访谈对象对其自身与周围的社会环境进行考察后再客观地进行陈述，即在研究者的鼓励下将自己的信仰、价值观、行为及生活环境加以客观描述。在体育研究中，此类型的访谈方式通常被用于了解有关体育参与者、体育协会组织或体育社群的客观事实及其主观态度。研究者主要以听众的身份存在，在访谈过程中所有提问均依赖于尽可能中立的插问，如"是吗?""可以举例说明吗"等等，从而使受访者能自由地谈论和流露出其最深层次的主观性思想情感，并引发其自身都不清楚或没有察觉到的情绪。通过叙事访谈，研究者不仅应该从受访者那里得到其经验数据，而且还理当获取受访者对这些经验资料的某种理解。

4. 焦点小组访谈

焦点小组访谈是召集若干名受访者，通过座谈的方式收集资料、了解情况的一种访谈方法。此类访谈规模不易过大(人数通常限制在 10 人以内)，在内容方面也只会限定一个大致的调查范围，并没有具体的指南提纲，研究者通常作为控制访谈走向和节奏的主持人来透过受访者之间的集体互动对

---

① 陆益龙.定性社会研究方法[M].北京：中国商务出版社，2011：136.

其行为表现进行观察。此种访谈类型的优点在于受访者之间可以相互启发、补充、核对、集思广益，因此非常有利于共同探寻解决社会体育问题的途径与方法，论证体育政策方案的可行性，以及更加全面、深刻地认识所探讨的体育文化现象。然而此种访谈一方面对研究者的经验水平、变通性（访谈技巧）和把控力（组织能力）要求极高，另一方面对于受访者的代表性（具有实践经验和独到见解）、积极性（敢于发表意见）和理论修养也提出了相关标准，因此相比于其他访谈类型，焦点小组访谈属于层次更高、难度更大的调查方法。

（三）依据研究情境分类

1. 同步在线访谈

如果在线访谈是受访双方即时或同频进行的，则称之为同步在线访谈。同步在线访谈可以通过文本或使用一系列即时通信服务（Skype、FaceTime、微信等网络音频或视频）来实现。Stewart 和 Williams 等学者认为，随着互联网媒介的发展，同步在线访谈已成为面对面访谈的完美替代方案。由于访谈中研究人员与参与者的同频互动不仅能够为双方创造一种自然、贴切和动态讨论的良好氛围，①利用和分析参与者的肢体动作来建立融洽的受访关系，而且参与者和研究者之间所留存的适度物理空间还能够让内向的人坦诚地讨论个人问题，从某种意义上来说屏幕更像是一个过滤器，隔屏同在能够过滤掉访谈双方面对面时所产生的压力，因此是一种能够为研究者提供丰富信息的绝佳方式。② 但也有学者指出，同步在线访谈更容易出现意义模糊的情况或陷入“快速、激烈和混乱”的情境中。③ 因为在基于同频的访谈过程中，谈话的回合转换在面对延迟和中断时难以维持其原有的结构，所以有可能增加在线互动问答的模糊性，并在管理和分析访谈资料时遭

---

① Stewart，K. and Williams，M.（2005）. Researching online population：the use of online focus groups for social research[J]. Qualitative Research，5(4)：395 - 416.

② Cashmore，E.，Cleland，J. and Dixon，K.（2018）. Screen Society[M]. London：Palgrave.

③ Fox，F.，Morris，M. and Rumsey，N.（2007）. Doing synchronous online focus groups with young people：methodological reflections[J]. Qualitative Health Research，17(4)：539 - 547.

遇困难。

此外，基于文本的同步在线访谈和同步的在线视频访谈也既有优势又存在自身的局限性。例如，基于文本的在线同步访谈虽然打破了时间、距离、交通和转录成本的限制，但却会面临持续时间长(通常是线下访谈时长的2—3倍)、对体力要求高(参与者需要操作设备、打字、看屏幕、阅读)、对技术能力水平要求高和缺乏声音与视觉感受等问题，从而在一定程度上抑制了受访者情感的表达，甚至会排除掉一部分因经济或年龄限制的潜在参与者。而同步的在线视频访谈除了具有突破时空局限、扩大采集样本地理范围的优势之外，还借助VOIP(Voice over Internet Protocol)中介技术消解了基于文本的同步在线访谈所存在的局限。通过VOIP中介技术，研究人员可以实现包括声音和视频在内的同步交流，也能够据研究需要使用文字、录音(影)功能，并在免费的网络通信过程中保留更多的肢体与语言意义的能指，让研究者能够捕捉到更多有关态度和情绪的微妙数据以实现双音频、特写或广角镜头查看等高质量访谈体验。[①] 但即便同步的在线视频访谈拥有低成本、环保(无需前往特点目的地)和安全(无需身体接触)等诸多优点，但当研究者将视频访谈作为数据采集方法之前仍需要认识到技术可能会带来的潜在风险。最值得注意的是互联网连接不畅可能会导致通话中断、音质不佳甚至暂停，在这种情况下也将会影响研究者与被访者之间的融洽关系。为了避免这些潜在问题，学者Seitz提出了以下建议：

第一，研究人员务必在访谈之前习惯性地测试在线连接的强度；

第二，受访双方均应该采用最新版本的技术以确保设备的兼容性；

第三，开展访谈前对电脑、平板或智能手机等设备进行电量检查；

第四，访谈双方应寻求一种将音频风险降至最低的策略(如尽量选择安静的环境、保持静止、贴近麦克风来降低背景噪声)。

此外，Seitz还特别提及了在同步在线访谈中可能会遭遇的情绪化和敏

① Bertrand, C. and Bourdeau, L. (2010). Research Interviews by Skype: A new Data Collection Method[D]. Proceedings of the 9th European Conference on Research Methodology for Business and Management Studies, IE Business School, Madrid, Spain 24 - 25 June 2010.

感的问题，她指出，由于身体“在线”而不“在场”，因此在失去个人联系和亲密关系的情境下人们将很难对敏感问题做出详细的回复，其情绪起伏的可能性也会更大，[①]所以研究人员在使用此访谈法时也要尽可能地对此问题进行周全的考量。

Reflections & Exercises

通过Skype、FaceTime或微信，分别以研究者和参与者的身份对研究团队成员进行同步在线访谈，从研究者和受访者的角度出发思考一下作为这两种身份的经验，并对不同角色的感受予以反馈。

2. 异步在线访谈

如果在线访谈不是“在线”或“实时”进行的，则称之为异步在线访谈。随着互联网技术和媒介新应用的快速更新，开展异步在线访谈的方式也变得越来越多元。目前，社交媒体、社区论坛、维基网、博客是研究者邀请受访者参与异步在线访谈的相关主要途径。然而，在体育研究中电子邮件仍然是进行异步在线访谈最常用的媒介。

异步在线访谈是一种较为有效的数据收集方法，由于它并非实时进行的，允许延长反馈时间且没有严格的作答顺序要求，因此研究者与受访者都能够在提问和回复前对所获取的信息进行深思熟虑、不断反思与持续消化。所以异步在线访谈也一度被Kivits等学者认为是能够了解受访者生活中不为人知一面的最佳方式，因为这种访谈方法为参与者提供了更多的空间去思考和阐释他们内心的想法，这也使得他们有更多时间来关注自我，[②]从而能够在一定程度上避免在访谈过程中可能遭遇的敷衍回复或拒绝应答等非理想状况。然而Gaiser等学者也注意到异步在线访谈对研究者在方向把控上带来的挑战，并建议采用此方式的研究者应该通过对受访者更为密切的接

① Seitz, S. (2016). Pixilated partnerships, overcoming obstacles in qualitative interviews via Skype: A research note[J]. Qualitative Research, 16(2): 229 - 235.

② Kivits, J. (2005). Online interviewing and the research relationship. In Hine, C. (Ed.) Virtual Methods: Issues in Social Research on the Internet[M]. Oxford: Berg, pp.35 - 50.

触和跟进,以及缩短异步在线访谈的运行时间以保持更高水平的参与度。①

就异步在线访谈的程序而言,通常需要遵循一个类似如下的过程。

第一,研究人员与潜在参与者取得联系,解释研究过程并获得参与者的知情同意;

第二,研究人员向参与者发送访谈提纲,要求受访者在约定的时间内对相关问题做出深入的定性描述;

第三,研究人员根据受访者的反馈来引导或调整接下来的提问方向,或提出与研究主题相关的其他问题;

第四,当收集完访谈数据后,使用主题、内容或框架分析对经验资料予以阐释;

第五,研究人员将其发现向受访者予以反馈,在核实其准确性和清晰度的基础上撰写研究报告并进行公开发表。

Fritz 和 Vandermause 等学者认为,尽管异步在线访谈的程序看起来并不复杂,但在具体的实操过程中却往往会出现一些重复性错误,基于此,他们也为初次使用该方法的研究新手提出以下六个实用性建议:

(1) 研究人员应该为每位参与研究的受访者创建专用的电子文件夹;

(2) 研究人员应通过电子邮件确认受访者是否收到访谈提纲,并告知其将在何时跟进下一阶段的回复;

(3) 尽量控制在同一时间内进行多个访谈,防止多个受访者在做出回应时可能产生的信息混淆,以提升双方的专注度和采集数据的深入性;

(4) 访谈应安排在安静、私密的地方进行,以便研究者能够仔细阅读受访者的作答,并在精神层面与其进行互动;

(5) 在基于文本的访谈过程中尽可能地模仿参与者的语言,使用笑脸、张嘴笑、眨眼、皱眉头及稍后再谈等表情符号以提升互动的真实性,改善和强化与参与者之间的关系。

① Deggs, D., Grover, K. and Kacirek, K. (2010). Using message Publications boards to conduct online focus groups[J]. The Qualitative Report, 15(4): 1026 - 1037.

(6) 研究人员需要对提问的时间与频率进行考量,以避免时间间隔过长带来的人员退出及频率过短而遭遇的敷衍回应等问题。

此外,也有学者提出了在访谈过程中和细节设计上保持灵活性的重要性,认为研究人员在遵循异步在线访谈基本原则的基础上也可以自行决定访谈的最佳方式,特别是在如何更好地发问与交谈等复杂细节方面可以根据具体经验和样本要求进行调整。[①] 为了获得更加立体、直观的感受,以下将通过具体的案例剖析来进行展示和说明。

Cases & Exercises

2016 年,Rees 为了考察数字技术与在线空间对"传统"自行车赛事文化的影响,开展了一项名为 The race for the café: A Bourdieusian analysis of racing cyclists in the training setting 的研究。

该项研究采用了哪些研究方法?

该项研究采用了异步在线访谈法。Rees 首先通过 Facebook 网站创建了一个名为"自行车社会学研究"的社群,并邀请自行车社区的成员加入。之所以选择 Facebook 网站主要是基于三个原因:一是该网站为研究提供了一个明确的聚焦点;二是该网站便于研究者就研究进展与参与者进行沟通;三是媒介技术将成为调查的工具与主题,也是对研究过程采取反思的一个例证。为了保障访谈的私密性、正式性和重要性,Rees 决定通过电子邮件来收集访谈数据。于是 Rees 便通过 Facebook 与潜在参与者进行初步联系,向其提供研究概况、详细的联系方式、隐私保护和退出承诺书等信息。同意参加调查的受访者将会被要求提供他们的电子邮件地址,并填写知情同意书。随后进入收集阶段,Rees 采用分阶段的电子邮件访谈,共提出了 3 种类别、9 个问题,在与研究团队和项目指导组(指导组由经验丰富的专家组成)进行协商后,决定采用高度结构化的访谈程序,以保障每次提问的顺序相同。该项研究于 2014 年 5 月至 9 月期间共进行了 149 次电子邮件访谈。

① O'Connor, H., Madge, C., Shaw, R. and Wellens, J.(2011). Internet based interviewing. In Fielding, N., Raymond, M. and Blank, G. (Eds.) The Sage Handbook of Online Research Methods[M]. London: Sage Publications, pp.271 - 289.

异步在线访谈相较于其他访谈类型也存在其优越性和潜在局限。异步在线访谈常见的优点包括：

可访问性：通过使用该方法的研究人员能够接触到其他方式无法访问到的研究对象，因此异步在线访谈可以增加研究者招募受访者的选择范围。

包容性：异步在线访谈是最具包容性的访谈类型，其灵活的方式不仅保障了大多数具备互联网设备的人员都能参与研究，而且对那些有语言、听力障碍或对个人形象担忧的参与者特别友好。此外，电子邮件访谈的优势还包括即便研究者采用多种语言应答，研究人员也可以借助翻译工具保持交谈通畅。①

严谨性：异步在线访谈没有严格的时间要求，可以让参与者在深思熟虑的基础上进行作答，避免了快速回应可能存在的敷衍回复和间接不够深刻等问题，同时也特别利于对研究过程进行反思。

灵活性：异步在线访谈为参与者在作答的时间、地点和方式上提供了一定的自主性和可选择性，这种相对平等的在线环境对于受访者来说也是一种解脱和赋权。

经济性：异步在线访谈的邮件发送是免费的，回复格式是书面的，文字的转录也可以自动生成，因此在一定程度上减少了研究的时间和经济成本。

异步在线访谈存在的弊端在于：

流失率：由于缺乏与文本访谈相关的社会线索（如社会地位、种族、性别、国籍等），同时也丧失了像点头、眼神交流或肢体语言等细微的关键要素，所以该方式也因增加了对问题或回答误解的可能性而常被认为与参与者脱节，从而导致较高的流失率。

繁琐性：异步在线访谈增加了受访者的时间投入，访谈邮件反反复复通常会延续数周或数月，因此也会加剧受访者对研究过程的厌倦程度。

---

① Ison, N. (2009). Having their say: E-mail interviews for research data collection with people who have verbal communication impairment[J]. International Journal of Social Research Methodology, 12(2): 161－172.

Reflections & Exercises

异步在线访谈通常被描述为“灵活”的研究工具，思考一下，可否能够举出三个例子来支持这一论断？

三、访谈问题的常见类别

根据研究需要、访谈者习惯、受访者个性，以及访谈的具体情境差异，研究者在访谈中所提出的问题也不尽相同。目前在线访谈中常见的访谈问题包括阐发性问题、闭锁式问题、引导式问题等类型。

（一）阐发性问题

阐发性问题又称开放式问题，由阐发性问题组成的访谈提纲称之为半结构化访谈，是进行实地研究、田野调查或探索性调查的主要问题类型。其在提问的内容上不存在固定的答案，受访者也无需受到既有答案的影响，能够直接、自主地表达自己的看法。阐发性问题通常以“如何”“怎样”“为何”为提问主线，由于其目的是为了了解受访者看待研究问题的方式和想法，所以为了让受访者能够畅所欲言地表达自我，该方式在访谈结构和内容上都更加灵活和弹性。基于此也能够使访谈双方进行比较深入的对话，对体育社会问题和社会体育现象展开更为深入的探究，特别适用于了解人们对体育运动、体育事件和身体实践的看法、态度、观念、意见等方面的问题。但也正是因为其具有较高的开放性和自由度，所以不仅对受访者的表达能力和文化素养水平也有较高要求，同时要求研究者具备一定的访谈技术、编码水平和分析能力。如果问题过于开放，或题目设置过多，在更为耗时耗力的情况下受访者也更容易因意图不明而感到迷惑，从而产生心理上的焦虑。①

① 陈向明.质性研究方法与社会科学研究[M].北京：教育科学出版社，2000.

(二) 闭锁式问题

与阐发性问题不同,闭锁式问题在提问时通常会对问题预先设置若干个备选答案来对作答内容进行一定程度的限制,由受访者根据自己的情况和意见在其中进行选择,由闭锁式问题组成的访谈提纲也常被称为结构式访谈。闭锁式问题的答案一般要求具有互斥性和穷尽性,即答案之间既要相互排斥又要尽可能地包含所有的可能性。尽管此种问题类型具有对访谈双方素养要求不高、节约时间、方便作答且易于数据整理与分析等诸多优点,尤其适合规模较大的访谈,但因为闭锁式提问方式往往带有提问者的个人倾向(会有意无意地将自己对事物的概念定义和分类方式强加给受访者),因此不仅在形式上对受访者的回答有所限定,而且在内容上也极大地限制了受访者的思路。此外,由于此类型问题的作答缺乏弹性,以及容易受到研究者"引导",也导致其难以获得有关态度、意见、价值取向和情绪等比较深入的经验资料。

(三) 引导式问题

引导式问题包含直接引导和间接引导,此类提问有利于受访者回到有关事件发生时的时空和心态,对事件的情境和过程进行解析上的回忆或即时性的建构。尤其是能将某些过于直接或特定性的问题"打散",然后从问题的细枝末梢入手逐层递进地对其进行情景化、过程化、多维度的探索。尽管引导式问题可以使受访者在研究者的"带领"下更容易将自己的注意力放在与研究相关的所见、所感、所闻、所触上,也更能够将其浸润在其中的情感体验引发出来,但一般情况下,引导式问题在在线访谈中还是应该尽量少用,因为此类问题类型通常带有研究者较强的主观倾向。如果研究者使用过于理性化的问题,受访者往往也会在研究人员不经意的"引诱"和"暗示"下做出偏理性化的回答,所以带有倾向性的问题通常很难真实地展现出受访者的逻辑思维和思考方式,这也容易让人对所收集到的数据的真实性和可靠性存疑。

第二节　在线访谈在体育研究中的实施步骤

一、体育在线访谈的设计与准备

开展体育在线访谈的诸多挑战都是从着手接触潜在研究对象的初始阶段开始的。因此在正式实施访谈前，有关受访者招募、代表性样本选取、访谈关系建立、网络礼仪考量、规划访谈指南的设计与准备工作就显得至关重要。

在进行体育研究时，接触研究对象是研究人员需要面对的关键问题。在一个覆盖全球的人类通用论坛上，研究者很容易就能找到严格定义、范围精确的"互利团体"，依托互联网的在线访谈由于突破了"传统"的招募方式，削弱了传统把关人对受访者的控制，为快速招募受访者和拓宽研究对象范围提供了可能，也为接触到平时难以接近的群体提供了渠道。因此也有越来越多的研究人员将互联网作为他们吸引、招募受访者，以及组织特定研究标准被试参与访谈的核心策略要素。① 近年来，使用在线访谈进行参与者招募也成为体育领域研究的新风向，较为有代表性的研究包括：2015 年 Bundon 和 Hurd Clarke 从运动员角度对残奥会运动中融入政策的分析，2016 年 Micol Pizzolati 和 Davide Sterchele 关于混合性别运动的讨论，以及 2018 年 Elizabeth Taylor 对体育管理课堂中性骚扰的调查等。然而当受访者招募转移至互联网平台中时，网站组织者和社区版主也成了新型的"守门人"，②这也要求研究者需要小心构建研究的样本框架，关注有关参与者数字素养的信息，以避免招募偏见。

---

① Fox, F., Morris, M. and Rumsey, N. (2007). Doing synchronous online focus groups with young people: methodological reflections[J]. Qualitative Health Research, 17(4): 539 - 547.

② Hamilton, R.J. and Bowers, B.J. (2006). Internet recruitment and E-Mail interviews in qualitative studies[J]. Qualitative Health Research, 16(6): 821 - 835.

研究人员使用在线访谈方式寻求参与者必须保障其代表性，对于此问题研究者需要从以下两个层面予以考量。首先就是并非所有潜在对象都具备使用互联网的能力。从全球层面来看，互联网的使用不仅是一个经济问题，更是关乎人们性别、种族、文化和语言的“地位”问题。每天将会有来自全球各地的数亿用户访问互联网，因此研究者不可忽视在线研究项目所带来的全球性文化影响。其次就是虽然理论上可以从在线研究中获得更大的样本量，但在研究实践中其实并不易实现。研究人员既要与网络供应商、论坛版主进行合作，还要捕捉目标受众的想象力，以激发其积极参与的动力与活力。此外，开展研究的在线环境性质也影响着所能够获取到的受访者质量，由于物理能指中的很多东西都被在线能指所替代，所以如果能做到有意识地向参与者提供一些包含符号、视频等元素且与研究主题相关的“信号”，不失为一种开放性策略，能够在抵消由互联网交流所产生障碍的基础上增加可信度。

在实施在线访谈前对网络礼仪的考量也是研究者需要特别关注的。无论是在公开还是半公开的网络社群中，在开展访谈前研究者都有必要向网站运营商或社区发起人寻求许可，并应该对采集数据的潜在田野的基本情况（社区行为规则、成员交往方式）有一个大致了解。研究者如能根据互联网研究协会（Association of Internet Research）的指导原则坦率、真诚地将研究目的和涉及流程予以告知，那么获取这些网络中“把关人”的同意和帮助将对建立融洽关系、提升收集访谈数据的效率具有颇多助力。

除去以上关键要素，研究人员也应该在综合考量这些要素的基础上对访谈提纲或指南进行设计。无论在线访谈是基于文本的还是依托数字视频技术进行，无论采用结构化还是半结构化访谈方式，研究者都需要预先列出一个方向性的研究大纲，记录下其所希望参与者谈论的宽泛主题、覆盖范围及核心话题。访谈指南应尽量简洁明了、清晰易懂，其问题类型应取决于研究的目标，但通常需要包含回应“是什么”和“为什么”的问题。① 除了访谈

① Kvale, S. (2006). Dominance through interviews and dialogues[J]. Qualitative Inquiry, 12(3): 480-500.

指南之外，研究人员还必须考虑可能遇到的突发性问题，因为粗线条的访谈大纲作为把控研究走向的提示器，也只是起到一个提醒和避免遗漏重要内容的作用，所以研究者在使用访谈提纲时仍需要秉持灵活、开放的态度，以便根据研究需要和具体情境策略性地进行调整。

Tips

在线访谈设计与准备阶段需要重点关注的问题：①

- 让参与者意识到自己在研究过程中受到了高度关注以及他们所提供的信息对研究的目的和目标至关重要；
- 让参与者在不被打断的情况下表达其意见，并引导他们回到潜在的研究话题上；
- 如话题集中在特定主题上，或者需要对各种现象进行深入阐释时，要进行适时适度地追问；
- 如访谈主题扩展到新领域时需要采用阐发性或引导式问题进行自然过渡；
- 当进行在线视频访谈时应采用点头、凝视和面部表情对参与者予以鼓励和回应。

Reflections & Exercises

选择与体育相关的主题制定一份访谈提纲，说明以此方式列出访谈提纲的原因，并思考一下应该如何对访谈提纲进行改进和优化？

二、体育在线访谈的注意事项与策略

目前，体育在线研究仍属于一个相对较新的领域，无论是方法论体系还是方法策略都在逐步建立中，新型通信技术的迅猛发展也使得这些问题进

① Rubin, H. and Rubin, I. (2012). Qualitative Interviewing: The Art of Hearing Data[M]. London: Sage Publications.

一步复杂化。随着研究人员开始依托电子邮件、社区论坛、聊天室和社交媒体采集数据，在线研究方法逐渐得到挖掘，在不断变化的互联网技术和社会文化对方法论进行环境重塑的背景下，研究人员在具体的提问、倾听和回应实践中也有许多不容忽视的注意事项以及需要掌握的针对性措施。

（一）掌握提问的内在关联性

提问作为研究者在整个访谈过程中最主要的工作之一，在在线访谈中占据着重要地位。与其他方法类似，在线访谈中所提问题之间也具有自身的内在逻辑与结构联系。如果题“问”得好，则对于接下来研究的顺利开展特别有益，因此在访谈中掌握提问的内在关联性就成为访谈新手需要关注的重点内容。这里所说的提问的内在关联性既包含设置问题类型的匹配度，又涉及提问顺序的合理性。由于研究者的提问通常是建立在一个粗线条的访谈提纲框架下，不同问题类型的组合方式不仅会影响着研究者的提问过程和提问方式，而且还会影响到受访者作答的范围、内容和长度。鉴于此，就要求研究人员务必根据研究的实际需要和潜在对象的具体情况对阐发性问题、闭锁性问题、引导性问题、具体或抽象型问题、清晰或含混型问题的编排进行合理规划。例如，在内容上没有固定答案且允许受访者做出多种回答的阐发性问题就不适合置于开篇进行提问，而应该在闭锁性问题的基础上随着研究的逐层深入而展开；带有较强主观倾向性的引导性问题也不宜在访谈指南中频繁出现，而是在将谈话拉回到研究关键话题上时使用。通常来说，访谈提问最好具有一定的层次性和结构性，由宽泛、简单、易懂的提问一步步地向具体、深入、复杂的问题上聚焦是比较理想的状态。因为提问是研究者展开交谈、对受访者进行试探及了解对方的重要环节，会影响到整个访谈的节奏和风格，所以研究者从首次发问一直到结束，谈话的内容一定是要有一条可以贯穿访谈全过程的逻辑主线，前面的提问的内容应作为构建下一个问题的切口，以便将一个个在内容上有关联性的提问进行起承转合的串联。总而言之，掌握提问的内在关联性不仅能够使访谈过程逻辑清晰、行云流水且自然流畅，而且有助于研究者在遭遇跑题、冷场、尴尬等困境时及时地采用不同类型的问题进行缓冲、铺垫和转换，从而达到为研究服务的目的。

（二）做到倾听的投入与用心

如果说“问”是在线访谈中研究者所做的主要有形工作，那么“听”则是研究者所做的主要无形工作。① 然而在体育在线访谈中，由于受访双方都处于虚拟可视的在线环境中，只有在听的过程中才知道如何说，因此在听到的内容往往会影响发问方向的情况下，很多时候“听”甚至是比“问”更重要的内容。对于在线访谈的研究者来说听和问一样也是一门复杂技术，这里的听不仅仅是要听见（hearing）受访者的心声、了解他们看问题和语言表述的方式，更重要的是要通过听（listening）在行为、认知和情感层面全方位地浸入、感悟和发现。首先，在行为层面应该尽量做到“积极的听”，避免“一个耳朵进，一个耳朵出”的情况发生。这里所说的积极是指耐心地听完和认真地听懂，要以真诚、尊重、全身心投入的倾听姿态给予受访者最大的关注。在此种积极主动的倾听姿态下，研究者不仅能在融洽的关系中顺畅地获取所需的信息，而且在一个被尊重、重视和舒适的互动环境下，受访者的表达意愿也会更为高涨，在不断吐露心声的过程中也提升了捕捉关键数据的几率。其次，在认知层面也要尽量做到“辩证的听”，防止研究人员先入为主并立马采用自己的价值标准来理解对方所谈论的内容。在倾听过程中，如果研究者能将受访者诉说的内容和自己的判断“静置”一段时间，并在结合谈话的前后文与双方平等交流的基础上进行自省，与对方共同重构对“现实”的定义将是非常理想的方式，既不会过早地输出和强加个人观点，也不会一味地被受访者牵着鼻子走，得出不符合客观事实的结果。最后，在情感层面还要尽量做到“共情的听”，避免在谈话过程中因无动于衷和冷淡漠视的态度干扰到受访者的表达与情绪。然而想做到“共情的听”也并非易事，即便是在谈话过程中能够投入情感、表达理解并接纳对方的情绪反映，但想要与

① 陈向明.质性研究方法与社会科学研究[M].北京：教育科学出版社，2000：218.

受访者达成情感上的共振，除了要以关切的目光、无言的倾听和发自内心的认可对受访者和访谈内容给予共鸣外，还需要具备极高的个人素养和研究经验，能够坦诚地面对自己，也要有足够的胸怀接纳不同类型、强度、频次的情感表达方式，从而获得双方真正的理解。

Tips

在线访谈中“倾听”的一些原则：

- 营造自然、舒适、宽松的倾听环境；
- 不轻易打断受访者的谈话；
- 允许和鼓励受访者自由表达、吐露心声；
- 耐心应对谈话过程中的沉默；
- 接纳不同的表述方式与情感表达；
- 积极主动、用心投入地体会和理解受访者的陈述内容。

（三）把握追问的时机与程度

追问是指研究者就受访者前面所说的某一观点、概念、词语、行为、事件作进一步探询，将其挑选出来继续向对方发问。[①] 在半结构或无结构化访谈中，研究者除了要懂得使用逻辑层级清晰的关联性问题进行提问之外，还需要有意识地使用追问这一手段对谈话中受访者所提到的看法或行为进行针对性的询问。然而尽管追问有助于研究人员深入地探访被访对象的思想、深度挖掘事件发生的细微过程与本质根源，是体育在线访谈中的一个必不可少的提问手段，但是如果未能把握追问的时机和尺度，则将带来适得其反的效果。因此研究者不仅应该选择好对受访者进行追问的具体时刻，同时还需要控制好追问问题的合适程度，从而推动研究的逐步深入。就追问的时机而言，通常会在与受访者建立一定的信任关系和对研究有一个相对

① Seidma, I. E. (1994). Interviewing as Qualitative Research: A Guide for Researchers in Education and the Social Sciences[M]. New York: Teachers College.

基本的了解后才适合展开，在追问的过程中也需要尽量做到尊重和耐心。当遇到受访者不愿意开口或有所顾虑时，研究者应该给予一定的理解，并可以采用一些引导性、暗示性问题来引发受访者的表达欲望；而当遇到受访者过于“表现自己”或谈论不相干的话题时，研究者也应该尽量依照陈述者的思路给予其表达的机会，不要立马打断或制止，而是通过耐心交流自然地将其所谈论内容拉回到“正轨”上，以避免让大家感到尴尬或受到情感伤害。除了追问要适时外，也要讲究适度。① 提问过程中的具体访谈情境、受访者情绪、受访双方的关系，以及所提问题的敏感程度，都是需要研究者综合考量的内容。特别是对于那些过于敏感、尖锐甚至忌讳的问题，采用迂回、委婉、间接的办法进行侧面突破，能够在一定程度上避免直接或强行追问所带来的阻碍。总而言之，追问的适时与适度必须建立在用心倾听、潜心观察和综合考量的基础上，从而通过有意无意地标出言语“标记”和“滑”向核心症结来助推研究的顺利进行。②

(四) 确保交谈的平等与舒适

在访谈中，为了达到让受访者主动、详尽地表达对事物的看法与态度，毫无顾忌地吐露心声，从而更为顺利地开展研究，保持访谈双方的平等与舒适则成为在线访谈至关重要的方法。保持交谈过程的平等与舒适在研究伊始便能够为受访者放下警戒、降低顾虑提供一个宽松、安全的环境，帮助研究者与潜在受访对象之间快速地建立熟悉、信任与融洽的关系。因为访谈是一个循序渐进的过程，所以只有让受访者在一开始就感受到自己被尊重、被友好和礼貌地对待，他们才有可能对那些平日不愿提及或难于开口的敏感、尖锐问题予以回应，研究者也才可能在此过程中形成对问题的认识、获取新的知识。而随着谈话的进一步深入，交谈过程的平等与舒适也为访谈双方之间相互提问和交流方式更加随意、谈话内容和更加自由奠定了基础，

---

① 水延凯.社会调查教程[M].北京：中国人民大学出版社，1996：205.

② Weiss, R.（1994）. Learning from Strangers: The Arts and Method of Qualitative Interview Studies[M]. New York: The Free Press.

有利于研究者对访谈节奏的把控及对访谈内容的调整，并为及时地根据访谈情境灵活跳转提问，澄清或扩展受访者的回答，打通细节知识与事实之间的意义关联以建构新的知识提供了便利。[①] 而想要确保交谈的平等与舒适，就需要研究者意识到并在访谈实施过程中时刻牢记访谈是你与你的受访者的共同产物(joint production)，你与你的受访者是合作而非隶属关系。这样才能以平和的姿态、宽厚的心态去倾听受访者的心声、观察受访者的反应、接纳受访者的情绪、理解受访者的行动，最终将自己的所听、所闻、所感放置在受访者的文化背景下进行透视，以实现对受访者"投入的理解"和"同感的解释"。[②]

三、访谈数据的处理与分析

在线访谈数据的处理与分析与其他定性数据并无太大差别，但却具有一个其他访谈类型不具备的独特优势，即对访谈影音视频的全文记录。然而同样要注意的是媒介塑造了具有交互性质的数据类型，正如 Fielding 所言，"从纸板到网格，没有一种研究技术能成为其领域的中立载体"，[③]因此研究者在进行在线研究数据的处理与分析时也务必要考量其影响。数据处理与分析的目的是将所获得的经验资料予以系统化和条理化，以帮助研究人员对其进行意义阐释与理论建构。由于数据整理和分析是研究结果意义呈现的必由之路，研究者必须通过对经验资料的具体化、可操作化等手段对杂乱、分散的内容进行分类、整合与透视。在实际操作过程中，数据整理与分析应该被看作一个整体而非割裂的研究过程，因为虽然整理资料看上去是一个枯燥、乏味的独立部分，但其实对任何数据的整理都必然要建立在一定的分析基础上，两者之间将呈现出一种相互交叉、重叠发生、同步进行的循环往复的状态。当收集到的经验数据量较小时，研究者尚可通过"整体关

---

① Arksey, H., Knight, PT. (1999). Interviewing for social scientists: An introductory resource with examples[M]. Sage Publications.

② 杨善华，孙飞宇.作为意义探究的深度访谈[J].社会学研究，2005,(05)：53—68,244.

③ Fielding, N. (2010). Virtual fieldwork using access grid[J]. Field Methods, 22(3): 195-216.

照(eye ball)"的方式对数据进行一次性分析,而遇到采集到的数据量过大的情况,如果研究者未能及时对数据进行整理与分析,往往还可能遭遇无从下手、失去方向的窘境。因此在资料还未堆积如山时,在线研究者应借助网络数据处理软件及时地对访谈资料进行阶段性和周期性的转录、分类、存档和标记,避免心态和行动力上的逃避与拖延。如果情况允许,最好是能够抽出一整段、持续且不受其他事情干扰的时间专门进行此项工作,并对依托互联网技术处理的数据再次进行人工复查和表达模式探索,防止技术层面导致的数据误差(拼写错误、副语言符号使用)、时间匆忙造成的信息遗漏,以及关注转录数据中沉默与停顿的背后蕴含的意义。[①]

Tips

在线访谈中需要整理资料的具体类型:

- 访谈音/视频中逐字逐句转录的受访者的语言行为;
- 访谈音/视频中呈现出的受访者的非语言行为(如沉默、叹气、重复、迟疑、停顿等);
- 访谈中研究者记录的观察笔记;
- 访谈后研究者撰写的研究备忘录。

在进一步的分析过程中,研究者根据自身研究的具体情况和实际需要既可以采用自下而上的线性结构模式对经验资料进行逐层"抽象"的分析历程(即由 coding 到 category 再到 framework),也可以使用循环往复的互动模式对在线访谈数据进行浓缩、结合与照应(即由寻找类属到合并类群)。[②]但无论采用何种具体分析方式,研究者都需要做到对经验资料烂熟于心,完全沉浸于与资料的动态互动之中,并在考察上下文联系、重组叙事情境、回溯故事主线和寻找资料内部线索的基础上实施编码、主题挖掘与意义寻求,

① Hooley, T., Wellens, J., Marriott, J.(2012). What is Online Research?: Using the Internet for Social Science Research[M]. London: Bloomsbury Academic.

② Miles, M.B., Huberman, A.M. (1993). Qualitative Date Analysis: A Sourcebook of New Methods, 2nd Ed[M]. Newbury Park: Sage.

从而在受访者的生活经验资料中建构出对研究双方都有意义的社会现实与理论认知。

四、访谈资料的诠释与呈现

访谈资料的诠释与呈现作为研究结果的最终展现也是体育在线研究中至关重要的一环。然而作为研究者如何能够以有意义的方式将复杂、流动、多面的体育社会问题和社会体育文化现象进行真实、客观、立体的呈现也是极富挑战的工作。由于对访谈资料的阐释与呈现并非一个简单、机械的过程，它既包含了研究者的理解与对话、思考与决策、探索与反思，也囊括着理论与实践之间相互作用的行动历程。因此研究者切不可将资料进行随意堆砌，急于求成的妄想一气呵成，而是要将其作为一种思考活动贯穿于研究的全过程。

对资料的诠释需要建立在资料分析与理论框架的基础上，理论的深刻性能够促使研究人员从经验中提升出概念与命题，将经验世界与理性现实联系起来，而不是只停留在对经验事实的描述上。因此研究人员需要具备一定的理论敏感性，可以以某一理论为研究导航，赋予资料以意义，并将理论问题与社会实践关联起来，为体育在线研究中的部分特殊个案提供相对宽阔的视野和应用范围，以完成对研究问题的过程性透视和整体性认知。

对资料和研究结果的呈现不仅检验着研究人员诉说体育故事、还原体育文化事件、把握体育现象本质和书写体育本土经验的能力，而且还考验着研究者的自身素养、对所有参与者的尊重及所肩负的社会责任感。研究者应该如何通过语言叙事的方式来理解和审视所观察到的世界？应该怎样进行全方位的观看及不断地深化反思去实现对被访者生活故事的写实？又该如何秉持客观、严谨的态度对地域性知识进行拓展，对学术实践行动予以回应，从而发出涉及价值取向、透视社会现实的多重声音？这些都是作为一个在线研究者需要认真思考和理性面对的问题。当然只要我们在借助自己的思维方式和概念体系对所观察到的他者生活进行解读时能做到客观、负责，不断地从不同角度、用不同方式对社会现实进行勾勒和透视，并召唤所有参与者一起加入对研究结论的探讨和社会现实的建构中，形成彼此之间的理解与共鸣，那么就能够沿着研究的脉络呈现出忠于事实、内容翔实、层次分明、规范可读的研究报告。

第三节　在线访谈在体育研究中的应用案例

通过上述内容的介绍，我们对在线访谈的适用情境与类型划分、访谈设计与准备、数据整理与分析、资料呈现与诠释等在线访谈的操作程序及其注意事项已经基本通晓，但目前在线访谈在我国体育研究中的使用数量和规范性程度仍较为滞后，为了让体育在线研究者能够更清晰地领略如何将在线访谈方法与我国本土社会现实进行糅合，本节特别选取了一个我国体育领域的研究案例来对前文内容进行详尽呈现，以便让体育在线研究者可以通过该案例加深对在线访谈方法的认识与理解。

一、研究案例的内容概述

本节的研究案例选取的是贾晨博士与涂炯副教授在《体育与科学》期刊上发表的一篇名为《身体觉醒与自我发现：移动互联时代城市全职主妇的数字化健身实践》的研究性论文。①

（一）研究问题的提出

全职主妇是在我国经济快速发展中的社会“推力”和社会传统文化价值观中的家庭“拉力”下应运而生的社会群体。在当前经济体制转型、公共育儿制度解体、家庭结构变革、养老制度转轨、医疗制度改革的时代背景下，就

① 贾晨，涂炯.身体觉醒与自我发现：移动互联网时代城市全职主妇的数字化健身实践[J].体育与科学，2023，44(03)：42—49，41.

业、育儿、养老、医疗等一系列公共问题在市场的作用下一一被推回个体家庭，让肩负社会再生产与家庭人口再生产双重任务的职场女性沦为社会结构变迁与传统观念裹挟的重灾区。在难以平衡职业、家庭、育儿多重压力的情况下，越来越多受过高等教育、具备一定职业技能的城市女性在年富力最强之际迫于无奈地选择辞职归家，在传统“男主外、女主内”的性别分工格局与社会性母职规范下重新做起相夫教子的“全职太太”。然而归家所带来的自我发展受限、个人价值难以实现、社会认同失衡也进一步加剧了新的社会隔离、自我否定与怀疑等身份认同危机。

而随着新科技的诞生和全民健身热潮的来袭，通过体育运动的方式促进女性身心健康逐渐成为一种社会普遍认知，智能化数字健身社区的出现更是为这些主动或被动归家的主妇们打开了一扇新的生活之窗。由于一直以来女性都是健身领域的积极拥护者与主要参与者，所以网络健身社区的出现及社区中以“女性”“主妇”“妈妈”为标签或话题所建立的运动社群，让归家的主妇们能够在家庭这个狭小场域中通过数字化的健身实践进行时间规划、情绪传递、空间延伸、自我提升和人际拓展，为此主妇们的数字健身实践也开始被视为一种技术赋权背景下个体主动寻求积极体验和获取身份认同的方式。这种区别于传统面对面户外锻炼与健身房专业运动的健身形式，主要借助网络技术和媒介镜像来满足人们健康知识、运动技能的获取及身体管理、互动交流的实现。

那么在以移动互联技术为依托、以社交关系为基础、以分享交流为主题、以身体活动为核心的传播生态系统中，这些从工作场域退守回家庭空间的“新”主妇们在面对角色转换和自我抗争的过程中相较于传统家庭主妇（生育主妇化浪潮中的“家庭妇女”或失业主妇化风波中的“全职太太”）究竟获得了怎样的身体经验？这些身体经验又会对城市中的“新”主妇在个人成长、自我认同和社会融入方面产生何种影响？鉴于对以上问题的考量，研究以身体社会学为基础，通过考察数字背景下全职主妇进行健身实践的运动体验与身体感受，阐释其数字化健身背后所蕴含的个体意义与社会价值。

（二）研究方法与过程

本文的研究对象聚焦于依托数字健身平台进行体育锻炼的全职主妇。基于上述研究目的，采用更能深入到社会现象之中，获得对研究对象行为意义解释性理解的质性研究方法，在“目的性抽样”原则的基础上，通过“滚雪球”的方法，选取了13位具有连续6个月以上数字化健身经验的城市全职主妇作为观察与访谈对象，受访者年龄在27—48岁，除一人还未生育外，其他被访者均为一孩或二孩妈妈，为遵循知情同意、隐私包含等关系规则与伦理准则，受访者的姓名均进行了化名处理。为了深入了解城市全职主妇的数字化健身情况，获取此类女性群体在健身实践中的运动体验和真实感受，本研究使用半结构式访谈法进行经验材料的收集，分别对受访者的数字健身历程、个体身体经验、角色倦怠与身份焦虑等问题进行深度挖掘。

由于研究过程受到疫情影响，访谈过程持续了一年多（2019年1—3月，2020年7月—2021年6月，2022年1—2月），除了前期预调查过程中进行了2次线下深度访谈外，后期的观察与访谈均是通过受访者个人健身平台主页、社群、微信和电话等线上访谈形式完成，每次时间为30—90分钟。通过前后近17次在线访谈收集到共计823分钟的影音视频资料，在保证受访者健身体验与内心感受真实客观呈现的基础上，对相关资料进行了转录和整理，形成了近6万字的文稿。

研究者根据科宾与施特劳斯的程式化扎根理论（Proceduralised Grounded Theory），对整理后的资料按照“开放编码”“主轴编码”和“核心编码”的三级编码顺序进行分析。首先将转录和整理后形成的6万余字全职主妇数字化健身的经验材料打散，在个人经验、既有文献解释背景的基础上进行逐行、逐段编码，给“累得我半条命都快没了”“肌肉撕拉感让我解脱出来”“更柔、更轻、更放得开了”等定义现象贴上标签；其次根据数字健身经验材料的不同指向进行重新组合，抽象出“丧气”“舒缓”“烦闷”“得意”等32个概念，发现并命名包含各种概念所指的范畴，形成因果关系下的九个核心类属，如“僵硬紧绷”“经脉膨胀”“自我触动”“自我实现”等；最后围绕身体体验和内心感受变化历程等核心范畴找出关联并进行主题提炼，形成了“压抑的身体”“觉醒的身体”和“升华的身体”三个维度的核心主题并对其进行阐释，以理解数字化健身实践带来的身体感受和运动体验对城市全职主妇在个人成长、身份认同和社会融入方面的影响和变化（如图 5－1 所示）。

开放编码	重担都落在了我一个人身上/一种深深的无力感/僵硬紧绷的身体/身体和精神都吃不消/更容易疲惫/手臂和腰背都会有种使不上劲的感觉/累得我半条命都没了/抓狂/烦闷、憋屈、心力交瘁快成生活常态了……	几乎拯救了我的人生/肌肉撕拉感让我解脱出来/感受自己身体趋向极限的过程/拘束、挫败的身体不适感好像也就没那么强烈了/让我体会到了从未有过的自在、充实和满足/血液膨胀、心潮澎湃/更轻、更柔、更放得开了……	居然得到了这么多的关注/能收到很多留言和私信/分享和更新健身帖也成了一种传输知识、传播正能量的日常工作与责任了/陪伴了女儿、提升了自己又能获得经济收入是我梦寐以求的事情/学以致用，以练赚钱这事儿还是让人很有存在感和价值感……
主轴编码	僵硬紧绷 烦闷沮丧 筋疲力尽	经脉膨胀 舒缓轻柔 充实自在	自我触动 增添自信 自我实现
核心编码	压抑的身体	觉醒的身体	升华的身体

图 5－1　编码过程

（三）研究发现与讨论

本研究通过上述研究过程发现：城市全职主妇在数字化健身中身体在性别角色与家庭分工的束缚中、筋肉反馈与人际互动的体验中，以及自我实现与价值彰显的展演中经历了由压抑、觉醒到升华的转变。

1. 性别角色与家庭分工中被束缚的身体

对于社会自然人来说，“空间”不仅是物质形态上的自然空间，更是承载着人类各种关系的社会网络空间和文化心理空间。家庭空间与工作空间作为构成人们日常生活情境的基本场域在确认社会身份、维系社会关系和实现社会价值方面具有重要作用。而工作空间的丧失，让那些为承担赡养老人或子女抚育等社会职责而选择归家的女性不得不被日复一日繁杂、冗长的家庭琐事长期牵制于狭小的家庭空间中，进行身体活动和开展社会交往地理媒介的缩减，以及家庭角色与性别分工的固化，制约着主妇们的健康与发展，身体也因此受到捆绑与束缚。

2. 筋肉反馈与人际互动中被激活的身体

随着移动互联网技术的发展，数字健身媒介的出现也逐渐为现代社会中的归家新主妇们提供了解放身心的新路径。由于数字化健身媒介能够在最大限度上满足这些终日"为他人而活"的主妇们对零碎化时间分布和便利型空间利用的个体需求，以此为依托通过线上健身平台中资讯推送、在线课程、趣味竞赛、分享交流等活动，也让更多因归家而丧失收入来源、没有休闲时间、缺乏运动场所和不具备运动知识的主妇们可以在抚育子女与料理家务之余的碎片化时间和流动化空间中，透过手机屏幕获得便利化、经济化、易操作、强互动性的健身体验来或多或少地为自己"活"一把。因此这些以数字健身为依托于家庭场域中进行的强度各异、长短不同的有氧、无氧运动，健身排行竞赛活动，以及人与人之间的交流互动，为过往专属于"家务劳作"的身体带来了新的刺激与体验，并在数字健身社区内通过运动中直接的筋肉反应与交流中即时的情感互动，促使充满束缚感和压抑感的身体得到唤醒。

3. 自我实现与价值彰显中被赋权的身体

由于在移动互联时代的数字健身实践中，主妇之间的人际互动、自我呈现与资本累积主要通过发表个人动态（日常健身心得、健身照片、健身视频、健身攻略）、加好友（相互关注）、评论（点赞、私信）和排名（运动时长、打卡次数）等形式得以实现。因此当参与数字化健身实践的全职主妇们一步步摆脱沉重家务与母职规范对其身体的束缚，去发现、理解和激发自我身体感觉的多样性与复杂性时，依托数字健身媒介而形成的网络健身社区因其即时互动方面的便利性与圈层联结方面的异质性，在某种程度上也进一步促进了全职主妇社会关系圈的拓展，强化了共同的价值信仰。在这个由兴趣、身体资本和情感归属共同作用而形成的"混杂人际网"中，参与健身的主妇们在数字技术赋权的驱使下更加愿意分享自己的生活经历、价值观念与个体经验，也能够在一定程度上冲破原有年龄、学历、职业、地域、身份的限制，去凭借数字化健身过程中自我运动知识、技术水平的提升和个人健康状况、健美形象的展示获得身体、精神和经济上的优越感，从而在积极主动的人际交往心态与身体资本的持续累积中逐步实现掌控自我人生、推助他人发展和赢得社会认同等个体价值的跃升。

然而，互联网和新媒体技术催生下所兴起的数字化健身尽管在某种程度上为主妇们的生活注入了一丝活力，让她们能够更深入地感受自己的身体状态，更容易被触动和产生更积极的身体意象，但在帮助主妇们挣脱羁绊的同时也不可避免地使其陷入运动秩序割裂、量化身体异化、个人隐私侵犯和虚拟网络欺凌（话语暴力、情感虐待）等潜在危机中。特别是这种具有移动性、弹性化和自主化的"人性化"运动方式使参与者在物理空间上被割裂开来，又破坏了运动时间的稳定性和连贯性，形成了一种散乱、破碎的运动秩序，间接地导致部分主妇在参与一段时间后便退出，或者长时间停滞后又加入状况的出现。而数字健身在媒介技术创造的实时监控"圆形监狱"中被压缩化、公开化，让人们的隐私无时无刻地暴露在光天化日之下，则也直接导致部分归家主妇为了防止外界对私人世界的入侵而放弃或不参与数字健身。所以主妇们的数字化生活能在何种程度下冲破"线下"现实的局限，能在多大程度上瓦解社会制度、文化观念对主妇们身心层面的束缚力量，让疲惫不堪的身体与心灵得以从繁杂的家务劳役和生养劳作中剥离出来，推动其身体、心理、精神方面的全方位解放也有待商榷。

二、研究案例的剖析与反思

本案例研究问题的提出主要是基于当前我国经济体制转型、公共育儿制度解体、家庭结构变革、养老制度转轨、医疗制度改革的时代背景下，就业、育儿、养老、医疗等一系列公共问题在市场的作用下被推回个体家庭后，如何通过数智化健身的方式促进那些根据自身资源和情境，以家庭利益最大化为出发点选择从职场回归家庭的女性身心健康的关注。之所以选择在线访谈法，一方面是由于研究对象是深耕网络社会的数字健身用户，另一方面是研究过程恰巧遭遇了新冠疫情，所以在线访谈法为研究的开展提供了针对性、便利性和可操作空间，也为更深入地探索城市全职主妇的数字健身实践提供了保障。总体而言，该案例选题新颖、视角独特、具有突出的社会现实意义，整个研究结构清晰、文笔流畅、对相关研究问题涉及的核心概念和先行研究都做了非常仔细的界定与梳理，过程严谨，步骤规范，采用了非常正规的程式化扎根理论三级编码流程，经验资料与理论之间的契合度也较高，使得研究具有较高的理论性与可信度。

该案例的唯一不足，也是目前体育领域使用质化范式开展研究的常见问题，主要在于采用了过程性发问容易导致学术问题不清晰。由于作者在研究伊始提出的更像是一个“过程性发问”，而非一个明确的“差异性问题”，因此导致整个文章的理论出发点和落脚点不是太清晰。一般而言，学术研究要形成新的认识，以此来回应理论或实践中的困惑。而要形成新的认识，则需要在问题提出时聚焦到“悖论”，这种悖论可能是经验性的悖论，也可能是理论性的悖论。但从本文的问题来看，作者所提出的“这些从工作场域退守回家庭空间的‘新’主妇们在面对角色转换和自我抗争的过程中相较于传统家庭主妇究竟获得了怎样的身体经验？这些身体经验又会对城市中的‘新’主妇在个人成长、自我认同和社会融入方面产生何种影响”等问题，更为倾向于过程性的发问，此种发问倾向有可能会导致文章形成以填补某一研究对象、区域、具体案例的缺失为目的的写作指导思想，而不是以发展理论认识，从而去指导实践的目的。因此如果作者能够基于文章主体部分“压抑—觉醒—升华”的分析框架，从“问题提出”入手，形成一个更偏向于差异性的发问，并围绕此问题推进研究，从文章主体部分提炼出需要或生成、或对话、或拓展的理论观点，将会进一步提升该研究的理论层次和学科价值。目前，体育学质性研究领域还不大重视理论和方法的增量，大部分研究更看重在研究对象上的增量，但真正能够具有启发性的研究成果，一定是在专业理论和方法体系上有所贡献和突破的，从这一标准来看，该研究已经试图在打破学科壁垒、突破传统体育学书写方式、推动本土经验创新方面注入了新的动力，但总体而言仍尚有一定的提升余地。

第六章 体育研究中的在线民族志

伴随数字技术与虚拟社区的兴起，在线民族志在革新传统民族志的基础上诞生。作为一种“整体情景化”的质性研究范式，在线民族志通过研究者的沉浸体验、互文对话与透视反思开辟了探索网络体育文化实践的新方法。鉴于在线民族志在体育领域发展相对滞后，并存在研究数量、操作质量欠缺和学科渗透力不足等问题，本章对在线民族志在体育研究中的兴起、特点、价值、实操步骤与相关注意事项进行了深入探讨，以期为研究人员合理、有效使用该方法探索移动互联时代我国面临的体育新问题与新现象，拓展我国体育在线研究视野提供借鉴与参考。

第一节 在线民族志概况及其在体育研究中的价值

一、什么是在线民族志

在线民族志（Online Ethnography）是一种超越民族志（Ethnography）的独特研究方法。[①] 这种诞生于网络社会复杂背景下的文化实践参与模式是在互联网时代为了适应社会发展，以洞察人类生活、探索新兴数字行为与

① Robert. V. Kozinets.（2010）. Netnography：Doing Ethnography Research Online[M]. London：Sage，pp.58－63.

线上社区文化等新情境而衍生出的方法指南。[①] 作为数字时代的一种研究过程、方法和结果，在网络情景下展开的民族志研究主要是用于描绘和诠释人类线上生活经验与网络文化实践的。已有研究也从不同的角度出发对在线民族志的概念进行了界定。有学者从研究手段出发，将这种针对和利用网络收集数据，并在虚拟或在线环境中构建民族志的过程称之为虚拟民族志(Virtual Ethnography)。[②] 也有学者从研究性质出发，将网络志(Netnography)看作是基于网络田野工作的一种定性的参与观察研究。[③] 还有学者从研究对象出发，把对由共享资源、共有价值观、共同规则和共通行为所构成的虚拟文化社区的浸入调查视为人类学方法在网络时代的拓展。[④] 尽管不同界定之间存在一定差异，但作为一种致力于"整体情景化(Holistic Contextualisation)"的研究方式，其对研究者在参与式体验下浸入特定社会空间的关注，[⑤]以及对被研究者在特定情境下的行为表现与其过往生活经历关联的强调等研究旨趣是共通的。[⑥] 因此，无论是虚拟民族志(Virtual Ethnography)、网络志(Netnography)、赛博民族志(Cyber Ethnography)、网络民族志(Internet Ethnography)或数码民族志(Digital Ethnography)，这种被通称为在线民族志(Online Ethnography)的研究方法即是以计算机中介技术和网络虚拟环境作为主要的研究背景，田野调查作为主要方法，利用互联网的表达平台和互动工具来收集资料，通过研究者身临其境、参与互动、浸润体验来探究和阐释网络空间中人们的行为特征、交互过程和文化意涵的一种民族志类型。[⑦⑧]

---

① Hine, C.M. (2000). Virtual Ethnography[M]. London: Sage.

② Hine, C.M. (2000). Virtual Ethnography[M]. London: Sage, p.65.

③ Robert. V. Kozinets.(2002). The Field behind the Screen: Using Netnography for Marketing Research in Online Communities[J]. Journal of Marketing Research, 39(1): 61 - 72.

④ Rheingold, H. (1993). The Virtual Community: Homesteading on the Electronic Frontier [M]. Harper Perennial.

⑤ Hine, C.M. (2000). Virtual Ethnography[M]. London: Sage, pp.45 - 46.

⑥ Miller, D., Costa, E., Haynes, N., McDonald, T., Nicolescu, R., Sinanan, J., Spyer, J., Venkatramen, S. and Wang, X. (2016). How the world changed social media[M]. London: UCL Press, p.28.

⑦ Hine, C.M. (2000). Virtual Ethnography[M]. London: Sage.

⑧ 卜玉梅.虚拟民族志：田野、方法与伦理[J].社会学研究，2012，27(06)：217—236，246.

二、在线民族志与民族志的关系

民族志是一种为了寻找和探究社区、团体及其他社会组织的社会文化模式与意义的科学方法。① 在已有的一系列社会科学研究方法中，民族志以其通过实地考察和日常体验实现对特定人群、地域文化深入了解的独特性，以及在对处理复杂、多面概念上的说服力而受到体育研究领域的广泛使用，并被作为一种融合性的社会实践与文化产物来看待。② 其通常以逐字逐句地引用被研究者的话语和对事件过程进行“深描”，来使被研究者在自身文化背景中发声，从而以本土视角和独特生命体验为依托在“整体生活方式”的语境中和“自然化”的背景下考察文化存在的价值与意义。根据研究目的的差异和不同学科调查的需要，民族志也逐渐发展出包括自我民族志、表演民族志、感官民族志、视觉民族志等多种多样的形式（如表 6－1 所示）。

表 6－1　民族志的不同形式及内涵

民族志的形式	具　体　内　容
受众民族志 (Audience ethnography)	受众民族志主要用于观察人们如何积极参与或消费特定媒介和物理文化文本。参与者可以以单独或小组形式进行观看、倾听和阅读，而研究人员则负责对其真实反应进行观察与记录。此种形式的民族志一般涵盖焦点小组，该方法可以帮助研究人员获得更深层次的数据，从而更深入地理解受众是如何进行内容解码的
自我民族志 (Autoethnography)	自我民族志是以自我为方法和田野，通过描述和分析个人经验来理解文化现象的民族志形式。其主要针对特定的文化过程或经验提出问题，再经由反身性思考和审视自我在该过程中的真实经历去寻求答案，从而达到唤起情感共鸣和进行理论建构的目的

① 斯蒂芬 L.申苏尔，琼 • J.申苏尔，玛格丽特 • D.勒孔特.民族志方法要义：观察、访谈与调查问卷[M].重庆：重庆大学出版社.

② Jolynna S. and Tom M.(2016). Ethnography. In：Routledge Handbook of Qualitative Research in Sport and Exercise[M]. New York：Routledge，p.179.

续 表

民族志的形式	具　体　内　容
批判现实主义民族志（Critical realist ethnography）	批判现实主义民族志关注控制和塑造生命的社会结构与系统。由于人们总是被社会结构、环境因素和个人动机赋予权利和义务，所以批判现实主义则能够帮研究者批判性地理解影响人类行为的机制
制度民族志（Institutional ethnography）	制度民族志也称立场民族志，其致力于探索人们日常生活中社会关系的建构，主要探讨人们在家庭、工作场所、体育俱乐部等社会机构中互动交流、关系生成的方式，以及如何受到社会制度对文化实践的影响
表演民族志（Performative ethnography）	表演民族志这种以艺术为基础的民族志方式试图弥合学术界与公众之间的鸿沟。在研究浸入过程中，研究人员通过与被研究者一起创作表演作品可以帮助参与者更深入地了解正在被调查的问题或现象
感官民族志（Sensory ethnography）	感官名民族志以感官知觉、体验和类别为核心来描述人民日常生活中的重要事件或特定时刻。感官民族志认为，人类的意义不仅是通过语言创造的，更是通过前语言或非语言的过程缔造的，感官经验在此过程中发挥着重要作用
视觉民族志（Visual ethnography）	视觉民族志对于那些希望参与者能够从视觉视角讲述个体故事的研究人员来说助力颇深。该方式试图通过鼓励参与者拍摄对他们有特定意义的人物、空间或事件的照片和视频来推进研究的开展，并以此降低研究人员的主观性和既有偏见

然而，当人们身处以“数字化生存”为常态的移动互联时代时，大量的网络社区与网络族群的涌现不仅为研究人员带来新的考察对象，互联网在世界各地的日益普及、社会媒介化的趋势日渐明显在改变人们体育行为与运动经历、催生出体育研究新焦点的同时，也深刻地重塑着我们探索体育社会问题和体育文化现象的方式，创造着体育研究的新田野，拓展着体育民族志研究的边界。① 于是从 20 世纪 90 年代起，为了应对互联网对研究方法带来的挑战，在线民族志在经历了一系列有关对网络生活(线上的社会经验)

① Postill J, Pink S. (2012). Social Media Ethnography: The Digital Researcher in a Messy Web[J]. Media International Australia, 145(1): 123 - 134.

与“真实生活”(面对面的社会经验)之间本质性、真实性、伦理性的质疑,以及长时间对传统民族志与网络社区研究边界的争论后,在修正和改进传统方法的基础上应运而生,并逐渐开始被体育学科领域接受和应用。[①] 相对于民族志而言,在线民族志包含了更多有关虚拟方法(在线观察、在线访谈)、数字方法(超链接分析、网络内容分析、社交媒体研究)和网络空间概念(数据存储、修改和交换)的内容。在线民族志和民族志之间除了进入方式不同所带来的“参与”与“观察”意味的差异,收集和分析资料方式不同导致的“记录田野”意义的差异,以及身处场域情境不同所招致的伦理规范差异外,其最大的差别在于研究对象(线上世界与线下生活)的改变。[②] 但是从一般性的方法层面而言,其与传统的民族志并不存在颠覆性的区别,其出现更多是在人类学实践原有的基础上与互联网时代与时俱进的过程中顺应人类社会结构与社会关系变革的结果,尤其是在当前我国技术革新与社会转型的复杂背景下,在线民族志也随着互联网的进一步崛起释放出无限的活力。

三、在线民族志及其在体育研究中的兴起

随着20世纪90年代在线民族志这种研究方法的问世,其在近20余年的发展过程中已日趋成熟,研究面向不仅愈加丰富和多样,研究领域也逐步细化和深入,并逐步被体育学科领域所应用。[③] 这种基于互联网和数字技术的研究方法的出现改变了体育及我们探索体育的方式,从传统的面对面访谈和实地走访到如今在家中或工作场所就能实施的全时段视讯对话和全场景可视观察,聚焦于人们线上的文化实践与生活新图景的在线民族志以其独有特性为体育领域学者们分析体育组织、考察球迷社区、审视线上运动行为开辟了一条全新路径。

---

① 张娜.虚拟民族志方法在中国的实践与反思[J].中山大学学报(社会科学版),2015,55(04):143—150.

② 郭建斌,张薇.“民族志”与“网络民族志”:变与不变[J].南京社会科学,2017,(05):95—102.

③ 段永杰,徐开彬.国内外网络民族志的研究场域与知识生产——基于 CiteSpace 计量分析的对比研究[J].新闻与传播评论,2020,73(02):86—97.

由于在线民族志方法在田野上的深度"转向"，以及为探索线上体育文化、网络健身行为与数字运动体验等方面所提供的便利性，因此在近10年间已越来越广泛地被用于探讨互联网时代全球体育新现象、新问题和新趋势的跨学科交叉研究中。例如，有研究者就采用网络民族志这种低倾入性的研究方法探讨了在线运动中所折射出的种族、性别、暴力等问题，包括通过对拳击粉丝在线论坛中仇恨言论与话语欺凌程度的分析来评估种族主义水平，[①]以及对运动员和球迷在网络互动中遭受歧视与霸凌行为的考察来批判性地审视足球运动中日益严重的社交媒体滥用问题，[②]从而在对社会情境的透视性过程中丰富了体育研究的面向。同时，也有学者将在线民族志与传播学、心理学、经济学等多元学科进行融合，用于线上体育社群交往的多重场景中，以探讨由此衍生的在线体育消费和网络粉丝营销问题。一项与心理学相关的交叉研究就曾尝试将成瘾、体育博彩和球迷联系在一起去评估在线体育博彩在影响球迷观看行为与参与体育消费方式方面的效力。[③] 而其他与传播学、经济学相关的研究既有基于关系营销理论，从传播、互动和价值层面探讨北美四大体育联盟如何利用社交媒体作为关系营销工具与粉丝群体进行互动交流和附加值共创，[④]也有通过对澳洲体育赛事啤酒赞助商的线上媒体营销策略来考察体育运动与数字消费行为的关系，[⑤]进而在跨学科与混合研究开展的过程中拓宽了体育研究的边界。此外，为了对应网络社会急剧变化的虚拟交互场景，使体育民族志研究不丧失

---

① Farrington, N., Kilvington, D., Price, J. and Saeed, A. (2015). Sport, Racism and Social Media[M]. London: Routledge.

② Kilvington, D. and Price, J. (2019). From backstage to frontstage: Exploring football and the growing problem of online abuse. In Lawrence, S. and Crawford, G. (Eds.) Digital Football Cultures Fandom, Identities and Resistance[M]. London: Routledge, pp.69 - 85.

③ Jamie C., Kevin D., Daniel K. (2020). Online research methods in sport studies[M]. London: Routledge. pp.13 - 14.

④ Abeza, G., O'Reilly, N., Seguin, B. and Nzindukiyimana, O. (2017). Social media as a relationship marketing tool in professional sport: A netnographical exploration[J]. International Journal of Sport Communication, 10(3): 325 - 358.

⑤ Westberg, K., Stavros, C., Smith, A., Munro, G. and Argus, K. (2018). An examination of how alcohol brands use sport to engage consumers on social media[J]. Drug and Alcohol Review, 37(1): 28 - 35.

应有活力,学者们也开始依照虚拟田野的路径对网状社会结构下的大众健身实践与文化身份建构进行深入观察。Rees 将 Facebook 作为调查工具探讨了数字通信技术和在线空间对传统自行车赛文化的影响,①并以更具灵活性的在线访谈形式收集到了更为丰富的数据。McGannon 则对参与跑步运动的母职群体在博客中的话语表达与符号编码的分析来更为深入地理解社会角色冲突下具有双重角色的女性是如何在新媒体中进行自我身份建构的,②继而在开放性、动态化探索路径的基础上增加了体育研究的厚度。

四、在线民族志对体育研究的价值与意义

(一) 拓展研究视野

随着互联网的普及,现实社区中的人们通过线上互动被重新联结在一起后,网络空间开始成为人类生活的重要场域。这种有别于现实社会公共空间的全新场域提供了作为新研究田野的基础和可能,使体育研究者的关注点也由过去封闭传统的现实社区(real community)延伸至动态开放的虚拟社区(virtual community)。尽管网络空间的独特性和交互模式的新颖性给以此为背景展开的文化现象研究带来了方法上的挑战,③但在线民族志作为打破过往体育人类学探索文化实践赖以发生和存在的地理意义上界限的研究方法,不仅为探讨由健康意识、健身行为、参与体育益处上的共性而非地域上共性所展开的体育实践提供了支持,而且能够帮助研究者在线下单一化的体育运动场景被线上多元化的数字健身情境所取代,运动聚合共同体由固定、明确的关系结构变为灵活、松散的网络联结的情况下,以更为开阔的研究思路和研究视野、在结合在线情境与离线环境的基础上更好地从整体上把握体育文化现象与体育现实问题。

---

① Rees, T. (2016). The race for the café: A Bourdieusian analysis of racing cyclists in the training setting[D]. Ph.D. Thesis. Teesside University, UK.

② McGannon, K., McMahon, J. and Gonsalves, C. (2016). Mother runners in the blogosphere: A discursive psychological analysis of online recreational athlete identities[J]. Psychology of Sport and Exercise, 28: 125 - 135.

③ 卜玉梅.虚拟民族志:田野、方法与伦理[J].社会学研究,2012,27(06):217—236,246.

（二）优化研究路径

在线民族志强调研究者在展开田野考察时不能再仅仅作为“参与观察者”(participant-observer)的身份停留和局限于对具体物理空间的观察，而是要以对被研究群体积极贡献、对研究本身亲历体验和阐释反思的“参与体验者”(participant-experiencer)身份实现对物理空间与网络情境的洞察。① 由于网络空间与线下社会是动态互构、彼此嵌入的关系，②因此研究人员只有做到将虚拟空间与现实世界进行有机结合，才更有利于理解和探讨社会发展过程出现的新问题和新现象。而基于考察网络社会生活而出现的在线民族志研究方法既能让研究者通过观看视频、阅读帖子的“潜伏”方式实现对体育参与者的远距离的观察，以降低因研究者在场而引起的扭曲资料和扰乱自然行为发生的可能性，③又能令研究者借助评论、点赞、发文、组团等亲身交流完成近距离的互动体验，以提高研究者作为局内人对发生于媒介情景中体育行为的认知和理解程度，还能使研究者在线上互动的基础上借助私信、定位技术重返线下的真实社会世界，并最终在线上和线下的双重实践路径下完成对日常生活中人们实际生活不可测度方面的反身性审视。

（三）改善研究方法

随着社会的快速发展，当我们所要探索的体育现象和文化实践发生于网络空间时，作为田野作业核心方法的参与观察是否还适合被应用于具有身份隐匿性、互动隔屏化的网络环境中在很长一段时间困扰着研究者。而在线民族志在收集、分析资料手段与程序层面的改进则在一定程度上消除

---

① Garcia，Angela C.，Alecea I. Standlee，Jennifer Bechkoff & Yan Cui. (2009). Ethnographic Approaches to the Internet and Computer-mediated Communication[J]. Journal of Contemporary Ethnography，38(1)：52 - 84.

② Beneito-Montagut R. (2011). Ethnography goes online：towards a user-centred methodology to research interpersonal communication on the internet[J]. Qualitative Research. 11(6)：716 - 735.

③ Beaulieu. A. (2007). Mediating Ethnography：Objectivity and the Making of Ethnographies of the Internet[J]. Social Epistemology，18(2 - 3)：139 - 163.

了研究者们的既有疑虑。一方面,在线民族志在数据收集方面有效地借助了互联网这一表达平台和交互工具,凭借移动设备、传感系统上传至网络终端的大数据,在研究前期的“潜水”阶段便完成了对实时纵向归档数据的采集。同时,在作为“局内人”的浸入阶段又通过可视化、即时性的语音视频技术实现了对线上体育行为、现象的交互式观察和对引导数据的搜集。此外,在研究阐释阶段还经由线上互动体验与线下感悟反思的异步性获取了像接触记录单、研究备忘录等深入性的田野笔记数据。另一方面,在线民族志在数据分析方面也能够在针对自身特点(以帖子文本、语音信息、视频图像、表情符号为主的经验资料)的基础上积极吸收其他学科方法,结合话语分析(Discourse Analysis)、文本分析(Text Analysis)、叙事分析(Narrative Analysis)、社会网络分析(Social Network Analysis)、扎根理论(grounded theory)等多种手段进行混合性研究,从而在研究方法上实现了从单一到混合、从单调向多维的转变。

五、在线民族志的优势与弊端

当数字化时代的社会关系网络全面延伸至网络空间时,互联网不仅成为一个生产意义的互动空间和文化实践的有效场所,也是研究人员观察互动行为的潜在场域。而高质量的在线研究能够帮助我们了解当前网络世界是如何组织和运转的,并通过对网络空间的批判性审视,从概念上理解和阐明文化是如何被创造和发展而来的。在线民族志和沉浸式研究作为批判性理解在线体育文化和网络体育社区的首选方法,明确其优势与缺陷是研究人员在开展研究的必要前提。

(一) 在线民族志的优势

相对于传统民族志方法更方便、经济和易获取;

更易于研究“难以接触”的群体;

更易于开展敏感性主题的研究;

更易于收集和记录数据,包括采用多种智能设备、通过屏幕截图或撰写即时田野笔记等；

互联网的匿名性可以为研究人员提供更高程度的安全性，尤其是在调查越轨群体的情境下；

互联网能够检索到存档多年的社交媒体发帖信息，网络文档使研究人员在了解社区情况时可以节省大量的时间。

(二) 在线民族志的缺陷

由于在虚拟世界中进行研究需要具备除文化方面以外更多的软件应用类专业知识，所以会导致研究人员在数字和 IT 技能上处于劣势；

尽管视频和网络摄像头可以帮助研究人员对在线参与者进行观察或访谈，但却无法完全确保其真实性和可靠度；

在线环境或情境下开展的调查研究存在使研究人员误解或曲解观察结果的风险；

研究人员在网络社区的存在更容易遭遇文化身份的排斥，从而影响研究环境和研究结果；

研究人员作为“体验者”或“参与者”的局内人身份浸入并成为社区公认成员可能会遭遇无法做到纯粹客观的问题；

互联网具有的即时检索和永久存档特性将会给研究人员带来更多有关伦理道德方面的挑战，如知情同意、隐私保护和非侵害等。

Reflections & Exercises

思考下列五个研究问题能否采用在线民族志方法来开展研究？

- 大学体育社团是如何在成员间培养归属感的？
- 美国职业棒球联盟(MLB)俱乐部是如何建立品牌忠诚度的？
- 运动员如何利用社交媒体平台进行形象塑造？
- 体育博彩在多大程度上影响了在线体育游戏的参与体验？
- 美国橄榄球联盟(NFL)的球迷种族主义是如何从球场内转移至网络空间中的？

第二节 体育在线民族志的常用方法与数据来源

一、开展体育在线民族志的主要方法

尽管目前对于如何进行在线民族志研究没有"硬性"规定，但在当前学界观察仍然是采用在线民族志方法开展研究时的基本手段，观察既是人类认识周围世界的主要路径，也是探索科学问题的重要方法。而在具体的在线民族志研究中常用的方式主要包括非参与式观察、参与式观察和完全参与观察三种。

（一）非参与式观察

20 世纪 60 年代至 80 年代，非参与式观察法（non-participant observation）开始在社会学研究中获得广泛使用并逐渐为其他学科所接纳。非参与式观察不要求研究者直接进入研究对象的日常活动，而是以一个超然旁观者的身份，置身于被观察者的世界之外了解事情的发展动态。该方式更类似于一种结构化的观察方法，这种建立可量化编码时间表的观察方式不仅对于捕捉和划分人类行为十分有效，其远距离的研究状态也能够让研究者进行更为"客观"的观察。特别是在互联网这种具有流动性和匿名性的网络空间中，适时的"旁观"一方面能够免受复杂研究情境、身份效应和社会压力的影响，[①]过滤一些暗含的、心照不宣的个体偏好和价值观；另一方面可以使所有研究场域中的人们保持自在、舒适和本真的状态进入观察，这种不受打扰的观察形式也为研究者获取更多元、真实和客观的数据资料提供了可能性。然而非参与式观察也存在其自身的局限性，由于研究形式更偏向结构化，以及远距离观察所必然会受到的具体条件限制，致使以"局外人"身份开展的研究难以对被研究者进行比较深入的了解，也无法在遇到疑问或潜在兴趣

① 杨宜音.自己人及其边界——关于差序格局的社会心理学研究[D].中国社会科学院，1998.

点时立刻向参与者发问。因此非参与式观察法更为适用于尚未与被研究者建立信任关系的研究初级阶段。

(二) 参与式观察

不同于非参与式观察,参与式观察法(participant observation)是将研究人员作为“局内人”,通过沉浸和参与研究对象的日常生活,在相互接触和分享个体体验的过程中了解某一群体内部活动情境和交往场景下成员行动的一种观察方法。①② 20 世纪初,马林诺夫斯基最先将参与式观察法用于田野工作中,以此识别和建立研究关系,此后该方法也逐步获得在线民族志研究人员的青睐。对整体情境的考量、对参与者行为的关注和对当地人理性的尊重是参与式观察法的主要关注点,由于研究者能够直接倾听和观看被研究者的言行,所以这种相对比较自然的观察情境不仅可以对在线社区内部的社会文化现象得到比较具体的感性认识,而且能够以“局内人”的身份深入到被观察者所处的网络文化内部,获得文化经验,以了解特定社区中的行为模式、社会关系的意义。尤其是参与式观察允许研究者随时根据需要进行观察和发文的开放和灵活性特质,能够帮助研究人员根据研究问题和具体情境的需要不断调整观察的目标、内容和范围,进而更有效地通过融入被调查者决策、选择和互动的过程中获取丰富的研究数据。尽管参与式观察法对推进研究具有重要意义,但在研究过程中也较为容易遭遇被研究者排斥或研究角色和立场偏移等问题,因此该研究方式在已经与参与者建立了良好信任关系,并已经对研究群体有深入了解的中后期阶段使用则更利于提升研究的深度与厚度。

(三) 完全参与式观察

完全参与式观察(Complete participant)通常需要向研究团队隐瞒其真

---

① [美] 丹尼・L.乔金森.参与观察法[M].龙筱红,张小山译.重庆:重庆大学出版社,2009:2.

② McNeil, P. and Chapman, S. (2005). Research Methods (3rd Edition)[M]. New York, NY: Routledge, p.95.

实身份与动机，并投入大量时间在被研究群体中进行浸入调查，这种研究方式可以帮助研究人员以隐蔽和潜伏的状态实施研究，而当研究者的存在变成理所当然时，被研究群体的社会行为、生存状态也将表现得更为真实和自然。Armstrong 在 1998 年的一项调查足球流氓行为的体育社会学研究中就采用了完全参与式观察，他强调正是由于没有公开的研究人员在场，所以足球流氓中潜在的“越轨”行为才表现得更为普遍和淋漓尽致。[①] 因此完全参与式观察对于研究具有敏感性(种族、宗教、政治)、隐私性(艾滋、癌症)的社会问题以及偏离或违反社会规范的越轨行为(赌博、暴力)来说则更适用，这种不破坏社区原有“生态”和不遭受社区外部“染指”的方式也更能够深入被研究者内部去探寻和挖掘在常规研究中难以获取到的经验资料。当然，完全参与式观察相对于非参与式观察和参与式观察来说在伦理道德层面也面临着更大的挑战和困境。

Reflections & Exercises

思考下列研究问题究竟应该选择非参与式观察、参与式观察还是完全参与式观察？并说明原因。

- 网球赛事中观赛球迷男性气质的批判性审视；
- 移动互联时代的体育爱好者如何看待被视为传统意义上“绅士”运动的板球运动；
- 地方性网球俱乐部是否在经济上具有排他性；
- 亚裔球员如何在体育运动中建构身份认同与群体归属。

二、体育在线民族志的数据来源

体育在线研究中数据的收集一般需要遵循保证搜集到足够数据、数据包含对调查对象观点行为的详细描述，以及数据能够反映调查对象行为、观

① Armstrong，G.（1998）. Blade Runners：Lives in Football. Sheffield：The Hallamshire Press.

念变化等原则。① 通过在线民族志方法收集的数据也主要涵盖三种类型，分别是现有数据（归档数据）、启发式数据（引导数据）和建构性数据（田野笔记数据）。② 而通过在线民族志方法所获取的三种数据类型也恰巧与在线民族志的三种观察方式——非参与式、参与式和完全参与式观察具有相似性和重叠性。

现有数据也称归档数据，主要是指从线上社区、成员已有的计算机中介的传播中阅读、复制、下载的数据。此类数据多是研究人员在“隐蔽”和“潜伏”状态下通过对网站、博客或社交媒体平台的观察和分析所获取。现有数据可以通过同步采集（例如，在篮球赛事期间捕获的实时社交媒体发帖或评论），也可以经由异步收集（例如，检索篮球赛季期间网络平台上发布的相关信息），特别适合在初入研究场域时对该社区情况与成员关系的整体性了解。

启发式数据又称引导数据，其主要源于与被研究者的直接互动，多是通过与个人交流和社区内互动获得。启发式数据由于需要研究者的引导，并以尽可能多地接触与被调查对象相关的互动情境为基础，因此研究者也会被作为在线调查内容的一部分，这种参与式互动的数据来源相对于归档数据而言更具深入性。但也正如 salmons 所指出的，研究人员可能会在互动中操纵或带动参与者的感受来影响结果，③从而使此类数据更易于引发关于可靠性的伦理问题。

建构性数据又称田野笔记数据，是通过对网络社区成员互动和意义的观察、记录、整理与反思所获得的资料，也包含经由研究者构建活动或事件产生的数据。体育在线研究者除了作为参与者、体验者和观察者的角色融入社区外，更多时候还要以反思者和贡献者的身份将自己在研究中的所听、所见、所闻、所感、所获梳理成文，形成对研究对象和研究现象的反身性理解。

---

① 贾晨.我国大众在线健身的媒介环境研究[D].广州：华南师范大学，2022：31.
② Salmons, J. (2016). Doing Qualitative Research Online. London: Sage Publications.
③ Salmons, J. (2016). Doing Qualitative Research Online. London: Sage Publications, p.8.

第三节 在线民族志在体育研究中的实施程序

一、体育在线民族志的操作步骤

（一）聚焦研究问题

尽管网络社会的发展及其衍生的社会文化现象为体育领域和体育研究者带来了众多的新课题，作为致力于以独特方式探索互联网及其相关文化实践的在线民族志也为现代体育研究开辟了新的研究取向和研究路径。但作为民族志大家庭中的一员，在线民族志因其自身存在的局限性也并非适用于所有在数字化时代展开的丰富文化图景。因此，当我们准备开展网络时代的体育研究时，势必要回到作为研究中核心要素与起点，以及实施研究前提条件的“研究问题”上。那么究竟哪些体育议题最适合采用在线民族志开展和实施研究呢？根据该方法的既有特点（低侵入性、高浸润度）和研究旨趣（探索社会生活与文化实践的多样性，关注新文化结构与特征），结合对当前国内外体育领域使用在线民族志方法实践案例的分析，发现新技术情境下的体育实践与身份建构（如运动场域中的自我呈现、情感表达、资本累积等），媒介场景下的体育亚文化（如球迷文化、文身文化、抱团文化、标签文化等），网络场域中的体育行为（在线观看、线上消费、网络直播），以及突发的社会热点体育事件或舆情（科比坠机事件、跨性别运动员问题、谷爱凌现象等），已成为当前体育领域中在线民族志研究的主要研究对象与核心议题。随着互联网技术的进一步革新与社会媒介化的深度发展，移动互联时代我国体育中的社会新问题与社会中的体育新现象也应被挖掘成具体的研究问题来对待，继而为更好地理解与观察体育迈出坚实的第一步。

（二）选定虚拟田野

当我们在研究伊始确定了具体研究问题后，接下来“如何选取合适的田野展开考察"则是研究第二阶段所必须要面对的课题。不同于传统民族志中的实地田野,在线民族志将田野拓展至线上的虚拟社区,这种不局限于具体物理空间和地理边界的线上田野,一方面具有较强的开放性、流动性和虚拟性,为研究者的互动、参与和打量窥探提供了可能;另一方面又是研究者展开科学研究和行为实践的起点和基础,[①]因此在选择时也必须遵循一定的原则才能在繁杂多样的虚拟社区中寻求到能够符合和胜任研究需要的"宝地"。以探讨球迷的在线观看行为为例,选取的调查田野不论是像"虎扑社区"这类的体育网络论坛还是像微信、QQ 等特定的体育聊天群组,都必须具有足够多的体育迷参与其中,且能够针对在线比赛观看相关话题进行足够时长的公共讨论,并伴有充分的人类情感,[②]而不能是缺乏持续性互动或不具备相关性、普遍性、稳定性的偶然接触类社群。因为只有选取的田野能够满足与所研究问题具有相关性、拥有相当数量的参与者、参与者之间具有频繁的交互性,以及具备细节或描述性的丰富数据等条件,[③]才能在初始阶段就避免研究无法收集到足量、有效且有价值数据的被动局面,以便在最大限度上保障研究的顺利开展。

(三) 进入研究场域

研究者明确了研究的问题、选好了研究的对象、确定了研究的田野以后,便面临着如何进入研究现场的问题了。由于进入研究现场(与被研究者合作关系建立)的顺利与否直接关系着接下来研究开展的进度和效率,因此研究者在进入现场前需要着重考量与被研究者关系建立的相关问题,比如以何种方式(自然地/直接说明意图地/逐步暴露地/隐蔽地)进入现场最容易为被研究对象接受?如何确定和接触"守门者"能更快速地了解社区的人

---

① 孙信茹.线上和线下:网络民族志的方法、实践及叙述[J].新闻与传播研究,2017(11):34—48.

② Rheingold, H. (2000). The Virtual Community: Homesteading on the Electronic Frontier [M]. Cambridge: The MIT Press, p.3.

③ Robert. V. Kozinets. (2010). Netnography: Doing Ethnography Research Online [M]. London: Sage, pp.89 - 90.

员关系？选取怎样的沟通路径能获得被研究者的青睐？等等。因为进入研究现场并非是一个一次性的工作，也不是一件一劳永逸的事情，其间涉及的种种相互交叉、循环往复的问题通常不是只靠现存理论和既定程序就能解决的，而更多有赖于研究者本人的机敏、处理人际关系的策略和应对突发事件的灵活性，以及长此以往坚持不懈地努力。例如，在研究伊始建立起来的良好关系可能在研究过程中因为种种无法预料的原因便突然变质或中断，研究人员在这种情况下便不得不面对关系的持续修补甚至重建。为了避免该窘境，研究者除了根据研究对象有针对性的选取交流策略、学习一些与被研究者建立良好关系的诀窍（如谨慎、诚实、不做预设、当一个反思的听众、愿意表露自己）外，①还可以借鉴马克斯威尔提出的协商研究关系中的4C原则，即关系（Connections）：通过一定的人际关系与被研究者建立信任和友好联系；交流（Communication）：心胸坦荡地与被研究者交流自己的意见和心得；礼貌（Courtesy）：做到彬彬有礼、尊重被研究者的风俗习惯和内心感受；合作（Cooperation）：主动为被研究者排忧解难，使研究成为一种相互受益的行为。② 以此来增进彼此间的信任，提升双方的好感度，从而在最大程度上保障入场的顺利。

（四）浸入田野观察

深入田野浸润作业是在线民族志研究得以开展的基础。③ 随着田野的确立，研究者便可以携其“观察者”“亲历者”“创造者”“反思者”等多重“文化持有者”角色积极地深入到所要考察的数字社区生活和深层网络结构中，以一种直接的、具身的田野体验实施对成员健康观念、体育行为的参与式观察和对其思维方式、运动感受的交互式访谈，以获取更加丰富和更为原始的数据资料。由于网络空间的社会互动与文化实践均是基于文本、图像、影音、

① Bogdewic，S.P.（1992）. Participant Observation. In B.F. Crabtree & W.L. Miller（Eds.）Doing Qualitative Research[M]. Newbury Park：Sage，pp.52 - 53.

② 陈向明.质的研究方法与社会科学研究[M].北京：教育科学出版社，2006：151.

③ 段永杰.网络民族志：如何探究在线社群的意义生产与文化构建[J].青海民族研究，2019，30(01)：76—86.

视频等媒介符码，因此这不仅给研究者在浸润田野的过程中带来了更多的挑战，同时也要求研究者在收集资料时要做到逐渐推进和有序卷入。既要了解如何借助媒介技术深入线上社区的政治、经济和文化生活中，又要做到持续性地关注在社会转型的结构性变革中特定人群的交互关系。① 在最初进入线上社区这个新的网络化生存空间时可先借助媒介技术的虚拟设定实现在隐身、潜水状态的身体“到场”，并在不受研究者身份干扰的情况下尽可能多地收集归档数据。除了以观察者身份被动经历线上田野所发生的一切外，在熟悉环境后也需逐渐尝试作为“体验者”融入运动趣缘共同体的日常对话与意义生产中，并从微观和局部入手，在高度交互和持续浸染的过程中采集有效的引导数据。最终以社区“创造者”和“反思者”的局内人身份结合符号情境与建构背景，将自己在社区中的所言、所行、所思、所想、所感作为研究的“侧影”来完成对现场数据的整体认知，从而达到对虚拟田野的全方位观照、对线上文化实践的深描和对人类多样存在方式的理解。

（五）分析阐释资料

在线民族志在通过相对低侵入性和强浸入性的方式实现了对体育社会问题和体育文化现象的整体性考察，并在参与观察、深度访谈、撰写备忘录的过程中获取了文本、图片、音频、影像、访谈记录、随感日志等多种数据资料。而在分析这些符码资料的过程中，保有全局化、共情性的认知态度才是达成深度解读的关键。研究者必须要在切身感受和充分结合所考察的体育故事背景、所探究的体育文化情境和所研究的社会体育场景的基础上进行通盘考虑和整体观照。因为如果脱离了对网络社会独特运作机理与人们日常行为实践关联性的把握，缺失了对被研究者在时空交织叠加下具体情境和话语表达的考察，那么在线研究者将无法深入社群以内部视角对该文化意义和行为进行更真实、准确的叙述和再现，也很难阐释和理解网络时代滋

① 孙信茹.田野作业的拓展与反思——媒介人类学的视角[J].新闻记者，2017，(12)：70—78.

生出的新社会实践与新文化形态。特别是当下互联网中的多元场景和分化情境，无形中对体育研究者在数据资料的阐释与呈现上提出了更高的要求。除了要在长期的扎根实践中尽力挖掘从网络中所收集到经验资料背后的日常逻辑与行为意义外，还需要积极探索在书写性场域、互动性情境等不同境遇下所形成的网络文本的现实意境，①从而在将庞杂的数据资料符号分类、排序、编码，以及还原为具有生命力的鲜活文化事件的过程中，把握现象本质和展开本土经验阐释，以完成对研究问题的过程性透视和整体性认知。

（六）呈现研究发现

当研究人员在完成上述一系列研究流程后，如何将研究发现以有意义的方式呈现给大众，并接受大众的检验，也是在线研究中至关重要的一环。在一项研究中由于研究者和被研究者均扮演着“体验者”“作者”与“参与者”“贡献者”等多重角色，因此在分享研究成果时不仅需要具备基本的研究讲述和写作能力，而且需要在正确认识作者权力和尊重所有参与者的基础上肩负一定的社会责任感。从表面上来看，研究结果的呈现只是一个将流动、复杂、多面的现象或观点用具体的文字符号表现出来的简单过程，但其实里面包含着对研究问题的思考、与不同观点的对话、对社会现实的建构。因此研究者在呈现研究发现时无论是根据一定的主题进行分门别类的归纳阐释，还是按照事件发生的时间顺序或事情之间的逻辑关联对研究结果进行情景化描述，首先都需要将研究的缘起、研究的理论与实践意义、研究的社会文化背景、方法的选择与运用、数据的收集与分析、研究结论的检验乃至伦理道德问题讲清楚。然后在对自己的研究过程进行全方位观看，以及不断深化反思的历程中，实现对被研究者生活故事的写实，对地域性知识的拓展，对学术实践行动的回应，以及对多元声音的表达。② 最终采用严谨的陈

① 陈纪，南日.虚拟民族志：对象、范围、路径及其实践应用[J].世界民族，2017(04)：71—80.

② Clifford, J., Marcus, G.E. (1986). Writing Culture[M]. Berkeley: University of California Press.

述、秉持客观的视角观点代表所有参与研究的当事人发出涉及价值取向、透视社会现实的多重声音。

二、开展体育在线民族志的注意事项

（一）“潜伏”还是“公开”

在线民族志研究尽管借助网络平台所提供的独特便利性在收集数据、实施调查的过程中获得了一定优势，但也不可避免地遭遇了研究者应潜伏还是公开、被研究者的知情同意等伦理和道德问题。是否可以隐藏身份？如何做到客观、真实地呈现？是否会惊扰到社区成员？一直以来学界的同仁对此都是仁者见仁，智者见智，但在线研究者在面对这些挑战时还是有必要谨慎对待。如果从实证主义观出发，被研究者则是一个固定不变的客观实体，而研究者的任务就是去发现“真相”，那么在研究中不暴露真实身份得以使其以“隐蔽的局内人”角色在被研究者之间游刃有余地来回穿梭。反之从伦理角度出发，任何被研究者都有了解研究真实目的和选择自愿参加的权利，只要是被研究者在知道研究计划的情况下向研究者披露的内容和袒露的信息就是“真相”。由于所持立场的差异及隐瞒或暴露研究者身份均存在相应的益处和局限性，所以在面对“潜伏”还是“公开”问题的关键所在并非是必须采用何种身份浸润田野，而是在于研究者如何根据研究的需要或随着研究进程的变化在适当的阶段掩饰或公开身份。一般而言，在前期预调查或还未建立信任关系期间，为了排除人为干扰选择“潜水”方式更为稳妥，而当熟悉线上社区环境并已具备稳定的互动关系时，则可以适当地向社区成员表明研究者身份，同时也为深入线下的面对面互动做铺垫。

（二）“观察者”“参与者”还是“贡献者”

由于不同研究者在从事研究时所要达到的目的不同，因此在研究中也可能会采用不同的角色（如“观察者”“参与者”或“贡献者”），并根据研究需要对自我形象和功能进行设计与塑造。[①] 一旦线上田野确立，研究者便可以携其“观察者”“亲历者”“创造者”“反思者”等多重“文化持有者”角色深入到所要考察的社区生活和深层结构中，但无论是以隐身和潜水状态下的“观察者”身份对线上田野所发生一切行动的仔细窥探，还是作为“参与者”融入社区共同体的日常对话与意义生产中对微观与局部细节的深入考察，抑或是站在“反思者”立场以观察中的所思、所想、所感来全方位地观照线上文化实践，不同角色总有其优势和局限性，所以在现实研究中伴随多重角色而来的还有对所持不同研究立场和态度的质疑。

其实对研究者而言，在探讨应该采用何种身份开展在线研究时最关键和最迫切的任务还是要具备更强的角色意识和全局思维。从某种意义上来说，尽管扮演不同角色进入研究场域所持有的立场、状态和关注的焦点存在差异，但鉴于所有的社会科学研究都是一种参与式观察，研究者无论处于什么样的身份都只有成为社会世界的一部分，才有可能理解这个世界及更好地推动知识的发展，所以真正意义上单一的研究身份也是不存在的[②]。因此对于究竟应该以什么样的角色身份进入研究或者采用怎么样的价值立场来开展研究并不是最紧要的问题，研究者要做的也并不是努力摆脱自己所处不同研究立场上的“偏见”，而是应该对观察者的态度、参与者的视域及贡献者的立场有尽可能清晰认识的基础上，有效地利用和整合这些“偏见”[③]，并根据不同研究阶段的情况和需要将其纳入和贯穿于整个研究中，从而更好地推动研究的开展与目标的达成。

(三)“身体在场”还是“身体到场”

如果说互联网为在线研究者提供了一个随时随地获取丰富资讯的数据

---

① Glesne. C., Peshkin. A. (1992). Becoming Qualitative Researchers. White Plains: Longman, pp.36－37.

② Hammersley, M., Atkinson, P. (1983). What's Wrong with Ethnography? [M]. London & New York: Routledge.

③ 加达默尔(1994).解释学I：真理与方法——哲学解释学的基本特征，载《加达默尔全集》第1卷，图宾根，1986；转引自倪梁康，现象学及其效应——胡塞尔与当代德国哲学[M].北京：生活·读书·新知三联书店，2005：234.

资料库的话，那么在线民族志方法则为研究者以“身体在场”的方式远距离进行网络世界的过程性透视提供了条件。在多数人看来，由于“身体”不到场，所以这种相对低侵入性的在场方式可以让研究者在避免研究角色干扰和介入的自然情境下持续地对线上社区中的行为和文化进行观察与体验，因此也能够在保留最原始在线文化情境的基础上实现对网络文化现象的深度解读。但是这种由物理空间向网络田野转向的观察方式的深入性、立体度怎样？网络空间中“身体在场”所获取到的研究数据的真实性如何？与“身体到场”的浸入式相比是否会影响研究结论的可信度？以上种种问题也是在线研究人员在研究过程中无法回避的内容。

为此，有学者提出将虚拟空间的“身体”在线与实体空间的“肉身”在场进行相互混杂、交织乃至融合，由表及里、由“上”至“下”地实现“线上世界”和“线下生活”的多重联结可能是一种解决问题的可行之道。[①] 这种线上线下联结的延展式研究模式从某种程度上来说确实能够实现研究数据的相互佐证，打消对线上采集经验资料信度的质疑，同时也可以更为深入、立体地探寻复杂网络世界中的行为互动和意义交织。因为尽管线上生活为人们带来了一种普遍性体验，但他们始终是鲜活地生存在具有物理意义的实体环境中的，从这个层面看来，线下的生活对于在线研究者来说应该被视为一种研究情境融合进探索线上经验、感受“他者”生活的复杂过程。但这里也存在一个值得我们注意的不争的事实，即网络世界与现实生活在内外部环境上是存在差异的。线上线下两个“世界”在场域和情境上的区别必定会导致进行体育交往实践与参与数字体育行动“个体”行为的不同，也正是因为这些“不同”丰富了我们对体育世界的整体性认识。从这个层面来看，如果忽视网络民族志是对线上世界的探索这一根本问题，而简单将线上线下进行延伸不仅在方法层面难以成立，甚至还可能引发研究结果的偏差。

① 卜玉梅.虚拟民族志：田野、方法与伦理[J].社会学研究，2012，27(06)：217—236，246.

第四节 在线民族志在体育研究中的应用案例

通过上述内容的介绍，我们对在线民族志研究的兴起与发展、价值与意义、实施程序与研究规范都有了一个大致的了解，但由于在线民族志是近年20年来伴随互联网的发展才出现的新兴研究方法，在体育领域中的系统应用还较为缺乏，因此为了对在线民族志在体育研究中的应用有更直观的理解，本节特别引入了一个体育领域的研究案例来对前文内容进行具体说明，同时希望通过对该案例的剖析和反思来加深研究者对体育在线民族志的认识。

一、研究案例的内容概述

本节的研究案例选取的是华南师范大学贾晨博士撰写的题为《我国大众在线健身的媒介环境研究》的博士学位论文。①

（一）研究缘起与问题提出

《全民健身计划（2016—2020）》《"健康中国 2030"规划纲要》《体育强国建设纲要》等一系列重大体育政策的相继颁布，引导着我国体育休闲业向"互联网＋健身"方向发展。② 在政策红利和国民体育需求的双重驱动下，以移动互联网和新媒体技术为核心的数字化健身新业态在我国逐渐兴起。③ 特别是互联网的快速发展对体育场景的改写，以及2020年突如其来的新冠病毒感染疫情对体育模式的扭转，彻底改变了人们体育生活的向度，

① 贾晨.我国大众在线健身的媒介环境研究[D].广州：华南师范大学，2022.

② 马晓卫，任波，黄海燕.互联网技术影响下体育消费发展的特征、趋势、问题与策略[J].体育学研究，2020，34(02)：65—72.

③ 徐伟康.从《互联网技术影响下体育消费发展的特征、趋势、问题和策略》看疫情之后我国体育消费发展的新取向[J].体育学研究，2020，34(04)：95.

从而让以移动互联网、云计算、大数据、新媒体等现代信息技术为支撑的在线健身成为民众喜闻乐见的娱乐休闲活动和大众体育参与的重要组成部分。

然而，身处这个被互联网、媒介信息和大数据包裹的网络时代，在线健身不仅是推动全民健身发展的重要抓手，以数字化信息和智慧化媒体为核心生成的媒介环境也是影响人们健身观念、运动行为，以及社会关系、社会结构变革的主要动力。当建立于数字技术基础之上，带有消费主义文化特性的在线健身已成为一股热潮和一道独特社会景观的当下，作为全民健身重要组成部分的在线健身究竟有何特点？在线健身这种新兴的体育锻炼方式究竟对体育参与人群产生了哪些认知、行为与观念的影响，这些影响又会带来怎样的社会变革？在线健身是否是大众参与体育运动的必然趋势？我们该如何审视和理解在我国风靡的在线健身现象？基于对以上问题的考量，研究选择从媒介环境视角切入，去审视、观察、探索互联网与新媒体技术带给大众健身的新内容、新模式、新体验和新文化，从而为更好地理解不同网络联结和社会情境下大众参与体育运动的行为提供一个解释框架。

（二）研究方法与过程

1. 研究方法

研究主要采用在线民族志中的观察法与访谈法。之所以选择在线民族志方法，一方面是因为此项研究是以网络虚拟环境作为主要的研究场域，并会使用互联网的表达平台和互动工具进行资料收集；另一方面则是鉴于本研究是以探究和阐释网络空间中人们行为特征、交互过程和文化意涵为主要目的。因此，想要挖掘数字健身实践中体育参与者健身行为和健康观念形成的深层次蕴意，探究数字健身实践对人与社会的影响并反思媒介技术—人—社会的关联，采用在线民族志这种低侵入式、高渗透式的研究方法最为合适。

2. 研究过程

研究严格遵循了在线民族志的实施程序，历经了包括“研究对象确立”—“虚拟田野选取”—“进入研究场域”—“浸入田野观察”—“检验信效程度”—“确保伦理规范”在内的一系列研究过程。研究首先明确了以我国在线健身这种新兴的社会文化现象为研究对象，以使用智慧化健身媒介参与体育运动的用户为调查对象的基本方向。随后根据相关性、异质性、频繁性、丰富性等虚拟田野的选取原则和要求，确立了 KEEP、悦动圈和糖豆广场舞三种健身领域认可度高、用户注册量大及用户活跃度高的在线健身社区作为研究田野，从而更深入、全面地了解不同健身社区中不同类型、参与不同项目用户的行为与观念。在进入研究场域前，预先对各阶段可能会采用的具体研究方式（非参与式观察、参与式观察、完全参与式观察及结构化访谈、半结构化访谈、无结构化访谈）和需要采集的研究数据类型（现有数据、启发式数据或建构性数据）进行了规划，并对有可能涉及的有关网络空间中的知情同意、隐私保护、适度补偿等伦理规范条例进行了查询与梳理。随后以健身爱好者身份正式进入研究社区。研究初期由于对线上田野的整体概况及人员关系都不熟悉，为了能够在避免外界因素干扰的情况下进行整体性了解，研究伊始便使用非参与式观察法，以健身爱好者的局外人身份对目标田野的内在属性、特点、板块内容及其人性化功能进行全方位了解。随后通过阅读所选定健身社区中热门板块内的发帖文本、图片、表情图案、视频等资料，以社区健身用户的“观望者”身份对反映健身用户行为、观念、态度的现有数据进行收集。在 3 个多月“潜水”观察的基础上，筛选出互动频率较高的 50 位活跃用户，采用参与式和完全参与式的观察方法与其互亮身份、友好交流，并定期将互动实践的文本整理成备忘录或观察日常，作为启发式数据和建构性数据的来源。随着 5 个多月浸入调查的逐渐深入，将线上田野逐步延伸至线下生活中，通过选取 22 个参与在线健身时长超过 6 个月以上，包括社区意见领袖、创建管理者、健身大 V 在内的活跃用户进行半结构或无结构化访谈来实现对个人经验的“解释性理解”①，以便在实现研究数据互证、提升经验资料信效度的同时，更为细致、深入、立体地探寻网

① 陈向明.质性研究方法与社会科学研究[M].北京：教育科学出版社，2000.

络世界中的行为互动和意义交织。

(三) 研究分析与呈现

在经过对有关在线健身行为特性的各种文本、图片、音视频、线上互动记录、观察日志及线下访谈资料的通盘考虑和整体观照后,采用文本分析法(Text Analysis)对所收集到的非数字性经验资料,借助 CAQDAS(computer-assisted qualitative data analysis)软件包进行数据处理。由于篇幅限制,这里特别节选了"在线健身中技术具身体验"主题的资料分析进行详细说明。如表 6-2 所示,通过对经验资料的编码生成了"自我融合""自我触动""专注感受""自我鞭策""自我确认""自我观察""自我成就""自我调适""增添自信"等 9 个概念,最终提炼出"人机合一""理解自我"和"自我实现"三个核心范畴,从而发现随着移动健身终端及其健身媒介中图片、影像、音乐等中介的融入,健身用户借由技术(新的具身方式)转化和生成(重构)了有别于传统线下健身的全新自我身体知觉——技术具身体验。也正是由于移动互联时代的健身媒介作为一种选择、处理和储存身体数据的媒介,创造了一种全新的"身体数据化"和"自我追踪"的媒介逻辑,所以这种由健身媒介技术所引导的"运动—健康"实践才愈加作为一种生活的肌理(texture)贯穿于人们的日常生活始终,在为大众带来多元技术具身体验的同时也不断冲击着其身体主体意识、价值认知和感官经验。

表 6-2 在线健身中的技术具身体验

编　号	原始语句例举	所属概念	所属范畴
M002	带着运动臂包去户外跑步的时候常常会有移动健身终端设备与我的手臂结为一体了的感觉,不知怎么的手臂的发力感就变强了。	自我融合	人机合一
@RSL	手指滑动或触摸屏幕选课的时候,身体有股莫名的沸腾感,以前在健身房被私教追着买课的时候身体都是"死"的。	自我触动	

续 表

编　号	原始语句例举	所属概念	所属范畴
F008	Pad 摸起来特别烫，那种烫从我手指蔓延到全身，充盈着血液加速流动的快感。	专注感受	人机合一
@YJSF	Keep 的智能计数跳绳的手感握持度不仅没话说，无绳和感应计数让人能更专注身体跳跃、细胞燃动了。	专注感受	人机合一
@NIKKO	运动后看到屏幕上闪烁的“大拇哥”和“小心心”，全身就像充满电的马达，立马不累了，会想要马上再来几组波比跳。	自我鞭策	理解自我
M005	一些健身用户的高赞健身帖子总能让人浑身充满力量、热腾腾的，就是你们年轻人常说的热血！	自我确认	理解自我
M003	数字地图上即时显示的位置、速度和时间让我在变速跑中更明确自己身体的方位和状态了。	自我确认	理解自我
F004	每次跟着那些教臀部孤立训练的直播课做运动，都让我感觉臀大肌收缩得特厉害，满屏的大翘臀和肌肉线条影像好像不自觉地就刺激了尾骨和耻骨，发现自己一下子就加大了张力。	自我观察	理解自我
@XXGZ	每天看到页面上健康数据内卡路里消耗量比前一天上涨，训练等级比前一天更接近升级，就会对自己今天的表现很满意了。	自我成就	理解自我
@CHGN	不管什么类型的运动课程，配备的音乐都很应景，快的、慢的、舒缓的、热烈的，总之在这种背景下很快就能找到感觉，形成了自己的节奏后运动的效果和心情明显变好了。	自我调适	自我实现
@DCYY	滴滴滴的节拍声容易让身体兴奋起来却也压抑，有时候会感觉不协调，但又会很快跟着投入到动作上，还能个个都踏上点，这可能就是运动该有的调调。	增添自信	自我实现
F006	跟线下健身很不一样的地方可能是会一直受到课程中口号的鼓舞吧，运动过程中能被“休息一下吧！”“坚持就是胜利！”“恭喜你完成训练！”这些话环绕着特别治愈，内心好像一下子就强大了，也有信心和勇气坚持下去了。	增添自信	自我实现
F002	像倒计时这种方式对我来说是很受用的呀，特别到了最后几秒如果还有力，就会觉得自己还挺厉害，也会决心去做更难一点的动作。	增添自信	自我实现

二、研究案例的剖析与反思

本案例研究问题的提出具有较强的时代价值与现实意义，其立足于我国移动互联时代发展、现代社会国民需要和防疫常态化的特殊背景环境，以数智时代的媒介环境为切入点，通过在线民族志这种低侵入性、高浸润度的研究方法对当代我国全民健身智慧化、均等化、融合化发展历程中的大众在线健身实践发起探讨。而之所以选择在线民族志方法，一方面是源于数字健身实践的开展田野在网络空间中，所以对这一现象的考察和审视也必然要回归到虚拟田野中去；另一方面则在于研究者对研究主要目的的设定是更偏向探索性，而非验证性。在研究的可行性方面，由于研究者本身就是一位拥有 5 年在线健身经验的资深用户，对所选取的健身虚拟田野非常熟悉，同时也在参与线上健身的过程中结识和积累到了大量的线上“健友”和社区“大 V”，这为该研究案例的实施带来了极大的便利性和极强的可操作。

从案例的整体情况来看，本案例的选题新颖、结构完整、逻辑顺畅、层次清晰、数据丰富、文笔流畅、结果可信，并且很好地呈现了整个在线民族志的规范性过程。在研究的具体实施中也非常严格地遵循了在线民族志的基本原则、操作步骤和注意事项，可以说该研究是目前国内对在线民族志方法使用较为完整、系统、规范的典型代表案例。

首先，该案例在在线民族志开展的重要环节——虚拟田野的选取上严格遵循了相关性、异质性、丰富性和频繁性等基本原则，并结合我国在线健身开展的实际情况确立了认可度高、用户量大、活跃度高和异质性强的健身社群作为研究观察点。这样选取能够既全面又深入地实现对不同社交圈中不同类型、参与不同项目用户的行为与观念进行观察和理解，也最大限度地避免了无法采集到合适数据的窘境。

其次，该案例在审视视角上更具立体性和全局性。研究者并未将自己仅仅局限在单一研究者身份层面上，而是根据研究进度和研究需要，以为更好地服务于研究为本，对自身的身份角色进行不断调试。从以“健身爱好者”体验者身份注册所选定的研究田野，全方位地了解社区内在属性、板块内容、功能特点及数据获取渠道，到以“健身用户”的亲历者身份连续数月定时定点的“潜水”观察，对社区中的发帖文本、图片素材、表情符号、视频文件进行深入性透视，再到以“社区资深成员”的创造者身份参与互动和沉浸体验，以点赞、评论和私信等方式与健友建立良好的互动机制与共同体联结，最后回归到作为“研究者”的反思者身份上，对观察到的网络社群中健身成员的健身行为、健康态度和身体经验进行互文性对话和过程性透视，从而实现了对研究对象的全方位关照，以及对线上健身文化实践的整体性深描。

最后，该案例的程序步骤做到了尽可能的规范与详尽。在研究中，以参与观察和深度访谈阶段所收集到的大量归档数据、经验资料、反思日志和研究备忘录作为支撑，并贯穿于在线民族志的整个过程。特别是完整地呈现了有关研究的整个历程和实施策略，包括对如何进行研究规划、怎样确定研究路径、如何浸入研究田野、怎样采取调整与反思，有益于在线民族志研究者学习和借鉴。

第七章 体育在线研究中的定量分析

在线研究中的定量分析主要是针对描述性研究所展开的数据处理过程。描述性研究涉及的范围广泛，通常是以具有代表性的大样本为基础，体育领域中诸如对在线付费赛事观看人群特点的考查、对在线投放体育广告态度的调查、对参与体育在线投票动机的探索等均属于该范畴。通过对庞杂数据标准化、精确化、系统化的“裁剪”和“修整”，定量分析能够为宏观的、事实的、概括性的问题提供解答。定量分析通常包含内容分析、数理分析等具体操作方法。本章节将通过对定量分析功能、特点、常用方法及具体应用案例的介绍，为在线研究者针对研究目的与资料特性选择合适的方式进行数据处理提供参考。

第一节 定量分析概述

人们的体育实践活动既是社会生产活动，又是行为传输活动，这些“活动”资料深刻地反映着社会现象的数量关系和复杂结构。定量分析则能够运用科学的测量方式对这些资料加以处理，使人们对体育社会现象的认识更加精确。

一、定量分析的功能

定量分析最为主要的功能是通过总体的数量规律来进行可靠性推断，

以揭示所要研究的事物内部数量关系、规律和发展趋势，其对“事实”精确性的测量和分析将能够促使体育相关理论的发展。定量分析的主要功能之一是测量社会客观事实，回答“是什么”的问题，即“发生了何事”。而“概括化”即解释同类社会现象，建立普遍性解释则是定量分析的另一重要功能。

二、定量分析的特点

量化分析是在实证主义范式下的一种对数据进行描述、比较和论证的分析路径。其主要是采用自然科学(数字化符号为基础)的方法对人的运动行为及围绕体育行为所产生的各种社会组织、机制、动力、过程进行观察、衡量和预测。目的是通过对数据实体的特征按某种标准做量的比较来测定其特征数值，或求出某些因素间的量的变化规律，验证相关关系，建立数理模型并进行预测。因此可控性、可靠性、客观性和精确性是定量分析的四大主要特质。

三、定量数据处理软件简述

SPSS(Statistical Package for the Social Science)通常称之为“社会科学统计软件/程序”，其与 SAS(Statistical Analysis System)、BMDP(Biomedical Computer Programs)并称为当今最有影响力的三大统计软件，也是目前国内外学界最常用的定量数据处理软件之一。自 20 世纪 80 年代开始应用的该软件经过不断地提升与完善，已具备数据管理、统计分析、趋势研究、制表绘图、文字处理、输出管理等多种功能，到目前为止已经更新至 SPSS25.0 版本。其不仅能够处理描述性统计、均值比较、一般线性模型、相关分析、回归分析、对数线性模型、聚类分析、数据简化、生存分析、时间序列分析、多重响应等大类内容，还能够对各大类下设的内容进行细化分析，如回归分析中的分线性回归分析、曲线估计、LOGISTIC 回归、PROBIT 回归、加权估计、两阶段最小二乘法、非线性回归等统计过程分析，并允许操作者选择不同的方法及参数。①

① 张文彤.SPSS 统计分析基础教程(第 3 版)[M].北京：高等教育出版社，2017.

相对于其他统计分析软件而言，SPSS软件具有以下特点：首先，采用了电子表格形式作为数据管理器，使操作者变量命名、定义数据格式、输入与修改数据等过程能够一次性完成，避免了数据处理的诸多不便；其次，采用了菜单方式选择统计分析命令及对话框方式选择子命令，更加简明快捷；再次，采用了对象连接和嵌入技术，使计算结构可方便地被其他软件调用，实现数据共享和效率提升；最后，基本覆盖了数据管理、统计分析、趋势研究、制表绘图和文字处理等数据分析的常用功能，功能齐全完备。

第二节　定量分析的常用方法与案例解析

一、内容分析

（一）内容分析的含义及特点

1. 内容分析的定义

内容分析是社会科学研究中的常用分析方法，也是最直接的文本分析方法之一。① 自20世纪50年代以来，随着理论研究的开展，众多学者也从不同角度展开了对其概念的界定。1952年，美国传播学家贝雷尔森在其《传播学研究中的内容分析法》一文中最早将内容分析界定为"一种对交往所显现出来的内容进行系统、客观、定量描述的研究方法"，②该界定也被沿用多年并受到学界的普遍认可。随后，华里泽和克里本道夫在此基础上分别将内容分析视为"检视资料内容的系统性程序"和"具有可重复性及效度的探寻资料技术"。③ 而克劳斯则认为，内容分析在本质上更像是一种符号

① Weber，R.P.（1985）. Basic Content Analysis[M]. Beverly Hills，CA：Sage.

② Berelson，B.（1952）. Content Analysis in Communication Research[M]. Glencoe，III：Free Press，p.18.

③ Roger，D.，Wimmer.大众媒体研究[M].黄振家译.新加坡亚洲汤姆生国际出版有限公司，台北：学富文化事业有限公司，2002.

分析法，因为它多是被用来研究符号表达的文本或材料。德国社会学家阿特斯兰德从社会学视角出发将内容分析定义为“一种通过在具体社会情境下的现存内容形成具体联系，以揭示社会事实的数据调查方法”①。通过以上学者从不同视角出发对其概念的理解可以发现，内容分析就是用于考察社会事实而对文献（书本、报纸、杂志、新闻、档案、信件、政策文本、法律条文、图片影像等）内容做出的客观、系统、量化的描述分析方法，其目的在于把一种非数量表达的社会事实转化为直观、可测的计数资料，通过对其内在结构的再诠释来揭示社会现象之间的关系和变化趋势。

Knowledge Expansion

什么是文本分析？

作为英国伯明翰学派的重要研究方法之一，文本分析充斥着“批判”“战斗”的理性光芒。意识形态分析、话语分析、再现分析构成了文本分析的三种重要方法体系。然而，不同于法兰克福、政治经济、哈贝马斯等学派着力于从宏观的视角探讨环境对体育传播微观运作的影响，文本分析更多地体现为一种“微观”“细化”的分析视角，聚焦于形形色色的文本本身，综合运用语言学、哲学、文学等跨学科的分析视野，致力于揭示文本内部的“权力争斗策略”。由于文本通常是一个“社会性的建构”，隐藏了各种颇具“自然性外表”的社会成规与范式，文本分析体现的是一个“解构的过程”，即跳出文本所规定的框架，强调质疑与质询，“旨在探索文本的运作和构建及其生产意义的方式，并且最终确定文本的各种意义”。②

2. 内容分析的特点

根据内容分析法的定义来看，作为一种高度结构化、定量的数据分析法，其主要具有客观性、系统性和精确性等特点。客观性是内容分析法的基本要求，主要体现在其研究对象和研究过程两个方面。一方面，内容分析的

① 阿特斯兰德.经验性社会研究方法[M].北京：中央文献出版社，1995：188.
② 格雷姆·伯顿著，媒体与社会——批判的视角[M].北京：清华大学出版社，2007：48.

对象一般是客观存在的事实信息，这部分显性与稳定的信息内容不会因为研究者的介入而发生变化，也不会受到他者的干扰与影响。另一方面，在内容分析法的实施过程中，抽样、变量分类的操作性定义和规则也是十分明确、全面和一致的，因此研究结论也将具备较强的可重复性和同一性。系统性则是客观性的逻辑延伸，系统性要求分析的范畴需包含所有种类。一方面，指分析内容的选择取舍有一致的标准，即选择样本必须按照一定的程序，不同个体接受分析的机会也必须相同。另一方面，分析内容的评价过程也要保有系统性，所有的研究内容均需以统一的评价规则与完全相同的操作方式进行处理。精确性是指内容分析的对象要具有明确显性特征的信息，例如直观清晰、显而易见且易于察觉的资讯，例如图片颜色、大小等；抑或是理解简单且认知一致的内容，如体育广告中女性运动员出现的频率、奥运会中各国参赛人员的数量等。那些含糊不清、存在歧义或者难以在受访者中形成共识的内容由于很难对其实施客观计量，因此也不宜采用内容分析进行数据处理。

3. 内容分析的优势与局限

内容分析本质上属于文献研究法的一种，其既附带文献分析法的诸多特性，又具有自身的独特性。内容分析法的主要优点在于：

一是，内容分析法作为一种以量化方式进行记录、统计和分析的方式具有非常明显的间接性、无干扰性，这种“非介入性研究法”的标准化与客观性程度较高，研究结论也更为精确、可信。

二是，内容分析法的标准化与客观性特征能够为研究者将研究结果根据一定的标准与他者研究进行对比分析提供便利。

三是，内容分析法在方法上结合了抽样调查和统计软件的资料分析，因此特别适用于样本量庞杂的文献研究。

但是内容分析法也存在其既有缺陷，比如这种量化的方法可能会在资料处理过程中出现割裂研究对象本身意义的情况，导致将研究对象简单化。因此在内容分析过程中应特别关注记录单位的语境，通过对研究对象意义本身存在的语境的充分把握与考量来避免该方法的潜在局限性。

(二) 内容分析法的发展与应用

内容分析法最早出现于新闻传播学，是一种以研究人类传播信息内容为主的研究方法，在经历了一个发生、发展到成熟的过程后，该方法由分析内容逐渐成为一种系统、科学和客观的行为研究与社会科学研究方法，并开始被政治学和社会学等领域所认可和广泛使用。早期的内容分析法主要聚焦于对文字记录资料的研究，方法上主要是对具体内容的计数(count)分析，例如体育学领域常见的对体育报刊中男女运动员报道频率、杂志中体育广告类别和数量的分析等。在经历了实践探索(20世纪初)、理论研究(20世纪50年代)、基本成型(20世纪六七十年代)和逐步完善(20世纪80年代)等一系列过程后，随着大众媒体与该方法的进一步发展，可用于内容分析的数据资料也逐渐得到拓展，从过往的文字内容向图片、影像，甚至是价值取向等内容延伸，并形成了如分析单元、定性与定量比较、频度测定与用法、相关性和强度衡量、信息量测度等系统性方法的内容与步骤。

20世纪80年代以来，内容分析法在不断吸收信息论、符号学、语义学、统计学等学科发展养料的基础上逐步壮大，并随着互联网和新媒体的出现开始在社会发展与体育传播研究中发挥重要作用。一是对体育传播内容倾向性或特征的描述，这种趋势性研究多是在大样本的基础上探究体育媒介内容对某一主题报道数量或观点所发生的变化，抑或是比较不同体育媒体的报道特征，以此来发现社会体育文化变革的走向。例如，澳门科技大学刘思雨对CGTN关于北京冬奥会报道中国家形象建构的探讨，[①]北京体育大学贺幸辉对1926—1945年间《良友》画报体育报道中国人现代文化身份的考察，[②]云南大学吴梦对里约奥运会期间“CCTV5”与“新浪体育”报道的分析。[③]

① 刘思雨，季峰.主流媒体国际体育传播与国家形象建构——CGTN报道北京冬奥会的议程举隅[J].体育学刊，2023，30(01)：20—26.

② 贺幸辉，高佳佳.《良友》画报体育报道(1926—1945)对中国人现代文化身份的建构[J].北京体育大学学报，2019，42(06)：99—109.

③ 吴梦.里约奥运会期间“CCTV5”与“新浪体育”微博报道比较分析[J].体育文化导刊，2017，177(03)：182—187.

二是对体育传播内容所反映的传者态度、认知与价值取向的调查，例如北京体育大学陈世阳基于《华盛顿邮报》对美国主流媒体对中国体育形象认知的分析，①此类研究也常被用于探讨特殊体育事件和重大体育赛事传播中的少数民族与弱势群体。三是对体育媒介效果的考察，例如北京体育大学李芳对大型体育赛事报纸媒体报道框架与传播效果的解析，②柯惠新对北京奥运会媒介议程设置的探讨等。③ 总的来说，内容分析法在体育研究领域不仅被用于分析体育传播的内容，而且被用于探讨体育全球扩散的整个传播过程；不仅被用于针对体育传播内容的描述性说明，而且被用于探讨体育传播内容对全球体育文化发展所产生的影响。

（三）内容分析的操作步骤

以内容分析法进行体育社会研究，通常来说包含（准备）选样、（实施）分类和（分析）统计三个阶段，会经历提出研究问题、选择抽样方法、定义分析单位、实施分类编码、进行数据处理与结论阐释等多个既定程序（如图 7－1 所示），每一环节也都涉及相应的技巧及需要注意的事项，以下将具体内容进行简要说明。

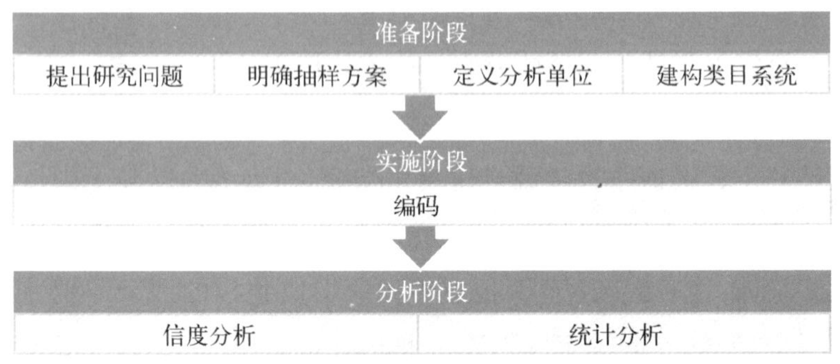

图 7－1 内容分析法的流程阶段与操作步骤

---

① 陈世阳，张莉媛．美国主流媒体对中国体育形象的认知及评价——基于《华盛顿邮报（2005—2014）》的分析[J]．体育文化导刊，2015，(12)：197—201．

② 李芳，于晓光，温天时．大型体育赛事报纸媒体报道框架及其传播效果的优化[J]．沈阳体育学院学报，2013，(06)：49—52．

③ 柯惠新．媒介与奥运——一个传播效果的实证研究[M]．北京：中国传媒大学出版社，2004：219—230．

1. 提出研究问题

内容分析法与多数量化范式的研究类似，在进行研究前均需要从现存的理论、先行研究或具体实践中提炼和产生明确的研究问题或研究假设。

2. 选择抽样方法

内容分析法中的抽样环节一般包含确定研究范围和抽取研究样本两个步骤。确定研究范围即对所研究的总体做明确的操作性定义，这里所说的研究范围既包括对主题领域（topic area）的界定，也涉及对涵盖时间（time period）的规定。研究者不仅应明确研究的主题范围与研究问题、研究目的在逻辑上保持一致与统一，而且为了能够充分产生研究对象还要确定研究的涵盖时间足够长。研究者需要在研究伊始便对研究范围进行简明扼要的表达，例如探讨里约热内卢奥运会国际新闻报道媒体框架一文中所指出的“对 2016 年 8 月 5 日到 21 日期间《纽约时报》等 9 家国际媒体的报道进行分析”，就是一种对研究范围较为标准的表述。

在确定研究主题和所跨时间后，便要考量样本抽样问题。如果资料本身数量不多、复杂程度有限的情况下，可以将资料直接全部作为研究对象，但在更多情况下，研究者面对的是数量庞杂的资料内容，因此在难以全部进行统计的情况下就需要进行抽样。以体育在线研究领域中使用内容分析法最常见的探讨体育媒介传播内容的议题为例，可以采用多层次抽样的方法来划定具体研究对象。通常第一阶段是对内容的原始资料进行抽样，确定有代表性意义的具体体育媒介，研究者可以直接选取比较权威或知名的体育媒体，如央视体育网、体育画报（Sports Illustrated）、福克斯体育网（FoxSports）等，如果研究属于全国乃至全球范围的大规模调查，也可以从所有体育媒体中进行随机或分层抽样，但需要注意的是无论选择怎样的方式，选取的样本要具有一定的说服力，要同等级或同范畴。随后就可以对所要研究的体育媒体的时间进行抽样。媒体样本时间的确定取决于两个方面：一是研究范围中分析内容的具体时间跨度，二是在具体时间跨度内的任意时间点。具体时间跨度主要包含与研究主题和特定事件有关、与研究对象性质相符合的所有时间范围。对于某一具体的特殊事件，具体的时间跨度不仅需要涵盖事件发生的整个过程的时间轴，还需要考量抽取时间段是否与其他存在影响或能够产生变化的事件重合。然而即便是确定了研究的具体时间跨度，想要分析起止范围内所有内容仍不是一件简单的工作，因此进行时间跨度内任意时间点的随机抽样也非常有必要。确定了媒体和时间后，研究者将会进入抽样的最后一个阶段——选取体育媒介中的具体内容，这些具体内容可以是一份电子报纸中的体育新闻报道，也可以是某一期网络节目中的体育脱口秀影像。

3. 定义分析单位

分析单位是对体育媒介内容进行具体统计和实际计算的对象，是内容分析中最小也最重要的元素。确定分析单位需要对分析单位或相关概念给出明确的操作性定义或识别规则，通常来说，以文字、图像、影音等为主的体育媒介内容的分析单位可以大到文本、段落、主题，也可以小到独立的字、词、句；可以是体育报道的篇幅、男女体育运动员出现的比例，也可以是体育节目播放的时长或某一体育场景出现的频率。甚至特定体育人物出现的位置，乃至体育赛事直播中摄像机的角度和镜头的构图都可以成为分析单位。

4. 建构类目系统

建构类目系统是指确定分析单元的归类标准。内容分析法中的建构类目系统就等同于问卷调查法中所设计问题的答案选项，相关性、完整性和互斥性是建构类目系统的主要原则。有效的类目系统除了必须与研究目标密切相关之外，还需要保证所有分析单元都有所归属，同时类目之间应该保持独立和互斥，确保一个分析单元只能放在一个类目中。

5. 编码

内容分析的编码是指研究者经过评判，将样本对象根据特定的概念框架和分析单位分别置于内容类目之下的量化处理过程。编码是内容分析中最费时但也最有意义的工作，通过编码可以实现样本从文本、图片、影像到定量资料的转化。编码表与调查法中的问卷类似，需要研究的每篇网络体育报道或每个在线体育节目的分析变量构成了编码表中的“问题”，每个变量的对应值或者可能性成为“候选答案”。在编码时为了确保其准确性和可靠性，通常会选取2—3名研究者参与编码，并通过预先对编码者进行专业培训来提升编码者的编码技术与态度，确保编码标准与操作规范一致。

6. 信度分析

在内容分析法中，信度有其独特的含义和测量方法，特指“编码者间信度”，即不同的编码者对分析单位所属类目意见的一致性，关注不同编码者按照类目系统对同一样本中的分析单位进行编码的相同程度。内容分析中的信度直接关系到后面统计分析结果的可靠性和整体研究的科学性，所以需要研究者引起重视。目前对于内容分析整体信度测量的方法主要涵盖以下四种：(1) 霍斯提(Holsti)信度计算法；(2) 史考特(Scott)π指数计算法；(3) 科恩(Cohen Kappa)指数法；(4) 皮尔森(Pearson)系数法。霍斯提信度计算法是最简单的信度检测方法，其和史考特π指数计算法一般只适用于两个编码者之间的信度分析，如需要测量多个编码者之间的信度则需要使用科恩指数法。

7. 统计分析

统计分析是指在编码完成和确定信度可靠的基础上，对数据进行描述性分析，并探究其中存在的规律与趋势。在具体操作中研究者可以先通过人工编码，再使用SPSS软件展开分析，也可以直接使用专门的内容分析软件同时实施编码与分析过程。例如，Calileo公司的文本分析软件CATPAC就能够在实现自动编码的同时直接绘制内容分布图，以便发现相关内容之间的关联。Provalis Research公司的Simstat软件中的内容分析和文本挖掘模块WordStat，可以对标题、文章、访谈内容、演讲、电子文献等样本自动进行类目划分和编码，通过统计内部分级的一致性对编码的可信度做评估，同时还能展开一些探索性数据分析和图表绘制工作。但无论采用何种方法与工具，统计分析的第一步均应该是了解分析对象主要类别的分类情况和出现频率。

以上是内容分析法的基本操作流程与步骤，总体来说，作为一种量化分析方法，内容分析相对于其他分析手段来说实操性更强，对资料的分析过程通常也不需要花费过多的人力、物力和财力，一些小范围、小样本量或不复杂的内容分析甚至研究者单独就能完成。但是内容分析法实施过程中的样本抽样、确定分析单元、建立类目系统及编码等环节仍然对客观性、全面性和准确性具有较高的要求,因此在具体实践中也需要特别引起研究人员的重视。另外,如何把握好客观的定量分析与主观的定性分析之间的关系也是研究人员需要考量的问题,从而保障研究结果更加科学有效。

Reflections

思考一下在使用内容分析法对体育研究进行数据处理时,可以使用哪些测量研究信度的方法?这些不同的方法之间又存在哪些功能性的差别?

(四)内容分析在体育研究中的应用案例

通过上述对有关内容分析法基本特点、研究优缺点和具体实施步骤的简要介绍,我们还特别选取了近年来体育学领域的一个典型案例来对前文内容进行具体说明,希望通过对该案例整体研究过程的剖析来加深研究者对内容分析这一资料处理方法的理解,从而能够在研究实践中进行运用。

1. 研究案例的内容概述

本节的研究案例选取的是澳门科技大学刘思雨博士在《体育学刊》上发表的一篇题为《主流媒体国际体育传播与国家形象建构——CGTN 报道北京冬奥会的议程举隅》的研究性论文。[①]

(1)研究问题的提出

2022 年北京冬奥会是新冠疫情发生以来首次如期举办的全球综合性体育盛会,也是我国重要历史节点的重大标志性活动,是展现国家形象、促进国家发展、振奋民族精神的重要契机。为了构建良好有效的对外传播新格局,我国众多主流媒体利用全球性媒介对北京冬奥会进行广泛宣传,着力讲好中国故事,传播好中国声音,力图进一步提升中国的国际话语权,展现

① 刘思雨,季峰.主流媒体国际体育传播与国家形象建构——CGTN 报道北京冬奥会的议程举隅[J].体育学刊,2023,(01):20—26.

新时代中国的崭新形象。而考察这些主流媒体如何在北京冬奥会期间进行国际传播,则可以帮助我们更好地明晰和把握当前“媒体战”时期国家形象建构的逻辑与动向,厘清体育国际传播的具体方式及国家形象建构的详细需求。为了进一步回应主流媒体报道北京冬奥会时使用了何种新闻框架、报道的议题主体都有哪些、不同的议题主体分别具有怎样的细致特征等问题,本研究试图通过对中国主流外宣媒体的代表——CGTN(中国环球电视网)对北京冬奥会报道进行分析,考察相关报道的新闻框架、议题主体及不同议题的内容细节,力求以此展现主流媒体在体育国际传播中建构国家形象的全貌与特征。

(2) 研究方法与操作过程

CGTN 是中央广播电视总台下属的面向全球的新闻国际传播机构,其电视频道遍布全球 160 多个国家和地区。在媒介融合浪潮引领下,其经由网页 (CGTN.com)、移动应用、YouTube、Facebook、Twitter、微博等社交媒体平台传播中国声音,在世界上已拥有 1.5 亿多粉丝。研究以国外社交媒体平台 Facebook 上的 CGTN 官方账号(@CGTNOfficial)为研究对象,采用内容分析旨在勾勒主流媒体报道北京冬奥会的整体样态。为了更具针对性,研究样本选取的时间段为 2022 年 2 月 4—20 日,即北京冬奥会举办期间。由于社交媒体平台多模态的属性,包括文字、图片、视频、直播等在内的所有文本都是本研究具体分析的对象。将每一条有关北京冬奥会的推文视为一个样本,除去 CGTN 平台自身的宣传推文外,共获得有效样本 428 个。

在具体实施过程中,研究者首先根据体育新闻的特殊性,确定了将主体性框架(高度概括或较为抽象的信息)和情境性框架(展开讲述与细节呈现的信息)作为 2 个研究变量纳入新闻框架部分进行考察。之后综合参照相关文献和实际情况,针对报道的议题主题设定编码框,确定了包含运动员、运动项目、群众运动、体育外交、大国实力、健康安全在内的 6 个研究变量。在编码过程中使用“是”与“否”的选择题,并结合报道的首要目的确定 6 个议题主题中的一个进行分类。如表 7-1 所示,研究按照要求对每一个研究变量都给予了严格的操作化定义及例举。

表 7-1 CGTN北京冬奥会体育新闻报道编码框

议题主题	内容释义	例举
运动员	指对某一个运动员的比赛过程、过往经历、思想动态等进行详细描述的报道。除在役运动员的报道外，还包括对曾经的运动员和教练员等与冬奥会相关的报道。本研究还对被报道的运动员国籍作区分，将报道中的运动员分为"中国运动员""国外运动员"和"国内外运动员"三种情形	如"China's Su Yiming won the gold medal in the men's snowboard big air final at the Beijing Winter Olympics on Tuesday"（周二北京冬奥会单板滑雪男子大跳台决赛中，中国队的苏翊鸣赢得了金牌）
运动项目	指报道聚焦一项或几项纳入冬奥会正式比赛的竞技体育运动项目，包括项目由来、规则、进程、结果等	如"Beijing 2022 is just hours away! Here is a brief guide to all the sports of the 2022 Winter Olympics"（距离北京2022还有几个小时！这是2022冬奥会所有项目的简短指南）
群众运动	指基于"三亿人上冰雪"的纲要与目标，对我国鼓励大众参与体育运动、民间或非官方或非竞技比赛的冬季项目的报道。除此之外，也包括其他国家和地区的非运动员参与体育运动的报道	如"In an exclusive interview with CGTN anchor Wang Guan, China's first world champion figure skater Chen Lu says that she wants to encourage more young Chinese to take up winter sports. Chen Lu sees Beijing 2022 as a wonderful opportunity to grow winter sports across the country"（在接受CGTN主播王冠的独家专访时，中国首位花滑世界冠军陈露说，她想鼓励更多年轻中国人参与冬季运动。陈露认为北京2022是全国各地冬季运动发展的绝佳机遇）
体育外交	指通过对于体育运动的共同爱好，拉近人与人之间的距离，使相关制度更紧密地结合起来，本研究中既囊括通过北京冬奥会建立起我国与其他国家、国际组织等深厚友谊的报道，也包括针对某些对北京冬奥会恶意揣测和无端指责的回应与斥责的报道，还包含基于冬奥会外交的跨文化传播。本研究也以报道中所体现的中国态度或行为为依据进行了"友好与和平""冲突与驳斥"的详细划分	如"Chinese President Xi Jinping on Friday said his meeting with Russian President Vladimir Putin will inject more vitality into China-Russia relations. Xi held talks with Putin in Beijing ahead of the opening ceremony of the Beijing 2022 Winter Olympics Games, which was held on Friday night"（中国国家主席习近平表示，他与俄罗斯总统普京的会面为中俄关系注入更多活力。习近平在周五晚上举行的北京2022冬奥会开幕式前在北京与普京进行会谈）

续 表

议题主题	内 容 释 义	例 举
大国实力	指对与北京冬奥会有关的国家综合实力展现的报道，包括经济、科技、文化等软硬实力	如“China's Tianwen-1 Mars probe has sent back its very best wishes for the coming Winter Olympics Games”（中国的天问一号火星探测器已经送回了它对即将到来的冬奥会最美好的祝愿）
健康安全	指对冬奥会运动员的身心健康、比赛安全、生活质量等提供保障的政策、设施、环节等方面的报道。	如“Meet China's rapid response medical team behind 2022 Winter Olympics and Paralympics. Known as ‘doctors on skis,’ top experts from various hospitals have trained for 4 years to ensure athletes' safety for Beijing 2022”（来看看2022冬奥会和残奥会背后的中国快速反应医疗队。来自不同医院的被称为“滑雪医生”的顶尖专家已经培训了4年，以确保北京2022冬奥会运动员的健康安全）

在定义好分析单元、建构完成类目系统后，研究者先以报道日期为单位，在总样本中随机抽取10%共计43个样本进行预编码。两位编码员在各自进行独立的预编码后采用科恩(Cohen Kappa)指数法对其编码信度进行了检验。结果发现，两位编码员在“体育外交”“大国实力”“健康安全”三个变量上的分歧较多。因此编码员共同分析校对差异编码的样本后对编码框的定义做了修整，修整后再次采用随机抽样，抽取了10%的样本进行编码，结果“体育外交”变量的Kappa值为0.759，“群众体育”与“健康安全”变量的Kappa值为1，其余变量的Kappa值均超过0.8，从而保障编码操作符合研究信度的基本要求。

(3) 研究发现与结论

研究发现，北京冬奥会期间CGTN的相关报道频率呈现出一定特点，其中开幕式当天报道数量最多，其他日期特别是冬奥会中后期的报道数量明显减少，闭幕式当天报道数量略有回升，但总体上仍表现出平稳趋势，反映出主流媒体对关键节点的突出关注与展现。而在新闻框架使用方面，超过半数的报道均使用了情景性框架(58.2%),其余报道使用主题性框架(41.8%)。CGTN 在报道北京冬奥会时更倾向于用以人为中心的故事讲述方式,因为相较梗概式的主题性框架,情景性框架将“故事”融入报道,在拉近主流媒体与受众的距离的同时,更能激发受众的情感共鸣。此外,CGTN 在报道北京冬奥会时更加关注运动员、体育外交等议题,而聚焦于健康安全方面的报道最少。这一结果说明,在体育新闻的报道中 CGTN 所凸显出的对“运动员”本身的关切,而报道覆盖赛场交锋、比赛结果、友爱关系、背后故事等内容也展现出 CGTN 丰富的报道面向。

总体来看,CGTN 对北京冬奥会的报道进一步整合了国际体育传播与国家形象建构的内在关联。宏观上,CGTN 的相关报道以“情景性框架”为主,吸纳了国际体育传播中的共情元素,搭建塑造国家形象的叙事空间。微观上,CGTN 首先以“运动员”作为国家形象建构的基石,诉诸我国以人为本、相互尊重、开放包容的文明话语,继续倡导“人类命运共同体”的价值观念。此外 CGTN 还将“体育外交”与“大国实力”作为国家形象建构的两个支柱,将“运动项目”“群众运动”及“健康安全”作为国家形象建构的三个特色,基本形成“一个基石、两个支柱、三个特色”的国家形象建构的底层逻辑,能够丰富世界对中国政治、经济、文化等多方面的积极想象。

2. 研究案例的剖析与反思

本案例研究选题具有很强的现实意义,北京冬奥会作为我国重要历史节点的重大标志性体育赛事,是展现我国国家形象的重要契机。因此通过对 CGTN 关于北京冬奥会的报道进行内容分析来呈现主流媒体在体育国际传播中建构国家形象的多向度特征具有其时代价值。从案例的整体情况来看,除了选题有意义、整体研究的逻辑结构清晰外,该案例选取的研究方法适切,并很好地呈现出内容分析法的规范性过程,从而较好地保障了研究的信度与质量。

首先,该案例在样本选取的过程中选取了比较权威或知名的体育媒介——Facebook 平台上 CGTN(中国环球电视网)的官方账号,其所拥有的庞大粉丝量和活跃用户量使采集到的数据资料更具代表意义。其次,研究者在明确界定主题领域（topic area）和规定涵盖时间（time period）的基础上，对社交平台上包含文字、图片、视频、直播在内的多模态内容进行了筛选处理，在一定程度上强化了有效样本的可及性。最后，该案例综合参照相关文献和实际情况，同时基于相关性、完整性和互斥性，对分析单位的划定和类目系统的建构进行了具体说明，针对报道的议题主题设定编码框，并将内容进行了详细呈现。特别值得一提的是，研究者在此环节还通过预编码、信度检验和分析校对对存在差异编码的样本进行修正和调试，从而进一步保障了研究结果和研究质量。总的来说，该案例在采用内容分析法开展研究的过程中对整个研究历程与实施策略的完整呈现，包括对研究中存在偏差的修正与调试都非常值得那些希望尝试使用该方法进行资料分析的研究者学习和借鉴。

二、数理统计分析

（一）数理统计分析的作用及特点

数理统计分析是进行量化研究时应用最为广泛的分析方法，也是对实地调查资料进行全面、准确和客观分析的重要手段。根据对数据处理程度的不同，数理统计分析被分为初级数据分析、中级数据分析与高级数据分析。初级数据分析通常是指描述性统计分析，即对研究中所收集的资料进行初步整理与归类，寻找资料内在规律的统计方式，其统计量主要表现为众数、平均数、中位数、百分比等。中级数据分析主要是指推断性统计分析，即通过检验和评估两个层次来探讨研究样本与总体集中趋势与离散程度的统计方式，主要表现为异众比、极差、四分位差、方差和标准差等。而高级数据分析则多是用于解释统计过程是如何相关联的，涉及 t 检验、相关分析、方差分析、回归分析、因子分析及卡方分析。不论是何种程度的数据处理，这些统称为数理统计分析的资料分析方法均呈现出一定的特点：（1）使用领域广泛。数理统计分析法能够用于对人们日常运动状况、网络体育舆情、健身市场动态调查中关于行为、动机、意见和态度等各层面的分析。（2）分析过程严谨。数理统计分析有一套系统的、特定的程序要求，经过对回收样本的审核、复查、抽取、清理、统计和检验等一系列分析步骤，使数据的完整性与一致性更有保障，也进一步提升了分析结果的科学性、精确性和真实性。(3) 研究结果直观明晰。数理统计分析的最终呈现多为图、表形式，这种以数字化符号为基础来测量与呈现体育领域中变化规律、相关关系的方法让所调查的数据更加通俗化，也更便于理解。

(二) 数理统计分析在体育领域中的类型划分

1. 以体育网站或社区为中心的分析

以体育网站或社区为中心的分析(site-based)也就是基于在线体育网站或服务器的测量(server-side)，主要是围绕对具体体育网站进入量的统计，来把握该体育网站的使用情况或受众的情况。此类分析通常包括对体育社群访问的分析、对体育网站详情的分析，或者对网络体育广告的分析等。对体育社群的分析主要是通过对成员访问体育社群的发生时间、访问的栏目、浏览量及状态等信息的测量，了解各体育社群的使用情况。对体育网站详情的分析是通过对用户浏览体育网站不同页面情况的统计来考察用户特点。对网络体育广告的分析则是对体育网站中发布的各类体育广告的类型、产品、数量、频率甚至广告主等内容进行记录，来剖析其营销策略与价值诉求。

2. 以体育用户为中心的分析

以体育用户为中心的分析(user-centric)也称为体育用户测量(user-side)，或基于体育用户的测量(user-based)，主要通过对使用网络社群的体育参与者或爱好者的即时跟进来了解体育受众的结构、分布、行为及偏好等情况。此类分析包括对网络固定样本体育受众的分析和对体育用户总体规模的分析。网络固定样本分析类似于体育节目收视率调查中所采用的方法，即通过监测体育受众浏览或观看的体育网站、节目、新闻和时间等来了解既定体育群体的使用偏好与特点。而对体育用户总体规模的分析则更类似于大规模调查，通过电子邮件的方式发送问卷来了解目标群体或体育受众的规模与行为。

(三) 数理统计分析的操作流程

数理统计分析是应用统计学知识对数据资料进行量化分析的方法与技术。其操作通常要经历整理、汇总、统计和图表制作等一系列的流程步骤。数理统计分析的原始资料一般来源于问卷调查所收集到的数据,由于原始数据多多少少都会存在一定的错误或不符合分析要求的内容,因此在进行统计分析之前,研究者首先需要对采集的数据进行初步审核与整理,这一步主要是为了对调查数据资料进行查错与修改。在对原始数据核对无误后,便需要按照一定标准进行分类和汇总,使之条理化和系统化。统计资料的整理包含两层含义,一是对原始资料补漏查错,二是对已加工的次级资料做出进一步整理。在统计分析数据前实施整理步骤具有非常重要的意义,因为这是从凌乱的个体指标形成整体特征指标的第一步,也是进行梳理统计分析的基础,而且只有完整可靠的资料才能保证分析结果的准确性。其后则是对数据资料的汇总归纳,数据资料的汇总既可以采用人工方式又可以借助专业统计分析软件等进行辅助处理。一般在初级统计分析时,对于一些简单的、小规模的数据资料常常采用人工统计的方法对其进行一一分组和计算。而针对中、高级统计分析或大规模的调查来说,人工处理已经难以胜任,还是需要借助专业软件(如 SPSS、SAS、BMDP、SYSTAT)或计算机技术进行辅助统计,这也使该方法成为目前普遍应用的数据分析手段。目前计算机处理数据的步骤主要包含编码、录入、查错、分析等过程。资料编码即资料数码化,也就是根据计算机统计程序的规定把调查资料中的汉字等信息数字化,以便于计算机统计程序识别。制定明确的编码手册(列出问题的对应变量、代码)是资料编码的关键环节,如果编码过程合理,后续的统计分析将会既快速又准确。完成编码后,便可以将数据输入 SPSS 或 EXCEL 等电脑程式来建立数据库并进行逻辑检查,然后应用各种不同种类的统计分析程序对数据资料做出初步分析。这里特别要注意的是研究人员在借助专业统计软件进行辅助数据处理的过程中,务必要按照所选定的具体软件的规则和格式对收集到的资料进行数据转化处理，以保障软件程序命令的顺利运行。当完成软件“菜单”命令后，分析结果将会以统计结果或图表形式输出或存储，研究者也需要根据研究需要对统计结果的具体呈现方式进行重新编辑与绘制。

（四）数理统计分析在体育研究中的应用案例

通过上述对有关数理统计分析作用、特点、类型划分和具体操作流程的简要介绍，我们还特别选取了近年来体育学领域的一个典型案例来对前文内容进行具体说明，希望通过对该案例整体研究过程的剖析来加深研究者对数理统计分析这一资料处理方法的理解，从而能够在研究实践中进行运用。

1. 研究案例的内容概述

本节的研究案例选取的是沈阳体育学院李芳教授在《北京体育大学学报》上发表的一篇题为《大型体育赛事网络媒介议程与受众议程相关性的实证研究》的论文。①

（1）研究对象及目的

大型体育赛事推动体育与传媒的互动共栖，而体育赛事的媒介议程设置则在塑造我国新形象、传承我国体育文化和推进我国从体育大国向体育强国迈进的过程中扮演着重要作用。本文以腾讯网、新浪网两大商业门户网站平昌冬奥会议程设置为主要研究对象，从网络议程设置的视域，结合中国体育文化传播语境对媒介议程与受众议程相关性进行实证分析，以期获得关于网络媒介议程与受众议程交互影响的关系线索，从而为北京—张家口冬奥会等大型体育赛事议程设置和舆论引导提供参考。

（2）研究方法与设计

研究采用了内容分析和问卷调查法来收集资料，并通过数理统计分析法来处理资料。首先，选取 Alexa 网站综合流量排名前两位的商业门户网站腾讯网和新浪网作为网络媒介样本的采集网站，对 2018 年 2 月 9—25 日

① 李芳，刘卿，于晓光.大型体育赛事网络媒介议程与受众议程相关性的实证研究[J].北京体育大学学报，2020，43(6)：65—73.

的“平昌冬奥会”专题主页报道进行梳理，为“议程媒介”研究提供数据基础。然后借助问卷星这种专业网络问卷发放平台以滚雪球方式进行问卷发放，利用人际关系网络和社交媒体圈获取受众对平昌冬奥会媒体议题关注程度的情况，为媒体“受众议程”研究提供数据基础。在平昌冬奥会赛前（2019年1月25—31日）和赛后（2019年3月6—12日），选取有代表性的相关城市和地区，覆盖安徽、北京、重庆、福建、甘肃、广东、广西、贵州、河北、黑龙江、河南、湖北、湖南、江苏、江西、吉林、辽宁、内蒙古、宁夏、青海、山东、上海、山西、陕西、四川、天津、新疆 、西藏、云南、浙江30个省、直辖市和自治区，设置固定受众群体进行两次问卷调查。前后共发放问卷1 462份，回收问卷1 462份，回收率100%。此后，为进一步检验问卷是否符合内容效度，在问卷设计与问题设置之初，与媒介议题指标科学设置一起，通过两轮专家访谈获得相关建议，为后续修改问卷内容及问题设置提供参考。研究者依次对回收数据进行了信度检验和效度检验。先采用SPSS22.0软件进行标准化处理，再进行信度分析，获取其Cronbach's Alpha系数值，再根据KMO（Measure of Sampling Adequacy）大小值进行相关效度分析，并确定回收数据的显著性水平和巴特利球型检验结果符合研究信效度要求。最后，基于上文内容分析获得的“媒介议程”数据和问卷调查获得的“受众议程”数据，提出如下假设：（1）网络媒介议程与受众议程之间具有相关性，两者呈正相关；（2）受众对于各类议题的关注程度在赛事前后显著性水平均有所提高；（3）网络媒介之间的“媒介议程”设置具有相关性，两者呈正相关。进而通过数理统计法对收集到的关于“媒介议程”数据和“受众议程”数据进行综合处理，通过皮尔森线性相关和独立样本T检验，定量分析假设是否成立，以此验证媒介议程与受众议程之间的相关性。

（3）研究发现与结论

研究发现，网络媒介一般是从“认知模式”“显著性模式”“优先顺序模式”三个维度来设置媒介议程。从平昌冬奥会的网络报道不难看出，通过报道频次来强调议题的重要性，凭借页面设计凸显议程的显著性和借助多元化辅助手段增强议题的互动性，是其媒介议程设置的主要方式。而网络时代的受众议程也不再局限于媒介议程的单项影响，而是基于个体、社群之间的双向互动传播，并与政策议程和媒介议程形成三方互动的传播格局。其中赛前赛后受众议程呈现出较为显著的变化，媒体所关注的有所议题也并非都会引起公众的关注。

通过相关性分析进一步发现：

一是，网络媒介与受众之间存在议程设置的效果。媒体新闻报道中议题的设置确实对受众产生了一定程度的影响，但之间的相关性并不明显，而且各个网站所具有的议程设置功能也有所不同，新浪网相较于腾讯网的议程设置功能更强。

二是，网络媒介间议程设置呈高度相关性。媒体在平昌冬奥会新闻报道的议题设置上有主次重点之分，对于传统赛事报道的重点和受众的关注点，设置议题的程度较高，对于受众关注度低的新闻内容，设置议题的程度较低。与此同时，受众在受媒介议题设置影响的同时，也有自己的价值判断，对自身不感兴趣或与自己预存立场不一致的议题，会选择不关注，这与新媒体时代媒介传播更加多元化有关。

三是，网络媒介间议程设置呈高度相关性。除了体现出网络媒介议程设置环境的一致性之外，不同媒介间的议程设置内容也表现出较为明显的趋同性。特别是在平昌冬奥会专题网页议题设置的内容、手法、编辑组合及版式设计上明显呈现出同质化特征，并且在议题设置、呈现和报道频次上表现出高相关性。

因此对于我国2022年北京—张家口冬奥会媒体传播实践而言，我国网络媒体一方面应结合传统媒体的专题性报道和移动新媒体的庞大用户覆盖率，为自身提供中坚力量；另一方面对赛前的媒介议程设置需建立在大量调研和科学的分析基础之上，对赛中的议程设置应针对受众议题关注度及时进行调整。同时通过社交媒体和移动互联网络平台影响受众情绪，凝聚全民情感共识，从而促使新闻议题保持正向、持续的流动。

2. 研究案例的剖析与反思

本研究能够对当前我国网络背景下大型体育赛事议程设置和舆论引导

力的提升，以及对 2022 年北京—张家口冬奥会媒体传播实践提供参考，因此选题具有较强的现实意义。选择数理统计分析法对收集到的关于“媒介议程”数据和“受众议程”数据进行综合处理，能够更为清楚、直观、全面地揭示不同网络媒介、议程设置与受众之间的关系，为厘清媒介议程如何影响受众，并作用于整个媒介传播链和传播氛围，进而影响新闻议题流动方向提供了方向。同时由于过往相关研究多以定性识别和简单分析为主，真正关于大型体育赛事媒介议程与受众议程相关性的实证研究较为少见，因此从网络议程设置视域出发对其进行探讨在方法上也有一定突破。总体而言，该案例的研究设计（理论背景、文献梳理和研究方法）较为合理，也比较好地遵循了各项研究方法的操作步骤。研究方法合理（资料收集与资料分析）、研究过程完整、研究流程规范、研究样本具有代表性是其主要优点，研究者根据专家访谈建议和采用相关专业统计软件对资料数据进行检验和分析的处理方式，也使研究结论具有较高的科学性、可靠性和有效性。

然而，该案例也存在一定局限，例如对从网络中采集到的繁琐的文本处理和分析过程会消耗大量的人力、物力和时间，尽管计算机和相关专业软件可以对资料的分析过程予以辅助，但前期对“平昌冬奥会”专题主页报道的梳理和对代表性相关城市和地区的选取都需要研究者具备一定的信息筛选、内容挖掘和把控能力。从研究设计来看，该研究在对平昌冬奥会媒体议题选取和筛选的范畴仍存在局限性，并且所梳理的媒体议程也没有列出明确标准，也在一定程度上影响了研究的可依赖度（Dependability）和确认性（Confirmability）。

第八章　体育在线研究中的定性资料分析

在线研究中的定性分析主要是针对探索性研究所展开的数据处理过程。探索性研究涉及的范围宽泛，通常是以聚焦性的小样本为基础，体育领域中诸如对在线互动中体育消费方式的探究、对数字技术下人们健身运动体验的考察，以及对网络球迷社区中种族与暴力问题的探索均属于该范畴。通过对细小、复杂资料的层层“抽丝剥茧”，定性分析能够为微观的、具体的、细致的问题的理解提供指引。定性分析通常包含话语分析、叙事分析和扎根理论等具体操作方法，本章将通过对定性分析概念、功能、常用方法及具体应用案例的介绍，为在线研究者揭开人类体育行为和体育社会现象之谜提供适宜的分析路径。

第一节　定性分析概述

全球体育现象和人类体育行为背后蕴藏着有关自身文化、历史渊源、社会结构及生命历程等复杂、多元的内涵与意义。定性分析则能够运用建构的方式对这些资料下隐藏的个体的、特殊的、情景化的内容加以拆解，使人们对体育社会现象的理解更加深入。

一、定性分析的概念与功能

定性分析是以一种自下而上的形式处理资料数据的过程，透过缜密的细节表现深描、探索和解释被研究对象的文化传统、价值观念、行为规范、兴趣、利益与动机，寻找这些现象和行为背后的深层意义和内在关联，以开展探索性研究的一种活动。目前，学界对于定性分析的概念还没有一个较为明确、统一的界定，但在定性分析不断向前推进的过程中，也可以发现定性分析包含以下特点：首先，定性分析通常在自然情境下进行，将对个人生活世界和社会组织日常运作置于丰富、流动、变化的自然情境中进行考察，因此更注重对社会现象或问题进行整体的、关联式探究。其次，定性分析的主要目的是对研究对象的个体经验与意义建构做"解释性理解"或"领会"（Verstehen），因此相对于了解"是什么"而言其更关注"为什么"。再次，定性分析更多是一种探究和建构的过程，必须要经历一个不断推演和反省的过程，其在建构新的研究结果的同时也在建构着新的研究方法与思路。最后，定性分析更具"平民性"，多以尊重、平等的态度展开分析，从而促使其与人们的日常生活更加接近。①

基于上述特点可知定性分析主要的作用在于从自然和文化两个层面对人类日常生活中的某种现象、事件或行为提供解释。自然层面更多是为了回应社会现象或人类行为"是怎么样"的问题，用于发觉作为客观存在的"社会事实"，如对制度、组织、结构、运行机制等规律、属性的探究。而文化层面则更多是为了揭示社会现象与人类行为"为什么会这样"的问题，用以挖掘主观变动的"社会意义"，如对行为特征、喜好偏向、价值取向、个体经验、感知体验等内在意义的窥探。

二、定性分析与定量分析的差异

提到定性分析，当前学界有一种普遍的认识。即定性分析的范畴宽泛，定性是定量的基础，定量是定性的精确化。② 随着定量与定性研究的不断发展，人们对其的理解也愈发全面与深入，两种分析路径在强调对社会现象的理解及寻求事物中普遍存在的本质上存在类似之处，却在研究方法、

① 陈向明.质的研究方法与社会科学研究[M].北京：教育科学出版社，2006：7—9.
② 陈波等.社会科学方法论[M].北京：中国人民大学出版社，1989：122.

研究取向、研究旨趣等诸多方面呈现出明显的差异。不同于定量分析以一套完备、系统和实证的自然科学方法获取知识，使用实验、观察、检验等手段对客观问题进行测量和评估，定性分析是从另一种角度理解世界的路径，其多以人文学科方法，通过深入、细致、长期的体验对具体的个人和事件进行细致、动态、系统的解释与说明。它除了更加关注对研究现象做经验主义的考察之外，更强调研究者与被研究者之间的主体间性和“视域融合”（fusion of horizons），同时还更重视研究中的权力关系对知识建构和社会改革的重要作用。① 因此定性分析在整个探究过程中也需要研究者特别注重在自然情境中与被研究对象的互动，以及从整体—局部的关联性对其过程、情境和具体意蕴予以把握和考察，并时刻保持着明确的意识与自省。

三、定性资料处理软件简述

目前，国内外有关整合性电脑辅助定性分析的软件种类繁多，统称为CAQDAS (computer-assisted qualitative data analysis)，较为常用的质化资料处理和定性分析软件包括 NVIVO 和 ATLAS-TI，这两种工具都支持对原始资料进行标注、编码、交叉引用和简短评论，但在具体功能上又各有不同。

NVIVO 是目前学界最早也最为常用的定性资料辅助分析软件，其结合了有效管理非数字、无结构、搜查、理论化与索引等功能，不仅可以收集、整理和分析访谈、焦点小组讨论、问卷、音视频、图像等内容，还能协助处理社交媒体和网页内容。该软件既有利于增进研究者进行有效的数据编码、解释和反思，又能为研究者提供发现新概念、探求新想法和范畴的平台。除此之外，NVIVO 的分类数据工具能够将全部有关联的数据置于一个共同的地方，并提供更多友好用户的界面和更加简洁的数据汇入程序、节点创造、搜索、经常性活动的自动化、分析和报告，从而帮助研究者快速地建立和

① 凯西·卡麦兹.建构扎根理论：质性研究实践指南[M].重庆：重庆大学出版社，2009：6—7.

连接质化与量化的数据。总的来说，NVIVO 因其在信息资料处理方面的便捷性、多语言功能的实用性，以及版本迭代的快速性方面，为研究者开展定性分析提供了坚实保障。

除了 NVIVO 资料分析软件外，ATLAS-TI 也是学界另一款较为实用的定性分析辅助工具。它能对大量文字、图片、声音和图像数据进行定性分析，同时对含有 EXCEL、POWERPOINT、图像甚至是超链接的内嵌对象都能做到很好的支持，通过交互页面区和拖放式操作便可完成的人性化功能也为研究者在文本搜索、追踪和浏览等检索查询需求方面提供便利。此外，ATLAS-TI 值得称道之处，一个便是其图形化的理论建构功能，这种网络视图形式以节点和连接来表示复杂信息之间的关联，并通过直观的图形来替代文字所无法表达的含义，从而帮助研究者揭示资料间的内在关联、建立富有启发性的理论体系。另一个则是其在声音和图像方面的强大处理能力。可以说 ATLAS-TI 能够将定性资料分析的应用拓展到了前所未有的广泛领域，恰恰得益于其对这些非数字信息资料素材的处理，从而使定性分析的素材更为丰富和全面。

第二节　定性资料分析的常用方法与案例解析

一、话语分析

（一）话语分析的含义及发展

话语分析（discourse analysis）是近年来在社会科学研究中出现的一种社会行动者在特定历史背景下运用话语“建构其社会世界的过程与机制”的方法。[①] 话语分析源自语言，尽管其 1952 年便首次被美国结构主义语言学家哈里斯作为术语使用，但其真正作为一门学科方法快速发展并成为国际

① 仇军，田恩庆.欧美体育社会学研究图景[M].北京：清华大学出版社，2017：169.

性的知识还要追溯到20世纪70年代之后。作为在广泛吸收符号学、心理学、社会学、文学和人类学等学科基础上兴起的方法,可以说话语分析是过去20年所经历的语言转向中更为经验化的研究路径,菲利普与哈迪也曾指出,话语分析为研究者探索语言转向的经验分支提供了新的机遇。[①] 话语分析在从探究语言的抽象体系转向考察语言的实际使用情境过程中逐步认识到语言使用中的变化形式与广泛的社会文化之间的紧密联系,进一步明确了其关注的重点,即对超句结构、使用中语言的功能、变异及其使用情境进行分析,也使其开始超出原有领域,被应用于对社会、文化乃至制度变迁的本质理解。随后,在历经了社会科学内部逻辑运动与市场化、全球化、技术化为特征的人类历史实践的变迁,梵·迪克再次推动了话语分析在实用领域的发展,开始将话语分析与作为一种公众话语的大众传播进行结合。目前在体育学领域,话语分析也成为对大众传媒与体育新闻话语、体育跨文化传播、体育政治话语、体育传播与种族主义、体育社会变迁与批判话语等议题的常用研究方法。

(二) 话语分析的要素

话语分析即是对话语的分析,但"话语"内涵的多面向和复杂性也导致了话语分析法在具体实施过程中颇具挑战性。由于长期受到社会语言学、心理语言学、哲学语言学和计算语言学等学科研究旨趣的影响,话语分析在其基础上逐渐将"结构""语境"和"理解"作为其分析的三个重点。由于日常交往活动中的"话语"很少会是单一的词,因此针对超句单位的话语分析除了要重视词、句之间的结构与意义外,还需关注语句之间的关系和语境。布格兰德和得斯勒认为,对话语的分析类似于一种对人们日常社交活动的剖析,衔接性、连贯性、意向性、可接受性、语境性、信息性和互文性这七个因素则应该作为话语分析中重点考量的问题(如图8-1所示)[②]。

---

① Phillips. N., Hardy. C. (2002). Discourse Analysis: Investigating Processes of Social Construction[M]. Sage Publications, p.2.

② 黄国文.语篇分析概要[M].长沙:湖南教育出版社,1988:10—11.

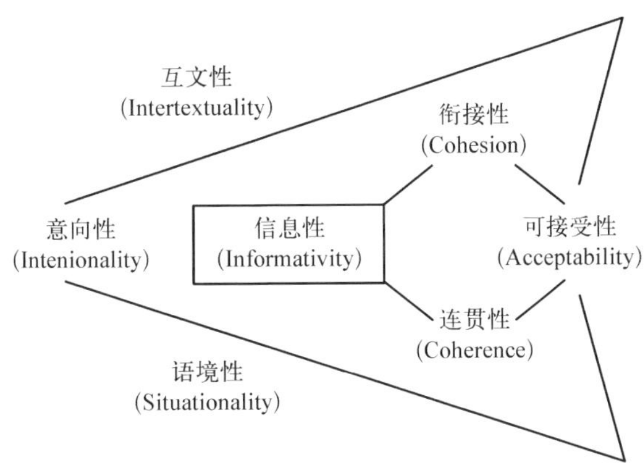

图 8-1　话语分析的要素构成

“衔接”作为话语的重要特征，体现的是话语的表层结构，照应、替代、省略等语法手段及复现关系等词汇手段都可以表现结构上的衔接。“连贯”是指语言要素连接为语义关联的整体，一般通过话语规则推理达成。① “意向性”指认知和理解的主观性，“可接受性”指话语的可理解程度。“信息性”主要说明话语传播者信息表达的语义结构，也说明语调、语音等副语言音素对话语信息的影响。“语境性”是指话语的意义如何在语境中生成、传达与获得，包含直接语境（即决定语义系统概念意义、人际意义和文本意义的情景语境）、文化语境和社会语境。“互文性”是指话语在与别的话语的联系中得到表达和理解的状况。因此话语分析作为一种开放的启发式技术和解释社会意义的方法，实际上正是通过对话语在衔接、连贯、意指、内容、理解度、意义和情境等不同向度的剖析，从价值和行为层面寻求话语发出者传播这些语言信息的意义与目的，理解话语主体、社会现实和人类经验，揭示话语对社会身份、社会关系以及知识、信仰体系的建构性作用。②

（三）话语分析与内容分析的差异

从本质上来说，内容分析应涵盖对所有传播内容进行分析的定量和定

① 张德禄，刘汝山.语篇连贯与衔接理论的发展及应用[M].上海：上海外语教育出版社，2003：7.

② 梵・迪克.话语、心理与社会[M].施萱译，上海：中华书局，1993.

性方法，但是由于过往学界一直以来的实质主义倾向，几乎排斥了对传播内容的质化研究，也使得内容分析沦落为仅对内容进行量化研究的专有代名词。内容分析更多是从特定的研究框架出发，对研究变量（如单词、短语、主题）通过操作定义予以界定，遵循对资料进行编码、统计和分析的固定规则，采用实证方法对传播内容进行定量、系统和宏观的分析。① 内容分析法可以凸显出某段时间内对某一问题的态度和趋势，例如对体育媒体报道频率的调查以及探索不同体育媒介传播内容的处理情况就是比较典型的内容分析法适用议题。

而话语分析则在诸多方面与内容分析存在差异（如表 8－1 所示）。首先，相较于内容分析的社会科学视角，话语分析则更倾向于人文视角，它将一切人类交往与传播活动归结为符号（语言）问题，主要从符号和语言的角度考察人类体育传播现象或行为。其次，相较于内容分析的工具理性，话语分析更强调价值理性，它通常能够发现仅仅用定量方法所无法解释的特点、内涵与意义。② 最后，相较于内容分析将文本看作是单一的、脱离其他文化及社会环境的做法，话语分析则把文本和话语置于历史文化与社会语境之中，更凸显研究的情境性、意向性和互文性。总的来说，话语分析的一个主流化的走势是建构主义立场，将话语的建构作用（建构社会现实、社会关系、社会地位等）作为分析问题的重心。

表 8－1　话语分析与内容分析的区别

话 语 分 析	内 容 分 析
定性的	定量的
全面的	片段的
说明性、具体的	一般化、广泛的
潜在、抽象的意义	精准、明确的意义

① 胡春阳.话语分析：传播研究的新路径[M].上海：上海人民出版社，2007：49—50.
② 海登・怀特.后现代历史叙事学[M].陈永国等译，北京：社会科学出版社，2003：5.

(四) 话语分析的维度与具体方式

1. 话语分析的维度

话语分析的维度主要涵盖：对话语文本的分析，对话语生产、分布和消费的分析，以及对话语事件的社会文化分析等维度，其分别对应梵·迪克所指的文本视角、语境视角与意识形态视角，[①]以及费尔克拉夫所指的文本向度、话语实践向度和社会实践向度。[②] 对话语文本的分析主要是从文本视角和向度出发，对各个层次上的话语结构进行描述，包括语音描述、词汇描述、句法描写、语义描写等，对句法、语义和言语行为除了进行微观描述，还需要话语宏观刻画。对话语生产、分布和消费的分析则更倾向于对其语境的探讨，主要是从话语实践向度出发将文本结构的描述与语境的各种特征联系起来加以考察。而对话语事件的社会文化分析则更多聚焦于认知、权力与意识形态的关系，以此对话语技术中内含的社会变革、文化变迁与关系变化进行挖掘。由于传播的话语具有高度的情景性、动态性、复杂性和社会性，因此上述话语分析的维度也很少会被单独运用，大多是在探索人类认知意识、社会现象发展过程中被综合使用，这些不同面向、不同视角的话语分析维度也为研究者在观察与剖析体育传播现象的过程中提供了方向与路径。

2. 话语分析的具体方式

话语分析是对符号建构功能发挥作用的细微环节的剖析与说明，而话语则是语义上有联系、有宏观完整的话题、结构上相衔接的一连串语句，由于其涉及词汇、语法、文本、修辞、文本结构、情态等多种内容，人们日常生活中的话语表达则包含着对指称、社会身份、社会关系和知识、信仰方式、意识形态的选择。为了对话语背后的隐喻、预设、蕴涵进行深入剖析与理解，主要采用以下两种具体的话语分析方式：一是以词汇、语法为方向的分析，一是以宏观结构为方向的分析。在在线体育领域，网络或媒体新闻文本常常

---

① 梵·迪克.话语、心理与社会[M].施萫译，上海：中华书局，1993.

② 胡春阳.话语分析：传播研究的新路径[M].上海：上海人民出版社，2007：48.

被用来作为话语分析的文集，说明各种意识形态和权力关系如何以各种符号的方式介入其中，从而有意无意地建构着社会现实。

按照构成文本的语言要素在范围上的递升，可以对网络体育新闻文本的"词汇""语法""连贯性""文本结构"予以分析。在词汇方面，可以根据体育新闻文本的具体特征有选择地分析词语意义、表达及隐喻；在语法方面，可以分析及物性、语态、名词化及主题等；在连贯性方面可以对关联词与论证等进行分析，而对体育新闻文本结构进行分析则可以采用梵·迪克的宏观结构论。

（五）话语分析在体育研究中的应用案例

通过上述对有关话语分析法基本概念、发展过程、构成要素、分析维度与具体方式的简要介绍，我们还特别选取了近年来体育学领域的一个典型案例来对前文内容进行具体说明，希望通过对该案例整体研究过程的剖析厘清其与内容分析法的差异，加深研究者对话语分析这一质化资料处理方法的理解，从而能够在研究实践中正确使用。

1. 研究案例的内容概述

本节的研究案例选取的是上海体育学院李海教授在《首都体育学院学报》上发表的一篇题为《我国新闻媒体报道话语构思机制研究——以中国体育报的居家健身报道为例》的研究性论文。①

（1）研究缘起及问题的提出

新冠病毒感染疫情（以下简称"新冠疫情"）自 2020 年开始暴发，不仅深刻地影响了大部分中国人的社会生活，也极大地转变了一些中国人的健康观念，使运动健身更加深入人心。特别是随着太极拳、八段锦、广播操及健身知识传播在有关防疫报道中迅速"走俏"，居家健身在新闻媒体报道中形成了一道独特的"体育景观"。这些重大突发事件的新闻报道不仅体现出了新闻媒体的"温度"，也为全民健身报道带来新的实践探索。由于新闻媒体

---

① 葛耀君，李海.我国新闻媒体报道话语构思机制研究——以《中国体育报》的居家健身报道为例[J].首都体育学院学报，2023，(01)：108—116.

关于全民健身的报道话语既是社会动员的过程，也是集体记忆的建构过程，因此对我国微信公众号发布的居家健身报道进行话语分析，不仅可以深入了解重大突发健康事件的报道话语生成机制，而且可以为将来的全民健身报道实践提供参考。那么在我国受新冠疫情严重影响期间，微信公众号发布的居家健身报道究竟是如何构思报道话语的？与社会现实有何关联？产生的社会作用与文化意义及对将来全民健身报道实践有何启示？鉴于对以上问题的考量，本研究将立足于新冠疫情期间《中国体育报》微信公众号发布的居家健身报道文本，通过对相关报道的框架进行分析，进一步揭示其话语实践的深层逻辑。

（2）研究方法与操作过程

为了探讨和揭示新冠疫情期间新闻媒体报道关于居家健身的话语生成机制，该研究主要采用了话语分析方法。考虑到《中国体育报》的权威性、专业性及媒体技术对受众信息接收方式的影响，研究者选择从《中国体育报》微信公众号（zgtybwx）中进行样本报道文本的选取。根据目的性取样原则，检索《中国体育报》微信公众号在武汉因新冠疫情“封城”时（“封城”时段：2020 年 1 月 24 日—4 月 8 日）的全部报道，共获取报道文本 584 篇，以人工筛选的方式针对性地选取其中与居家健身相关的报道，最终选取的分析文本为 183 篇。随后借助 NVIVO12.0 和 ROST6.0 辅助分析软件分别从文本、话语构思和社会实践三个层面展开分析。一方面在分析时嵌入语料库分析方法，通过对居家健身报道中高频词、报道日期数量及其分布、议程设置情况的统计，来对文本的主题、特点、语义网络关系及话语生成模式进行探讨。另一方面针对居家健身报道的话语分析，主要侧重于话语的生成逻辑，着重对框架策略、主体代言和建构认同的策略进行了阐释。在此基础上，最终从社会语境和健康权利实现两个方面对社会实践进行考察。

（3）研究发现与结论

研究发现，新冠疫情期间《中国体育报》发布的居家健身报道在时间、议程设置及报道主题、话语构思模式等方面均呈现出一定特点。其中，居家健身报道在疫情暴发初期(1月24日—2月4日)和暴发中期(2月5—23日)达到峰值,健身、疫情、体育、运动、居家、锻炼、健康、科学等是居家健身报道中排名前10位且持续出现的高频词,而典型案例(28%)、健身服(24%)、"体育人"在行动(22%)、管理与政策(9%)、总结与反思(8%)、活动倡议(7%)、故事征集(2%)则成为报道的主要议程,并随着疫情发展变化形成了鲜明的阶段性特点。

作为《中国体育报》使用的报道话语,居家健身则显现出不同的语义内涵。通过分析可以看出,新冠疫情与广大居民居家防疫的社会现实构成了《中国体育报》的居家健身报道话语构思的社会语境,所以在新冠疫情暴发初期,居家健身也成了广大居民应对疫情的唯一选择。在新冠疫情暴发中期,居家健身更多是响应国家防疫号召,促进了健康生活方式的形成,因此居家健身报道也逐渐作为一种积极防疫的健康行为报道使居家健身这种健康行为观念深入人心。而在新冠疫情暴发后期,居家健身报道的视角开始从宏观向微观转变,从可持续的角度对居家健身进行总结与反思是此阶段主要的报道话语构思方式。《中国体育报》发布的居家健身报道话语正是基于新冠疫情暴发之初的特殊时期,通过对体育领域人才资源的调用及对报道话语与框架策略的灵活运用进行议程设置,实现了对居家健身的凸显与强调,进而在受众中建构了认同(如图8-2所示)。

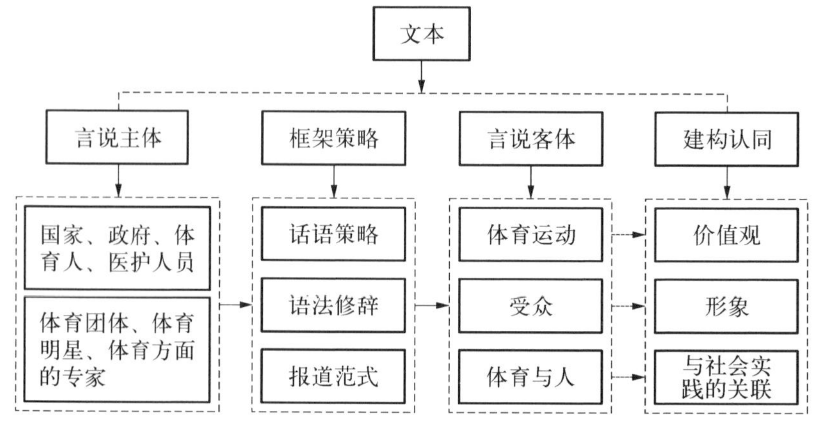

图8-2 《中国体育报》居家健身报道的话语构思路径

2. 研究案例的剖析与反思

本案例研究选题具有较强的现实意义，自 2020 年初新冠疫情暴发以来，在疫情持续的 3 年间，我国人民的社会生活及运动方式，乃至健康观念都随之发生了极大的转变。而在此重大突发事件过程中的居家健身报道在展现传媒“温度”的同时，更是推动了全民健身和健康传播的新实践。因此，通过对我国《中国体育报》微信公众号发布的居家健身报道进行话语分析，来探究我国重大突发健康事件的报道话语生成机制具有其时代价值，为重大突发事件中的健康传播实践提供了参考。

从案例整体情况来看，除了选题具有现实意义、行文结构层次分明之外，该案例在研究方法选取、规范性操作与理论阐释方面也做到了合理有效。无论是将具有专业性和权威性的《中国体育报》发文作为研究样本，还是对武汉“封城”时期所发布的居家健身报道的采集，抑或是对整个研究过程具体细节的表格化呈现，一方面较好地确保了研究的信度与质量，另一方面也更为清晰、直观、明确地展示出了研究过程的全貌。此外，该案例还有一点特别值得说明的是，其不仅采用了单一的话语分析方法，而且回归到研究目的层面，先通过内容分析对整体的居家报道文本的主题数量、词频分布情况进行量化统计，在掌握总体特征的情况下再进一步采用话语分析法，对疫情期间居家健身报道话语的语义内涵、构思模式进行探究。这种量化与质化混合的研究方式能够在互补、佐证的情况下强化研究的系统性与可靠性，避免了单一方法可能会产生的模式化结论，从而达到提升研究质量的效果。

然而，该案例也存在一些值得探讨的问题，比如选取具有代表性、权威性和专业性的《中国体育报》上的居家健身报道进行话语分析来探究我国重大突发健康事件的报道话语生成机制尽管有一定的典型性，但由于《中国体育报》隶属于国家体育总局下设的中国体育报业总社，相关报道内容受政治政策影响更大，导向性更强。因此如果能适当拓展调查范围，选取来自不同（属性、类型）媒体平台新冠疫情时期的居家健身报道进行整体性或对比性分析，可能会更加深入和全面地探析我国重大突发健康事件报道话语的生成机制。

二、叙事分析

(一) 叙事分析的含义与构成

作为人类语言交往活动的特殊形式，叙事也被称为讲述或说话，即运用某种语言(符号)再现一个真实或虚构事件的发生、发展过程。由于叙事现象大量的存在于我们的日常体育活动之中，因此作为人类语言交往活动的主要方式之一，人们常常会借助叙事将其人生经验碎片组成为整体性、有意义的事件(故事)，并由此参与到主体间的社会交往实践中去，因此叙事也对日常传播实践和人类生活交往产生了重要而深远的影响。1969 年，托多洛夫将叙事分析作为一种考察人类语言叙述机制的实践方法，正式提出了“叙事”的概念。20 世纪 90 年代，随着叙事学及其相关理论的发展，在经历了前结构主义(pre-structuralism)、结构主义(structuralism)、后结构主义(post-structuralism)等不同发展阶段后，[①]叙事分析(narrative analysis)被视为罗兰·巴特所说的一个“从对经验的关注到经验的诉说、转录、分析和阅读的过程”。[②] 而这种以人类语言叙述机制为研究对象，对虚构文本叙事结构进行分析，旨在探寻其结构规律以推进整个社会实践发展的方法，在近 20 年来也已经成为越来越受到重视的定性研究方法，[③]并逐渐成为人们考察、分析和研究社会实践活动中相关语言叙事现象问题的重要学术范式之一。[④]

叙事分析方法作为一种考察人类语言交往活动的普遍性考察视角，通常可以划分为故事和话语两个维度，故事是指人们叙述行为所指涉的内容层面，即叙述行为的对象是什么或说的是什么，在这个结构维度上，其着重从故事形态中探求故事结构的原型、组成要素及其特征。而话语则指叙述

---

① 程锡麟.叙事理论概述[J].外语研究，2002，(03)：10—15.

② 罗兰·巴特.叙事作品结构分析导论：叙事学研究[M].北京：中国社会科学出版社，1989：23.

③ 瞿海源等.总论与量化研究方法[M].北京：社会科学文献出版社，2003：151.

④ 张军华.影像·话语·文本+叙事分析视野中的电视新闻传播[M].长沙：湖南师范大学出版社，2012：5—6，19.

行为的形式结构层面，即谁在叙述及如何被叙述，在这个结构维度上，叙述分析着重关注叙事者的属性、叙事方式、叙事策略、叙事风格等之间的内在关系，即语言叙述机制的特征。叙事分析方法重视故事和话语的形成方式而非单纯的内容，强调故事与话语的结构变化对其意义的影响，关注故事与话语形成过程中微观互动的脉络与宏观社会历史发展之间的关系。[①] 由于现实生活中人们语言叙述活动的运作过程及规律往往更为曲折和复杂，因此在对特定叙述文本个案的分析过程中除了要理解语言叙述机制的复杂结构特征外，也不能抛弃对文本意义生产机制的关注。

(二) 叙事分析的具体步骤

如果说叙事不是简单的反映现实，而是包含了序列安排、情节化、选择、重组、简化、在关系中确认个别时间的意义并建构有意义的整体等特征，[②] 那么叙事分析则也需要按照一定的程序展开对“经验的关注、诉说、转录、分析、阅读和诠释”。[③] 由于叙事分析通常用于对众多数字、代码堆积成的经验资料（如自传、音频、对话）的处理，这些资料的文字转向要求研究者在分析过程中必须进行阅读，因此阅读也成为开展叙事分析的首要步骤和前提条件。只有仔细阅读才能在熟悉内容情节的基础上更深入地关注其背后的意义，从而为接下来的分析和阐释奠定基础。在对采集到的海量文本进行反复、细致的阅读和梳理后，可根据利布里奇的“2V2”（two-by-two）模型形成的四种分析模式（整体—内容、整体—类别、形式—内容、形式—类别）进行针对性分析。由于文本性经验资料的分析过程更加烦琐复杂和耗时耗力，因此在分析过程中要尽量根据叙事材料的特征、内容等因素展开提炼、分类、归纳，避免随意、盲目地对经验资料中的字词和语句进行编码。在完

① 葛忠明.叙事分析是如何可能的[J].山东大学学报（哲学与社会科学版），2007，(1)：99—105.

② Maines D R. (2001). The faultline of consciousness: a view of interactionism in sociology [M]. New Youk: Aldine de Cruyter.

③ 罗兰·巴特.叙事作品结构分析导论：叙事学研究[M].北京：中国社会科学出版社，1989：23.

成阅读和分析后，就到了阐释环节。通过叙事分析法模式得到相应研究主题或内容后，便可以对经验材料中的某些片段、语句的深层次意涵进行解释，做到将分析后所获的知识、信息交代清楚。

（三）叙事分析的注意事项

叙事分析所要处理的文本相对于定量资料来说更为庞杂，因此在分析过程中务必要对包括自传、日记、谈话录音、照片、笔记、视频及其他实物等碎片化的实地文本转向研究性文本。这无疑对研究者自身研究水平提出了更高的要求，其中尽可能不带任何倾向性地进行数据的理解和处理是对研究者的极大挑战与考验，所以学会“悬置”自己的偏见与预设也是研究者们务必要注意的关键点之一。此外，在叙事分析的阐释阶段“是否有做到生动地澄清经历或经验，以及是否将对现象的理解交代清楚”则是另一需要重视的问题。[①] 如果自身理论基础与操作经验无法达到一定水准，或者不具备相关的潜在知识储备，甚至是对经验材料中的故事背景缺乏基本认知和关注，那么往往会出现随意解读、妄加揣测和盲目下结论的情况，从而影响研究的信度与质量。

（四）叙事分析在体育研究中的应用案例

通过上述对有关叙事分析法基本概念、分析维度、具体步骤和注意事项的简要介绍，我们还特别选取了近年来体育研究的一个典型案例来对前文内容进行具体说明，希望通过对该案例的简单解读，加深研究者对叙事分析这一资料处理方法的理解，进而更为深刻地理解叙事分析的过程，从而能够在研究实践中加以应用。

1. 研究案例的内容概述

本节的研究案例选取的是广州大学新闻与传播学院李鲤副教授在《电视研究》期刊上发表的一篇题为《文明交流互鉴视域下中国故事的创新表

---

① 诺曼·K.邓金.解释性交往行动主义：个人经历的叙事、倾听与理解[M].重庆：重庆大学出版社，2004.

达——艺术里的奥林匹克的叙事分析》的研究性论文。①

(1) 研究缘起

2022北京冬季奥运会开幕之际,中央广播电视总台推出文化精品节目《艺术里的奥林匹克》。该节目秉承和平、发展、平等、包容的文明交流互鉴理念,将中华民族传统文化与世界奥林匹克精神有机结合,以富于创新性的对话方式,将体育与艺术、民族精神与世界文化有机勾连,搭建体育与艺术对话的桥接符号,唤醒历史时空中的共通记忆,打造了视听场景的沉浸体验,生动诠释了文明交流互鉴的全球传播理念,从而成为中国故事叙事创新的典范之作。那么该节目究竟是通过怎样的叙事主体、叙事结构、叙事场景和叙事基调的多维创新,带领观众在沉浸式的视听体验中感受奥林匹克"力与美"的哲学内涵,实现中国故事的创新表达的呢? 带着对此问题的关切,展开了对该个案叙事手法的剖析与考察。

(2) 研究方法

该研究采用了叙事分析法,分别从叙事主角、叙事空间、叙事场景和叙事基调等不同层面展开了对中央广播电视总台推出的文化精品节目《艺术里的奥林匹克》进行了多维度剖析(如表8-2所示)。之所以选取上述维度展开分析主要是源于以下原因。

表8-2 《艺术里的奥林匹克》节目叙事分析框架的具体维度

分析层面	具体维度	基本内容
主体层面	叙事主角	故事讲述的第一主体
结构层面	叙事时空	叙事相关阶段的事件和历史环境中的场所
体验层面	叙事场景	临在感、沉浸感、情境感
意识形态层面	叙事基调	内容和形式、思想和艺术融合的基本情致

① 李鲤,王映骅.文明交流互鉴视域下中国故事的创新表达——《艺术里的奥林匹克》的叙事分析[J].电视研究,2022,(08):38—40.

首先,叙事主角是叙事过程中故事讲述的第一主体,电视叙事文本中的全部叙事元素与叙事手段都体现着叙述主角的目光所及和意旨所在。而电视节目的叙事主角与叙事学传统意义上的叙事者又不同,其本身即为所传达信息的参与者或见证者,承担着故事讲述的责任,因此将叙述主角作为分析该节目意旨内涵的第一个维度。

其次,叙事时空是由时间和空间共同构成的叙事结构,它包括了叙事相关阶段的事件和历史环境中的场所。叙事时空的搭建通常是针对事件或场所的过去、现在、将来进行的集体重现。由于叙事时间和空间是形成和影响叙事美感的重要元素,因此将叙事时空作为分析该节目特质的第二个维度。

再次,叙事场景的搭建强调通过物质、精神、心理感受在多维空间形成明确的场景感、沉浸感,唤醒体验者的情感甚至参与行为。在不同的视觉技术或场景布局下,人们在观看节目时的情境感受与沉浸体验也有所差异,从而影响体育故事的传播效果,因此将叙事场景作为分析该节目效果的第三个维度。

最后,叙事基调作为叙事学的基本要素之一,包含着作品的内容和形式、思想和艺术在互相融合之中展现出来的基本情致。通常来说叙事基调是故事表达的底色,也会影响到受众的认可与认同,因此将叙事基调作为分析该节目形态的第三个维度。

(3) 研究分析

从叙事主角维度来看,《艺术里的奥林匹克》每期节目都会选取一件具有奥林匹克元素的艺术作品作为叙事主角,通过体育文化中的艺术符号的现场演绎与现身叙事,为体育文化的阐释和升华开拓了丰富的表达空间。在节目的叙事框架中,这些带有符号意义的艺术作品既是体育文化的载体,也是体育历史的参与者。作为《艺术里的奥林匹克》的叙事主角,这些艺术作品具有直接“讲述”自己身世的独特价值,例如《掷铁饼者》和《北海溜冰》代表着竞技体育的社会化,《仕女蹴鞠图》和《会徽》标识了体育价值观的共享化,《冰嬉图》和《画卷》表征着体育文化的发展性等,正是在艺术符号的渐次展现之中,人类文明在传承中创新的理念得以体现。

从叙事时空维度来看，一方面《艺术里的奥林匹克》节目通过语言符号的巧妙使用，将文明的历史进程巧妙植入叙事的时间线索之中，以记录式语言和对话式语言所展开的叙事如同历史回放，带领观众在理解艺术作品文化意义的同时，打开了人类文明进程中共有的记忆之门。另一方面《艺术里的奥林匹克》搭建了一个由古代、现代和虚拟现实组成的三重叙事空间。通过音乐、解说、字幕、材料等视听资料组成的古代空间，以演播室的访谈为主的现代空间和通过多媒体技术搭建而成的虚拟空间的交叉构建，古代奥林匹克与现代奥林匹克精神同声呼应，体育文化的价值在古今对话、中西交融中得以升华。

从叙事场景维度来看，《艺术里的奥林匹克》节目采用了搭建虚实结合场景的方式来还原奥林匹克故事发生的多维时空，提升了节目叙事的立体感。一方面通过演播室的访谈区和互动区，以及由真人演绎的运动竞技模拟区打造出现实场景；另一方面则通过后期技术还原的历史场面，以及国画上的运动场景、雕塑人物的动作及工艺品的使用场景勾勒出虚拟场景。这种静态场景、动态场景与补充场景相融合，现实场景与虚拟场景有效结合的方式，以及对叙事场景多元化与视听材料多样化的重视，不仅使观众在多重场景的穿插中获得了更多置身其中的临在感与沉浸感，同时也以更主动、更生动的方式传播奥林匹克文化，为中外文化交流互鉴搭建了别开生面的舞台场景。

从叙事基调维度来看，《艺术里的奥林匹克》节目是新时代语境下大众认识、理解奥林匹克文化的途径之一，其叙事基调以开放包容为底色，与时代和历史相呼应。一方面，节目以文明对话代替文化冲突，以知识传播弥合文化差异。其不光以一件件表征体育精神的艺术作品为依托，探讨奥林匹克运动之于文明交融、文化互鉴的意义，而且在揭示“力与美”的文化内涵过程中，注重深耕人类文明进程中的共通价值，助推不同文化间理解的达成。另一方面，节目将不同文化间的交集作为叙事基调的核心，在阐述艺术作品的文化背景时善于提炼中华传统文化与世界共享体育价值观的共通之处，并以此作为跨文化叙事的纽带，将中国智慧和创新理念注入世界体育文化之中。寓学术理性和文化共性于一体，营造出多元融合的叙事基调，为促进世界文明的交流互鉴营造了良好的舆论氛围。

2. 研究案例的剖析与反思

在北京冬奥会背景下，中央广播电视总台推出的文化精品节目《艺术里的奥林匹克》不仅是传播奥林匹克历史与奥林匹克精神、推广奥林匹克赛事与运动的重要方式，也在输出和平、发展、平等、包容的文明交流互鉴理念，彰显中华民族体育传统文化与世界奥林匹克精神、推动中国故事创新表达方面起到了良好的效果，因此本案例研究选题具有较强的现实意义。然而该案例同样也存在些许不足之处，主要表现在三个方面：第一，案例更多是从研究者的视角出发通过对个别案例的分析来呈现研究结果，然而对具体案例全景展现的缺乏和过多的分析诠释会造成一种自说自话的感觉，如果能适度将讲述的“主角”交由该节目的制片人或拍摄者，通过研究者的观察和制作者的讲述来探究《艺术里的奥林匹克》节目的叙事元素、手段与过程，或许研究深度将更为凸显。第二，研究者更多是作为分析和评判者而非探索和挖掘者，这也是与上述问题环环相扣的问题，由于没有引入创作者或观看者的多元视角，因此更为细致的解读、诠释在研究过程中未能得到充分体现。第三，案例的呈现方式过于单调，没有以图表、图片等更为直观、生动的方式展现整个分析过程，从而在某种程度上降低了研究的可读性。

三、扎根理论

（一）扎根理论的产生与意义

扎根理论(grounded theory)又称草根理论、基本理论、实基理论等。作为“质性研究革命”①的先声，当前已经得到了国内外学术界的广泛认可，并逐渐成为一种越来越为国际主流学界所认同的社会科学研究范式和情景化、建构性的研究方法。扎根理论始于社会学，之后被大量运用于心理学、管理学、教育

① Guba，E. G，Lincoln，Y. S.（1994）. Competing Paradigms in Qualitative Research in Denzin，N.K，Lincoln，Y.S.（eds）[M]. Handbook of Qualitative Research，Thousand Oasks，CA：sage.

学等领域。1967年,美国社会学家 Barney G. Glaser 和 Anselm L. Strauss 在 *The discovery of grounded theory: strategies for qualitative research* 一书中共同提出了扎根理论的概念与方法。基于建构主义的扎根理论的出现对于当时所处的“量化研究/实证主义时代”来说无疑是一次对研究范式和社会科学方法论体系的完善与推进。随着扎根理论在不同社会科学研究领域的应用与发展,实证主义拥护者、芝加哥学派、建构主义者基于对扎根理论的不同理解,也逐渐分化出不同的扎根理论学派。1978年,Glaser 率先以独立作者身份出版了 *Theoretical Sensitivity* 一书,从此成为经典扎根理论(Classical Grounded Theory)的代表;而1987年,Strauss 也以独立作者身份撰写了 *Qualitative Data Analysis* 一书,标志着程序化扎根理论(Proceduralised Grounded Theory)的诞生。① 2000年,Charmaz K.在吸收了经典扎根理论中有关归纳、对比、涌现和开放性的方法,同时在借用了程序化扎根理论中因果假设逻辑的基础上,最终形成了以其为代表的建构型扎根理论(The Constructivist's Approach to Grounded Theory)。② 至此,作为扎根理论的主要三大流派的经典扎根理论、程序化扎根理论和建构型扎根理论也逐渐形成了一个扎根理论“丛林”(如图8-3所示),呈现出多样化、系统化的特点。该方法具有较强的后实证主义和经验主义方法论色彩,它的提出主要是为了回答在社会科学研究中,如何能系统地获得与分析资料以发现理论,并在保障其符合实际情境的情况下提供相关的预测、说明和解释。其更为关注对理论建构而非对理论的验证,也更为注重发现逻辑而非验证逻辑,尤其是对证伪的重视、操作的严谨、过程的追溯一方面较好地弥补了一般定性研究难以检验的缺陷,一方面又突破了一般定量研究难以深入的局限,为其作为一种可靠的方法路径赢得了合法性,使其成为定性研究中最科学,也最适合进行理论建构的方法。

---

① 贾旭东,衡量.扎根理论的“丛林”、过往与进路[J].科研管理,2020,(05):151—163.

② Charmaz K. (2006). Constructing grounded theory—A practical guide through qualitative analysis[M]. SAGE Publications Ltd.

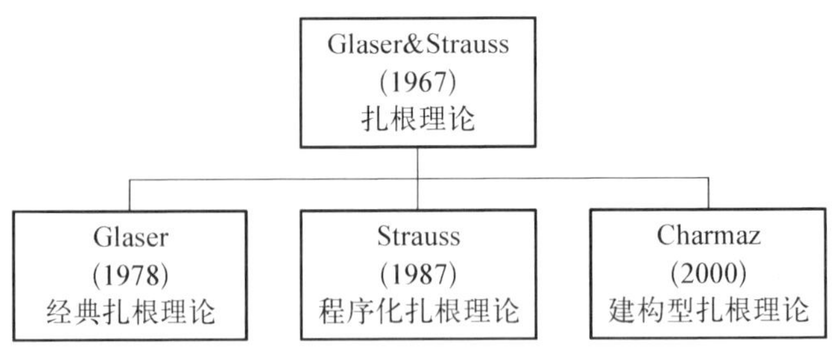

图 8－3　扎根理论三大学派分支

(二) 扎根理论的具体技术

扎根理论作为一种试图融合归纳与演绎、兼顾定量与定性的综合性研究路径，其也存在着一套规范、严谨的研究程序和实践原则。尽管扎根理论三大学派认识论的不同导致其在具体操作上（主要是编码环节）存在一定差异，但其遵循“深入情境—发现问题—寻找案例—获得数据—初构理论—比较文献—构建理论”的基本逻辑，以及从编码到抽样等数据分析处理的基本流程还是一致、共通的。

1. 编码

当研究者通过访谈、观察、民族志等资料收集方法捕捉到具有发展核心类属（core categories）的有用数据，以及具有描述经验事件恰切性（suitability）与充分性（suffciency）的庞大资料后，就需要展开对数据“砸碎了再提炼”的处理流程——编码。编码是搜集数据和形成解释这些数据的生成理论之间的关键环节。其目的在于通过数据和概念的比较，从资料中提炼“主题”或从分散的概念中发展出高度整合性的理论性架构。然而，不同的扎根理论流派遵循的编码流程也各不相同，例如，经典扎根理论主要采用实质性编码和理论性编码这种两级编码方式；程序化扎根理论一般采用开放性编码、主轴编码、选择性编码这种三级编码方式；[①]建构扎根理论则

① Straussa，Corbin J.M.（1990）. Basic of Qualitative Research：Grounded Theory Procedures and Techniques[M]. Thousand Oaks：Sage Publications.

常使用初始编码、聚焦编码、轴心编码和理论编码这种四级编码方式。① 由于程序化扎根理论是最早被引入我国的，因此三级编码也是目前国内学界较为熟悉和常用的方式。三种分支流派的编码逻辑和个体差异也可以从图 8-4 编码流程比较示例②中较为直观地反映出来。

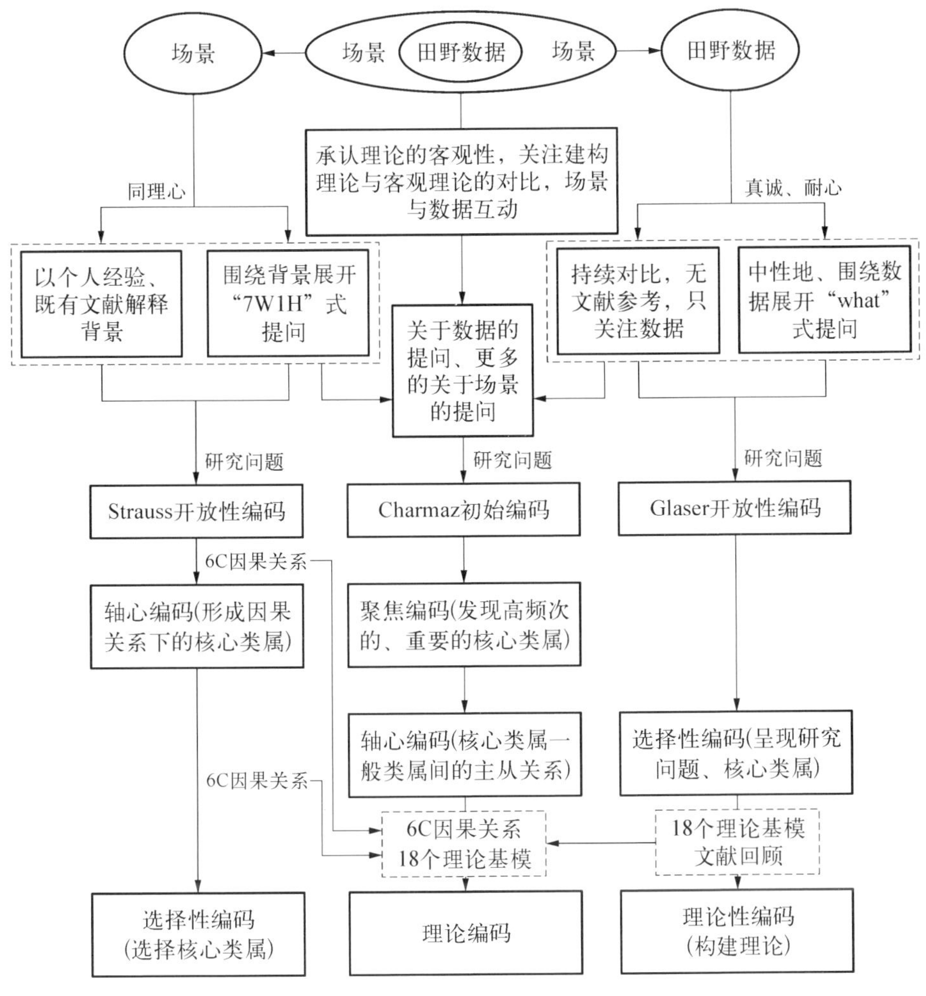

图 8-4 经典—程序化—建构型扎根理论编码流程比较

---

① Charmaz, K. (2006). Constructing Grounded Theory [M]. Thousand Oaks: Sage Publications.

② 贾旭东，衡量.扎根理论的"丛林"、过往与进路[J].科研管理，2020，(05)：151—163.

但无论采用何种形式，通常来说扎根理论的编码过程至少需要包括两个阶段：初始编码（initial coding）和聚焦编码（focused coding）。[①] 在初始编码过程中，研究者需要在没有理论预设的前提下进行，通过对采集数据逐句逐段的分析，寻求其内部联系，而该阶段的主要目的是通过挖掘早期数据寻找能够进一步指引数据分析的关键概念，并对所有可能的、由数据阅读所指出的理论方法保持一种开放的态度。接下来，在进行聚焦编码的过程中，则需要研究者在初始编码的基础上进一步发现和形成范畴，一步步凸显和限定类属，即不断地对数据片段进行定义、归类、细分和提炼，并在一系列主题聚合的过程中最终生成核心范畴的维度与属性。扎根理论的编码过程不同于量化研究的分析逻辑，它更多的是通过定义数据中所看到的东西来生成代码，并随着编码的一步步推进被带入意想不到的领域与问题之中。

在进行初始编码和聚焦编码的过程中均需要遵循一些既定的逻辑与原则，例如，在初始编码阶段除了保持开放性，由资料获取引导外，还要尽可能的贴近数据。可以使用逐词编码、逐行编码、逐个事件编码等方法，把数据拆分成不同的部分或属性，在细分的过程中以契合（fit）、简明（brief）、开放（open）、接近（approach）和相关（relevance）为标准对资料进行贴标签，确保定义简洁而精确。在聚焦编码阶段，则对研究者逻辑分析、个体经验与综合能力的要求更高，因为此阶段的编码具有比初始阶段更强的指向性、选择性和概念性。[②] 诸如施特劳斯和科尔宾提出的第三种编码类型，即使得类属的属性和维度更具体化的轴心编码（axial coding），以及格拉泽提出的理论编码（theory coding）也是研究者在采用扎根理论进行数据分析和理论阐释过程中需要特别重视的。因为尽管轴心编码为研究者使用分析框架来探究数据提供了可能性，但过多地依赖，以及复杂水平的编码也会在另一个层面影响对研究问题的认知与理解方式，从而限制所建构的理论。

---

① 凯西·卡麦兹.建构扎根理论：质性研究实践指南[M].边国英译，重庆：重庆大学出版社，2021：42.

② Glaser，B.G.（1978）. Theoretical sensitivity[M]. Mill Valley，CA：The Sociology Press.

2. 抽样

与编码阶段相对应的是扎根理论的抽样流程，其也包含开放性、理论性和区别性等不同类型，不同的编码阶段所采取的抽样方式也有所差异。开放性抽样一般多出现在初始编码阶段，此阶段的抽样没有严格的规则，具有较强的开放性，但却要求研究者要在资料一致性与挖掘新范畴之间寻找平衡，即一边细化范畴，一边开发范畴。主要是为了避免长期在同质环境中做观察导致的概念局限问题，以及长期在差异性环境中做观察所带来的概念分散问题，从而覆盖研究现象的方方面面，并从中发现建构理论所需要的相关概念与范畴。因此寻求平衡是开放性抽样对于研究者来说最大的挑战。理论抽样（theorital sampling）则多出现在主轴编码阶段，它是一种通过抽样形成类属的属性，寻找更多相关数据来发展所生成的理论，直到没有新的属性再出现的方法，主要目的是加工和完善构成研究理论的类属。在理论抽样过程中，研究者要有意识地扩大和搜集到层次上存在差异性与变化的资料，以此一方面促成“理论饱和”，另一方面形成关联分析。理论抽样可以帮助研究者填充主要类属的属性，并且能够使研究者对命题、事件或案例的发展过程和变化有更深入的了解，正如施特劳斯和科尔宾所说：“理论抽样是通过演绎的思考。”①区别性抽样则多出现于选择性编码阶段，它主要是针对范畴之间的关系或是为发展出成熟的范畴而进行抽样。② 也就是说在此阶段，编码的重心在于范畴与范畴之间的关系上，区别性抽样能够帮助强化和确认范畴间的联系，也有助于研究者进一步厘清概念、修正与完善范畴，从而更好地推进理论的建构与研究的开展。

3. 撰写备忘录

在扎根理论方法中，备忘录的撰写也是一项不容忽视的重要工作，也是

① Strauss, A., Corbin, J. (1994). Grounded Theory Methodology: An Overview. In: Denzin, N.K. and Lincoln Yvonna, S., Eds., Handbook of Qualitative Research[M]. Sage Publications, Thousand Oaks, p.207.

② Strauss, A., Corbin, J. (1994). Grounded Theory Methodology: An Overview. In: Denzin, N.K. and Lincoln Yvonna, S., Eds., Handbook of Qualitative Research[M]. Sage Publications, Thousand Oaks, p.208.

记录主题之间关系的主要方法之一。编码笔记、理论笔记和操作笔记一般被视为常见的三种备忘录形式。[①] 编码笔记描述了在“发现扎根理论的过程中”正在被发现的概念；理论笔记则试图概括文本中接下来会发生怎样的思想；而操作笔记则是关于对实际问题的自省。如果说编码是一项分解过程，那么备忘录的撰写则是一种综合历程，其不仅包含着对所采集资料的回应、对数据理论性的认知，也呈现出对各阶段研究设计、思路与反思。在质化研究中，撰写备忘录或研究日志的过程除了能够帮助研究者梳理经验资料，实现从分解到综合、由整合到凝练，而且更加能够推动研究者深入理解数据和进行思考，刺激研究者的思维并提醒其应该注意的社会现象，发现资料中不完善的类属和分析中的漏洞，提升研究的理论建构水平与程度。在撰写备忘录时通常会沿袭两种思维路径，一种是由资料到写作的归纳，另一种是由文字到观察的演绎。通过两种思考方式在整个写作过程中的交织进行，推动和提升抽样层次，从而建立理论。[②] 然而，尽管备忘录对于开展研究具有诸多好处，但对备忘录进行分类、比较和整合却并非是一个简单的步骤。因为除了需要对应不同类属来对备忘录进行划分外，谨慎地使用类属、思考这些资料时如何反应被研究经验的，以及在研究经验、研究类属与关于这些类属的理论陈述之间寻求到最大可能的平衡，也都是摆在研究者面前的现实难题。因此对于研究者来说，需要不断学习在分析、分解、综合、演绎、归纳和比较的过程中逐步厘清概念、关系与理论，形成既有理论又有丰富资料的研究成果。

(三) 扎根理论的注意事项

尽管当前扎根理论已经得到了国内外学界众多体育学者的青睐，并被大量地运用到体育实践的分析中，但由于扎根理论流派的差异性，以及具体

---

① Strauss, A. L., Corbin, J. (1990). Basics of Qualitative Research: Grounded Theory Procedures and Techniques[M]. Thousand Oaks, CA: Sage. pp.18, 73－34, 109－129, 197－219.

② 胡幼慧.多元方法：三角交叉检视法，载质性研究：理论、方法及本土女性研究实例[M].台北：巨流图书公司，2001：64.

操作过程的复杂性，也导致在使用该方法进行数据分析和理论建构时滋生出较多问题，其中对扎根理论本质、不同扎根理论流派关注点和操作步骤的认识不足，以及类属饱和不充分、忽视备忘录等问题是特别值得研究者注意和重视的。研究者在采用扎根理论前，首先要明确扎根理论是一种以自下而上为原则，从经验材料中获得新见解或是现象核心阐释的分析方法。随后要做到厘清扎根理论不同流派的理论视角、认识论及其核心旨趣。例如，追求客观的实证主义经典扎根理论强调建构的理论应独立于具体的时空、人、事，①而秉持实用主义的程序化扎根理论强调社会现象需经验地予以把握，并强调研究者与外部条件的交互作用，②建构主义扎根理论则认为资料并非客观存在的，而是研究者采取某些手段获取的。然后，在此基础上明晰其在编码路径上的共通要素，即理论抽样、理论饱和与理论建构的透明性。扎根理论作为一项严谨且高标准的质性研究方法，详细的过程交代是其要旨，其中理论性饱和备忘录呈现是必要选项，③也是停止收集资料即资料中不再产生心得类属、属性或维度的标志和提炼类属、整合类属的有效手段。④ 研究者在使用扎根理论时，一方面需要特别强调对理论饱和度的考量，因为由于诸多初始研究者对饱和判断经验的缺失，常常容易导致分析的覆盖面不足，无法将浅层的概念抽象至理论层次，⑤造成理论不完整，甚至走向极端实证主义的量化式判断，进而加剧对研究所产出理论质量的质疑。另一方面则需要认识到研究备忘录的价值，理论性备忘录与操作性备忘录的交替使用，能够使研究者追寻的问题和发现逐步清晰化，帮助其去挖掘内在的、未曾言明的以及浓缩的意义。因此对于扎根理论的实践者来说，重视

① Glaser, B.G. (2002). Conceptualization: on theory and theorizing using grounded theory [J]. International Journal of Qualitative Methods, 1(2): 23 - 38.

② Corbin J, Strauss A. (2016). Grounded theory research: procedures, canons and evaluative criteria[J]. Qualitative Sociology, 19(6): 418 - 427.

③ Suddaby R. (2006). From the editors: what grounded theory is not[J]. Academy of Management Journal, 49(4): 633 - 642.

④ 凯西·卡麦兹.建构扎根理论：质性研究实践指南[M].边国英译.重庆：重庆大学出版社，2021：144.

⑤ Suddaby R. (2006). From the editors: what grounded theory is not[J]. Academy of Management Journal, 49(4): 633 - 642.

研究过程的透明度及理论的饱和度不仅能够发现和产生新的见解与启发，同时也能在此基础上促进理论敏感性，提升研究质量。

（四）扎根理论在体育研究中的应用案例

除了上述对有关扎根理论产生与发展、具体技术与操作步骤及注意事项的总体概述，我们还特别选取了近年来体育研究的一个典型案例来对前文内容进行具体说明，希望通过对该案例的解读，加深研究者对扎根理论这一系统、严谨的经验资料处理方法的理解，进而更为深刻地理解扎根理论的操作过程和推进路径，从而能够在研究实践中正确加以使用。

1. 研究案例的内容概述

本节的研究案例选取的是山西大学体育学院周浩博士与石岩教授在《天津体育学院学报》上发表的一篇题为《篮球球迷的球队认同概念模型研究》的研究性论文。①

（1）研究缘起

球迷研究是体育社会心理学领域的重要议题，涉及球迷消费行为、暴力行为及其对球队、俱乐部的影响等方面。球迷研究的基础则是建立在球迷与球队之间的互动关系中，这一关系被称为球队认同（team identification）。体育领域研究者在社会认同理论（social identity theory）基础上，通过演绎的方式提出球队认同（team identification）概念，将其定义为是社会认同的一种特殊形式，指球迷与球队之间心理联系（psychological connection）的程度，②球队认同反映了个体对自己球迷身份的感知、投入到球队的情感，以及将球队视为自己象征的程度。③ 我国篮球球迷数量和规模的庞大已成为

---

① 周浩，石岩.篮球球迷的球队认同概念模型研究［J］.天津体育学院学报，2017，（06）：506—513.

② Wann D L. (2006). Understanding the positive social psychological benefits of sport team identification：the team identification-social psychological health model［J］. Group Dynamics：Theory，Research，and Practice，10(4)：272－296.

③ Dimmock J A，Grove J R，Eklund R C. (2005). Reconceptualizing team identification：new dimensions and their relationship to intergroup bias［J］. Group Dynamics：Theory，Research and Practice，9(2)：75－86.

学界共识，篮球球迷对推动中国篮球职业联赛的发展功不可没，球队认同不仅对其忠诚消费有着重要的影响，同时认同也已经成为球迷采用流氓行为参与到与对方球队争执中的重要原因。[①] 当前，国内学界对球迷的概念、骚乱、文化等问题已进行了诸多探讨，但多是理论思辨，很难找到实证研究的切入点，研究的可持续性较弱。作为体育社会心理学的重要议题，我国球迷研究仍处于较为滞后的状态。因此将球队认同引入球迷研究，不仅可以对该议题起到助推作用，而且通过深入分析我国篮球球迷的球队认同概念结构，也能够为后续球队认同量表编制提供具体维度和指标参考，为后续实证研究奠定理论基础。鉴于此，研究试图以备受研究者青睐的质性研究思路建构本土篮球球迷的球队认同概念模型。

（2）研究方法与数据来源

研究旨在构建篮球球迷的球队认同概念模型，由于目前没有“大”理论能充分解释篮球球迷的球队认同，因此，研究将采用扎根理论自下而上的研究方式进行归纳分析，主要选取 Strauss 和 Corbin 提出的程式化扎根理论操作版本对获取的材料进行分析（如图 8－5 所示）。首先通过开放式编码（open coding）对原始语句进行概念化，以信息饱和为停止收集材料的标准，主轴编码（axial coding）阶段对开放式编码形成的概念进行范畴化，通过选择性编码（selective coding）析出统领开放式编码和主轴编码的核心范畴，以此建立球队认同的维度。随后通过理论抽样（theoretical sampling）的方式，选择与初步构建的理论相关的材料来检验和建立更多类目，并基于材料之间、类目之间及与认同理论、社会认同理论的持续比较，构建本土的球队认同维度。

研究将材料的获取定位在互联网平台——网络社区的球队贴吧。百度贴吧作为国内最大的粉丝交流平台，将其作为粉丝文化研究文本具有极强

① Drummond M. (2011). Sport and violence: a critical examination of sport[J]. Annals of Leisure Research, 14(1): 100—101.

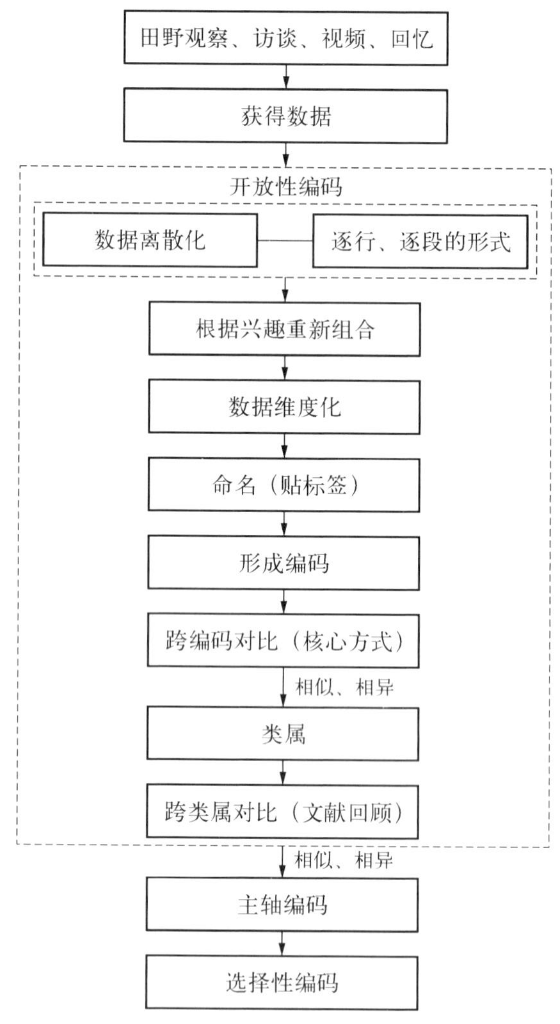

图 8－5　程式化扎根理论操作流程

的代表性。[①] 由篮球球迷组成的球队贴吧也符合网络社区的“圈”式结构，即成员互动以话题展开且群体边界明显，[②]篮球球迷内群互动及与外群成

---

① 李珊珊.百度贴吧 10 周年，为兴趣而生——关于贴吧十年粉丝文化变迁的解读[J].新闻世界，2014(10)：202—203.

② 彭兰.网络社区对网民的影响及其作用机制研究[J].湘潭大学学报(哲学社会科学版)，2009，33(4)：21—27.

员的互动非常有助于全面了解其认同特征。随后选取了活跃度较高的中国男子篮球职业联赛各球队贴吧中的文本，包括北京首钢吧、广东宏远吧、辽宁盼盼吧、浙江广厦吧、八一双鹿吧、新疆广汇吧、山西汾酒男篮吧。2016年11—12月，在贴吧中采用非参与式观察的方式，跟进贴吧中的主题讨论，并对贴吧中之前的主题帖（2016年3月至10月）进行分析，寻找并摘录与球队相关的主题和讨论，保存为文本文档，采用MAXQDA软件对材料进行编码、撰写备忘录等。

（3）研究操作步骤

① 开放式编码。开放式编码是对原始材料辨别、强调和标记有意义单元的过程，这些单元可能是词语、短语或更长的文本片段。本研究的材料收集与开放式编码同步进行，每次材料收集后即刻对材料进行转录和编码，编码结束后，以编码结果引导下一步材料的选取，直至没有新的类目出现，即信息饱和。饱和状态时，共提取出811个原始语句和概念，对其进行归纳、比较，合并相似度大、内涵接近的词句，进行初步范畴化处理，共凝练出54个概念和21个范畴。

范畴包括（A1－A21）：体验性认知、自我评价、主观自豪感、象征性体系、群体归属、自我归类、内群积极评价、偏倚认知、“护短”心理、感知优越性、群际差异最大化、刻板化感知、多维度区分、敌意、情感联系、情感体验、意向投射、观赛投入、自发活动投入、炫耀式消费、身份消费表达（如图8－6所示）。

② 主轴编码。主轴编码阶段要求通过审查、比较及将每个类目与其他类目联系起来进行思考，类目在此被进一步精炼，已建立的类目被重新组合成为主轴编码。通过对开放式编码阶段形成的范畴进行联系比较发现，范畴之间在概念内涵及逻辑层面确实存在联系，根据这种联系并对范畴所对应的原始材料进行持续阅读，提炼出8个主范畴：自我意识、内外群意识、自我标榜、偏倚评价、移情、意向投射、体验性消费、象征性消费（见表8－3）。为便于后续选择性编码确定关系结构，对主范畴所对应的范畴内涵进行了诠释。

概念化

a1 分析标定球迷身份；a2 从模糊察觉到清晰化；a3 成为……球迷；a4 作为……球迷；a5 迷上球队；a6 荣誉感；a7 身份外显；a8 独特分级体系（小有美名5级、颇具名气6级、闻名一方11级等）；a9 共同语言沟通体系；a10 固定化口号；a11 地域界限；a12 觉察被群体接受；a13 归属感；a14 虚拟关系建立(内群)；a15 内群相似性强化；a16“我们”、“咱们”与“他们”（边界）；a17 正面、积极词汇描述；a18 内群良好形象感知；a19 积极互动与交流；a20 自利偏差（归因）；a21 偏倚回忆和预测球队、球员表现和成绩；a22“护短”心理（球队）；a23“护短”心理（球员）；a24 感知优越性（球队实力、排名）；a25 感知优越性（球员魅力）；a26 感知优越性（教练员信任）；a27 负性评价（对手球队、球员、球迷）；a28 对手球队成功归因偏差；a29 刻板化感知（球迷）；a30 刻板化感知（球队）；a31 显性对比（球队成绩、贴吧球迷数量）；a32 偏倚性对比；a33 敌意；a34 对裁判员的质疑；a35 持续关注球队；a36 与球队的情感表达；a37 内群成员关系维系；a38 内群成员情感共鸣；a39 认识和感受球员成长（赞美之情）；a40 理解球队的失败；a41 失败后的勉励；a42 美好愿景；a43 对球队战术、阵容配置的建议；a44 评头论足（球员）；a45 主场观赛；a46 小团体异地观赛；a47 球迷商店消费意愿；a48 参与俱乐部活动；a49 自发组织线下活动；a50 设计、购买统一着装；a51 固定观赛区域；a52 购买球队队服；a53 球衣、球鞋收藏（球员）；a54 闲暇时间投资

范畴化

A1 体验性认知 (a1、a2)；A2 自我评价 (a3、a4)；A3 主观自豪感 (a5、a6、a7)；A4 象征性体系 (a8、a9、a10)；A5 群体体归属 (a11、a12、a13)；A6 自我归类 (a14、a15、a16)；A7 内群积极评价 (a17、a18、a19)、A8 偏倚认知 (a20、a21)；A9“护短”心理 (a22、a23)；A10 感知优越性 (a24、a25、a26)；A11 群际差异最大化 (a27、a28)；A12 刻板化感知 (a29、a30)；A13 多维度区分（a31、a32)；A14 敌意 (a33、a34)；A15 情感联系 (a35、a36、a37)；A16 情感体验 (a38、a39、a40、a41)；A17 意向投射 (a42、a43、a44)；A18 观赛投入 (a45、a46、a47)；A19 自发活动投入 (a48、a49)；A20 炫耀式消费 (a50、a51)；A21 身份消费表达 (a52、a53、a54)

图 8-6 原始材料的概念化与范畴化

表 8-3 主轴编码形成的主范畴

主范畴	对应范畴	范畴内涵
自我意识	体验性认知	长期关注球队而产生的对自我身份的认识，是一种逐渐清晰化的过程
	自我评价	对自我身份的主观评价
	主观自豪感	自我评价基础上形成的情绪体验

续 表

主 范 畴	对 应 范 畴	范 畴 内 涵
内外群意识	象征性体系	内群体共同形成的代表群体特征的体系，包括管理、语言体系等
	群体归属	感知到被群体接受的状态
	自我归类	以球队为标识，将自我归为特定球迷群体成员的过程
自我标榜	内群积极评价	为获得良好的自我感知，对内群成员的偏好
	偏倚认知	对对手球队成就的认知曲解
	“护短”心理	通过偏倚的归因维护球队和球员的利益
	感知优越性	主观感知到的内群较外群的优越性
偏倚评价	群际差异最大化	通过贬低对手球队和球迷，最大化内外群差异
	刻板化感知	对外群的感知偏差
	多维度区分	在尽可能多的维度上在群体之间作出尽可能多的区分，带有一定偏倚性
	敌意	通过积极评价内群成员，降低内群敌意，并引导敌意转移到外群
移情	情感联系	与球队和内群成员建立和维持的情感关系
	情感体验	围绕球队、球员的内群互动中产生的共鸣性情绪反应，情感流动以言语评价凸显
意向投射	意向投射	将自我心理期待以特定方式投射到球队和球员上
体验性消费	观赛投入	观看比赛的时间、精力及经济投入
	自发活动投入	自发参加与球队相关活动的时间、精力及经济投入
象征性消费	炫耀式消费	具有仪式化倾向的消费行为
	身份消费表达	以自身消费内容对球迷身份的表达

③ 选择性编码。选择性编码是扎根理论分析的最后步骤，目的在于把开放式编码和主轴编码阶段所形成的范畴和主范畴通过“故事线”的方式串联起来，从而创设一个能够运用于所有的陈述并且也可以解释冲突材料的核心范畴。通过持续比较的方法，对主范畴的故事线进行了描述(典型关系结构)(见表 8-4)。通过对开放式编码阶段提炼的 21 个范畴及主轴编码阶段提炼的 8 个主范畴进行深入分析，在与原始材料及社会认同理论的持续比较基础上，提炼出“篮球球迷的球队认同概念与维度”这一核心范畴。

表 8-4 主范畴典型关系结构

典型关系结构	关系结构内涵	典型性原始语句
自我意识→篮球球迷的身份认知	自我意识是篮球球迷主观上对球迷身份的认知，是自我体验和内群互动的结果，是进行内外群划分的起点，是身份认知的基础组成部分	96 到 97 赛季，我初三，现在我 38 岁了，因为李晓勇开始看辽篮，那时候真是被八一打得没脾气啊，一晃，自己都打不动球了，前两年还把半月板干裂了，彻底摸不了球了，但作为一名老球迷，我会一直大爱辽篮
内外群意识→篮球球迷的身份认知	通过内群区别于外群的规范体系而建立起的群体边界感知，是篮球球迷心理群体建立的核心要素，是身份认知的群体性属性体现	你们可以在我们这评球儿，我们贴吧北京球迷多，外地球迷也欢迎，但不要谩骂，我们有我们的规矩，不喜欢可以不来
自我标榜→篮球球迷的积极区分	通过言语夸耀、自我欣赏等形式标榜积极形象，并创造出自我价值感和良好的自我感知，是群际比较的背后动机，以实现群体边界的优化，主要是积极区分的内群活动机制	真不是我们自夸，只有像这种类似魔鬼一样的夏训质量，才能确保队员的竞技水平，别的俱乐部怎么样不好说，至少从去年的新疆来看，其夏训质量是远远不行的
偏倚评价→篮球球迷的积极区分	非对称性的群体评价，在群际间特定维度上贬低外群，增大群际差异，进而获得更强的自尊体验，是积极区分的群际活动机制	为什么客场成绩那么差，在国家队也没有一名主力队员，为什么在这种情况还夺冠，自然不用多说了，通过各种小手段

续 表

典型关系结构	关系结构内涵	典型性原始语句
移情→篮球球迷的情感投入	在与球队、内群成员建立情感联系基础上的情感表达，以及进行与球队、球员的主题互动过程中的情感迁移，是对球队的情感灌注，是篮球球迷情感投入表现方式	首钢的篮球精神对我而言就像一种图腾，一种信仰，扎了根……有天晚上，我大哭一场，拿出12年北京夺冠的视频一遍一遍看，泪流满面的看，那些网上乱喷的媒体或者伪球迷都不知道，我们为啥这么喜欢首钢，喜欢老马、陈磊、莫晓川，等等，那是一种精神享受，一种我们这个年代缺少的拼搏品质（为了黑而黑的人可以继续圆润）
意向投射→篮球球迷的情感投入	通过表达自己对球队的建议、愿望等方式，将自我意向投射到球队，是篮球球迷情感投入的表现方式	广东的优势就是首发实力强劲，外加大外已经跟队伍建立默契，以及一群能玩得起消耗的小PG，反观新疆，内线可用人数再多，场上只可能留下俩，所以想要打破广东的团队战术，我们需要像辽宁那样，专注于全场跑动，尤其是国内球员，一定不能再站着看，个子矮就得跑，给平均年龄大的广东找麻烦……把握每一次进攻机会
体验性消费→篮球球迷的行为卷入	体验性消费是篮球球迷通过观赛和参与球队相关活动的消费体验，属于行为卷入的一种类型，是球队认同的外显	球迷之所以称之为“迷”，那就是有一定的情感投入（程度各异而已）……而好球迷，那就是无论贫穷还是富有，都愿意拿出钱来买票去现场支持自己的主队，不管天寒地冻还是路途遥远，不管票价高低或是身体不适，只要有那个能力必定会亲临现场为主队加油助威
象征性消费→篮球球迷的行为卷入	将与球队相关的物品符号化，通过对“符号”的消费，达到“符号”与“身份”匹配的目的，是行为卷入的一种类型，是球队认同的外显	晒一下我入手的新疆队全队签名的球衣，准备结婚的时候作为纪念

根据所提炼出的核心范畴，将研究的故事线概括为：篮球球迷的球队认同由身份认知、积极区分、情感投入和行为卷入四个维度构成，身份认知

是球队认同的基础，也是篮球球迷进行范畴化的过程，积极区分是篮球球迷进行群体边界优化的过程，是对球队认同的提升，情感投入和行为卷入以高度对象化的方式使认同凸显。在此基础上，构建了篮球球迷的球队认同概念模型(见图 8－7)。扎根理论分析的最后阶段要求“使理论扎根”，即通过返回到原始材料使理论实现扎根，并依据实际文本片段对其进行校验。

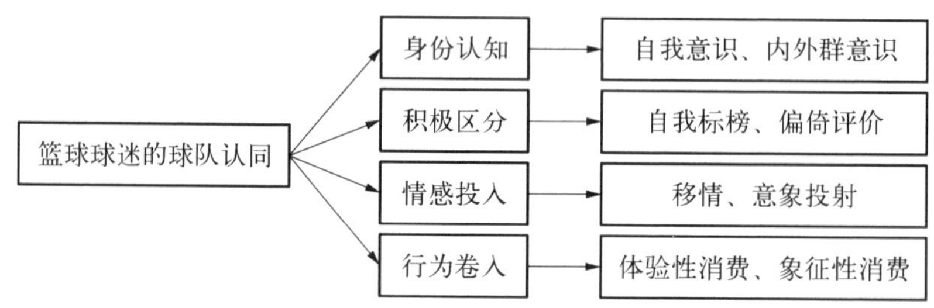

图 8－7　篮球球迷的球队认同概念模型

(4) 研究分析与结果

通过自下而上、层层剥茧的编码与提炼，发现篮球球迷的球队认同结构包括自我意识、内外群意识、自我标榜、偏倚评价、移情、意向投射、体验性消费和象征性消费八个主范畴；篮球球迷的球队认同概念模型包括身份认知、积极区分、情感投入和行为卷入四个维度。篮球球迷的身份认知、自尊追求、心理联结和符码表征与其所在群体的特质紧密联系，从身份认知到积极区分，篮球球迷强化和逐渐优化以球队为中心所构建的群体边界，实现了从“我”到“我们”的认知和接受，情感投入和行为卷入也以高度对象化方式使认同凸显。篮球球迷的球队认同由于紧密围绕着球队及其所提供的关系背景进行建构，因此其过程也展现出极强的积极性与能动性。尤其是在虚拟的网络空间中，篮球球迷构建了边界明显的心理群体，并以彼此互动的方式表达着自己对球队的理解及对内外群体的感知。

2. 研究案例的剖析与反思

球队认同对篮球球迷的心理状态和行为有着不同程度的影响，无论是从商业角度还是组织管理角度来看，理解篮球球迷的球队认同都具有较强的实践价值。而球队认同从单维构建逐渐被理解为多维，也是学术研究及现实问题的需要，因此本研究案例具有较强的学术价值和实践意义。从案例的整体情况来看，除了具有较强的学理与实践价值外，该研究很好地践行了扎根理论“自下而上”的方法原则，并以非常严谨、细致、直观的方式呈现出了整个研究过程和实操步骤的全景，较好地保障了研究的信度与质量，从而为体育学提供了一项程式化扎根理论使用的规范性案例。

首先，该研究案例在数据采集方面将田野定位于互联网平台中的虚拟网络社区（球队贴吧）中，而百度贴吧作为国内最早出现和规模最大的粉丝交流平台，以成员互动与交流为样态的粉丝社群不仅为研究提供大量有关球迷文化的数据信息，而且对采集到的数据数量和质量也将有较好的保障。

其次，该研究案例在操作程序中以图表形式系统、具体地展现了由开放式编码、主轴编码、理论抽样再到选择性编码这一规范性过程，并以层层递进的概念范畴化、核心范畴化到通过材料之间、类目之间及与认同理论、社会认同理论的持续比较，以及对各阶段编码之间联系性与概括性的检验来构建本土的球队认同维度。在此过程中研究者也不忘通过不同编码者的多元互证和备忘录的撰写与分析来辅助研究的开展，从而提升和拔高了研究的质量。

最后，该研究案例基于认同及社会认同理论，厘清了球队认同的概念及其构成要素，这种将球队认同引入球迷研究并与扎根理论方法叠加的思路，推进了学界研究球队认同的传统范式，也有助于挖掘更多新观察点和全面了解球队认同的切入点。

当然，该研究也存在一定提升的空间，例如在田野定位的过程中可以拓展其边界，将数据采集地点由单一性的百度贴吧拓展至交互性、针对性、聚众性和活跃度更强的虎扑社区中，从而采集到更加全面、多元和足量的经验材料来推动编码和理论建构。此外，在收集数据的过程中除了采用非参与式观察的方式寻找和摘录与球队相关的主题和讨论外，还可以辅之以参与式观察的互动方式和球迷社群的成员进行进一步深入沟通，以获得更多有关球队认同的经验性材料，进而在此基础上结合研究备忘录展开更深入的提炼与分析。

参 考 文 献

中文文献

[1] 阿特斯兰德.经验性社会研究方法[M].北京：中央文献出版社，1995，p.188.

[2] 鲍明晓."十四五"时期我国体育发展内外部环境分析与应对[J].体育科学，2020，40(06)：3—8，15.

[3] [英] 贝弗里奇.科学研究的艺术[M].北京：科学出版社，1984：130－132.

[4] 卜玉梅.虚拟民族志：田野、方法与伦理[J].社会学研究，2012，27(06)：217—236，246.

[5] 陈波等.社会科学方法论[M].北京：中国人民大学出版社，1989：122.

[6] 陈纪，南日.虚拟民族志：对象、范围、路径及其实践应用[J].世界民族，2017(04)：71—80.

[7] 陈世阳，张莉媛.美国主流媒体对中国体育形象的认知及评价——基于《华盛顿邮报(2005—2014)》的分析[J].体育文化导刊，2015，(12)：197—201.

[8] 陈向明.质的研究方法与社会科学研究[M].北京：教育科学出版社，2006.

[9] 陈向明.质性研究方法与社会科学研究[M].北京：教育科学出版社，2000.

[10] 程锡麟.叙事理论概述[J].外语研究，2002(03)：10—15.

[11] 大卫.希尔弗曼著，李雪译.如何做质性研究[M].重庆：重庆大学出版社，2009.1.

[12] [美] 丹尼·L.乔金森著，龙筱红，张小山译.参与观察法[M].重庆：重庆大学出版社，2009：2.

[13] 段永杰，徐开彬.国内外网络民族志的研究场域与知识生产——基于CiteSpace计量分析的对比研究[J].新闻与传播评论，2020，73(02)：86—97.

[14] 段永杰.网络民族志：如何探究在线社群的意义生产与文化构建[J].青海民族

研究,2019,30(01):76—86.

[15] 范明林,吴军,马丹丹.质性研究方法(第二版)[M]. 上海:格致出版社,上海人民出版社,2018:165.

[16] 梵・迪克.话语、心理与社会[M].施蓄译,上海:中华书局,1993.

[17] 格雷姆・伯顿著,媒体与社会——批判的视角[M].北京:清华大学出版社,2007:48.

[18] 葛耀君,李海.我国新闻媒体报道话语构思机制研究——以《中国体育报》的居家健身报道为例[J].首都体育学院学报,2023,(01):108—116.

[19] 葛忠明.叙事分析是如何可能的[J].山东大学学报(哲学与社会科学版),2007(1):99—105.

[20] 郭建斌,张薇."民族志"与"网络民族志":变与不变[J].南京社会科学,2017,(05):95—102.

[21] 海登・怀特.后现代历史叙事学[M].陈永国等译,北京:社会科学出版社,2003:5.

[22] 贺幸辉,高佳佳.《良友》画报体育报道(1926—1945)对中国人现代文化身份的建构[J].北京体育大学学报,2019,42(06):99—109.

[23] 胡春阳.话语分析:传播研究的新路径[M].上海:上海人民出版社,2007.

[24] 胡幼慧.多元方法:三角交叉检视法,载质性研究:理论、方法及本土女性研究实例[M].台北:巨流图书公司,2001:64.

[25] 黄国文.语篇分析概要[M].长沙:湖南教育出版社,1988:10—11.

[26] 加达默尔(1994).解释学 I:真理与方法——哲学解释学的基本特征,载《加达默尔全集》第 1 卷,图宾根,1986;转引自倪梁康,现象学及其效应——胡塞尔与当代德国哲学[M].北京:生活・读书・新知三联书店,2005:234.

[27] 贾晨,涂炯.身体觉醒与自我发现:移动互联网时代城市全职主妇的数字化健身实践[J].体育与科学,2023,44(03):42-49,41.

[28] 贾晨. 我国大众在线健身的媒介环境研究[D].华南师范大学,2022.

[29] 贾旭东,衡量.扎根理论的"丛林"、过往与进路[J].科研管理,2020,(05):151—163.

[30] 凯西・卡麦兹,建构扎根理论:质性研究实践指南[M].边国英译,重庆:重庆大学出版社,2021.

[31] 柯惠新,陈旭辉等.北京奥运背景下国际公众眼中的中国形象——以对美国、英国、新加坡和在京国际公众的调查为例[J].亚洲传媒研究,2008:1—20.

[32] 柯惠新，王锡苓，王宁.传播研究方法[M].北京：中国传媒大学出版社，2010：227.

[33] 柯惠新.北京奥运背景下国际公众眼中的中国形象——以对美国、英国、新加坡和在京外国人的调查为例[C].第六届亚洲传媒论坛——国家形象传播论文集，2008：19—20.

[34] 柯惠新.媒介与奥运——一个传播效果的实证研究[M].北京：中国传媒大学，2004：219—230.

[35] 克里斯·格拉顿，伊恩·琼斯 著，花勇民等译，体育学研究方法[M].北京：北京大学体育出版社，2014：108.

[36] 李芳，刘卿，于晓光.大型体育赛事网络媒介议程与受众议程相关性的实证研究[J].北京体育大学学报，2020，43(6)：65—73.

[37] 李芳，于晓光，温天时.大型体育赛事报纸媒体报道框架及其传播效果的优化[J].沈阳体育学院学报，2013，(06)：49—52.

[38] 李鲤，王映骅.文明交流互鉴视域下中国故事的创新表达——《艺术里的奥林匹克》的叙事分析[J].电视研究，2022，(08)：38—40.

[39] 李珊珊.百度贴吧 10 周年，为兴趣而生——关于贴吧十年粉丝文化变迁的解读[J].新闻世界，2014(10)：202—203.

[40] 林聚任，刘玉安主编.社会科学研究方法[M].济南：山东人民出版社，2004：65—66.

[41] 刘东锋，傅钢强.新型冠状病毒肺炎疫情期间在线健身服务用户持续使用意愿的影响因素研究[J].体育学研究，2020，34(02)：41—50.

[42] 刘思雨，季峰.主流媒体国际体育传播与国家形象建构——CGTN 报道北京冬奥会的议程举隅[J].体育学刊，2023，(01)：20—26.

[43] 刘叶郁.体育具有改变世界的力量——曼德拉体育思想的南非实践与时代启示[J].体育与科学，2022，(05)：26—34.

[44] 陆益龙.定性社会研究方法.北京：商务出版社，2011：136.

[45] 罗伯特·V.库兹奈特.如何研究网络人群和社区：网络民族志方法实践指导[M].重庆：重庆大学出版社，2016：173—174.

[46] 罗兰·巴特.叙事作品结构分析导论：叙事学研究[M].北京：中国社会科学出版社，1989：23.

[47] 马晓卫，任波，黄海燕.互联网技术影响下体育消费发展的特征、趋势、问题与

策略[J].体育学研究，2020,34(02)：65—72.

[48] 诺曼·K.邓金.解释性交往行动主义：个人经历的叙事、倾听与理解[M].重庆：重庆大学出版社,2004.

[49] 诺曼·K.邓津.定性研究：经验资料收集与分析方法[M].重庆：重庆大学出版社.

[50] 彭兰.网络社区对网民的影响及其作用机制研究[J].湘潭大学学报(哲学社会科学版),2009,33(4)：21—27.

[51] 仇军,田恩庆.欧美体育社会学研究图景[M].北京：清华大学出版社,2017：128.

[52] 瞿海源等.总论与量化研究方法[M].北京：社会科学文献出版社,2003：151.

[53] Roger，D.，Wimmer 著,大众媒体研究[M].黄振家译,新加坡亚洲汤姆生国际出版有限公司,台北：学富文化事业有限公司,2002.

[54] 水延凯.社会调查教程[M].北京：中国人民大学出版社,1996：205.

[55] 斯蒂芬 L.申苏尔,琼·J.申苏尔,玛格丽特·D.勒孔特.民族志方法要义：观察、访谈与调查问卷[M].重庆：重庆大学出版社.

[56] 孙信茹.田野作业的拓展与反思——媒介人类学的视角[J].新闻记者,2017,(12)：70—78.

[57] 孙信茹.线上和线下：网络民族志的方法、实践及叙述[J].新闻与传播研究,2017(11)：34—48.

[58] 王昕.日常生活转向中的互联网研究——定性研究方法思考与操作[J].学习与探索,2019(12)：36—44.

[59] 韦晓康,白一莛.体育民族志：微信田野话举国体制[J].青海民族研究,2017,28(04)：96—99.

[60] 吴梦.里约奥运会期间“CCTV5”与“新浪体育”微博报道比较分析[J].体育文化导刊,2017,177(03)：182—187.

[61] 徐伟康.从《互联网技术影响下体育消费发展的特征、趋势、问题和策略》看疫情之后我国体育消费发展的新取向[J].体育学研究,2020,34(04)：95.

[62] 杨达.社会学定量研究方法的学理脉络及优劣判断[J].江西社会科学,2009(11)：168—180.

[63] 杨善华,孙飞宇.作为意义探究的深度访谈[J].社会学研究,2005,(05)：53—68,244.

[64] 杨宜音.自己人及其边界——关于差序格局的社会心理学研究[D].中国社会科学院,1998.

[65] 张德禄,刘汝山.语篇连贯与衔接理论的发展及应用[M].上海：上海外语教育出版社,2003：7.

[66] 张红川,王耘.论定量与定性研究的结合问题及其对我国心理学研究的启示[J].北京师范大学学报(人文社会科学版),2001(4)：99—105.

[67] 张军华.影像・话语・文本+叙事分析视野中的电视新闻传播[M].长沙：湖南师范大学出版社,2012：5—6,19.

[68] 张娜.虚拟民族志方法在中国的实践与反思[J].中山大学学报(社会科学版),2015,55(04)：143—150.

[69] 张文彤.SPSS 统计分析基础教程[M].3 版.北京：高等教育出版社,2017.

[70] 张越,翟林,曹梅.青年女性运动身体的在场、互动与意义生成——基于哔哩哔哩健身用户群体的网络民族志[J].武汉体育学院学报,2022,56(4)：21—27.

[71] 周晓刚,李启迪.以体育人：宋君复体育思想要义探索与价值审思[J].北京体育大学学报, 2022,45(07)：144—152.

[72] 朱迪.混合研究方法的方法论、研究策略及应用——以消费模式研究为例[J].社会学研究,2012(4)：146－166,245.

[73] 凯西・卡麦兹,建构扎根理论：质性研究实践指南[M].边国英译,重庆：重庆大学出版社,2021：144.

[74] 周浩,石岩.篮球球迷的球队认同概念模型研究[J].天津体育学院学报,2017,(06)：506—513.

[75] 周建新,俞志鹏.网络族群的缘起与发展——族群研究的一种新视角[J].西南民族大学学报(人文社科版),2018,39(02)：154—159.

英文文献

[1] Abeza, G., O'Reilly, N., Seguin, B. and Nzindukiyimana, O. (2017). Social media as a relationship marketing tool in professional sport: A netnographical exploration[J]. International Journal of Sport Communication, 10(3): 325 - 358.

[2] Andreas, W. (2000). Ethnography on the move: From field to net to internet. Forum Qualitative Social Research[J]. 1(1).

[3] Arksey, H., Knight, PT. (1999). Interviewing for social scientists: An introductory resource with examples[M]. Sage Publications.

[4] Armstrong, G. (1998). Blade Runners: Lives in Football. Sheffield: The Hallamshire Press.

[5] Association of Internet Researchers. (2012). Ethical decision-making and internet research. Available at: https://aoir.org/reports/ethics2.pdf.

[6] Basset, E., O'Riordan, K. (2002). Ethics of Internet research: contesting the human subjects' research model[J]. Ethics and Information Technology, 4(3), 233 - 247.

[7] Beaulieu. A. (2007). Mediating Ethnography: Objectivity and the Making of Ethnographies of the Internet[J]. Social Epistemology, 18(2 - 3): 139 - 163.

[8] Bell, D. (2006). An introduction to cybercultures[M]. Routledge, London, p.198.

[9] Beneito-Montagut R. (2011). Ethnography goes online: towards a user-centred methodology to research interpersonal communication on the internet [J]. Qualitative Research. 11(6): 716 - 735.

[10] Benfield, J. A. and Szlemko, W. J. (2006). Internet-based data collection: Promises and realities. Journal of Research Practice[J]. 2(2): 1 - 15.

[11] Bennet, H. and Jonsson, A. (2017). "Klick it out: Tackling online discrimination in football". In Kilvington, D. and Price, J. (Eds.)[M]. Sport and Discrimination. London: Routledge, pp.203 - 214.

[12] Berelson, B. (1952). Content Analysis in Communication Research [M]. Glencoe, III: Free Press, p.18.

[13] Berg K E, Latin R W. (2008). Essentials of research methods in health, physical education, exercise science, and recreation[M]. Lippincott Williams & Wilkins.

[14] Bernard, H.R. (1988). Unstructured and Semistructured Intervewing[M]. Research Methods in Cultural Anthropology. Newbury Park: Sage.

[15] Bertrand, C. and Bourdeau, L. (2010). Research Interviews by Skype: A new Data Collection Method[D]. Proceedings of the 9th European Conference on Research Methodology for Business and Management Studies, IE Business

School，Madrid，Spain 24 - 25 June 2010.

[16] Bogdewic，S.P.（1992）. Participant Observation. In B. F. Crabtree & W. L. Miller（Eds.）Doing Qualitative Research[M]. Newbury Park：Sage，pp.52 - 53.

[17] Brancati，D.（2018）. Social Scientific Research[M]. London：Sage Publications，p.15.

[18] Cashmore，E.，Cleland，J. and Dixon，K.（2018）. Screen Society[M]. London：Palgrave.

[19] Charmaz，K.（2006）. Constructing grounded theory—A practical guide through qualitative analysis[M]. Sage Publications Ltd.

[20] Cleland，J. and Cashmore，E.（2018）. Nothing will be the same again after the Stade de France attack：Reflections of association football fans on terrorism，security and surveillance[J]. Journal of Sport and Social Issues，42（6）：454 - 469.

[21] Cleland，J.，Dixon，K.，Kilvington，D.（2020）. Online research methods in sport studies[M]. London：Routledge，p.40.

[22] Clifford，J.，Marcus，G.E.（1986）. Writing Culture [M]. Berkeley：University of California Press.

[23] Corbin J，Strauss A.（2016）. Grounded theory research：procedures，canons and evaluative criteria[J]. Qualitative Sociology，19(6)：418 - 427.

[24] D. Kilvington，K. Hylton，J. Long，A. Bond.（2022）. Investigating online football forums：a critical examination of participants' responses to football related racism and Islamophobia[J]. Soccer & Society.

[25] Deggs，D.，Grover，K. and Kacirek，K.（2010）. Using message Publications boards to conduct online focus groups[J]. The Qualitative Report，15（4）：1026 - 1037.

[26] Deutskens，E.，de Ruyter，K.，Wetzels，M. and Oosterveld，P.（2004）. Response rate and response quality of internet-based surveys：An experimental study[J]. Marketing Letters，15(1)：21 - 36.

[27] Dillman，D. A.，Tortora，R. D. and Bowker，D.（1998）. Principles for Constructing Web Surveys[M]. Washington：Pullman.

[28] Dimmock J A, Grove J R, Eklund R C. (2005). Reconceptualizing team identification: new dimensions and their relationship to intergroup bias[J]. Group Dynamics: Theory, Research and Practice, 9(2): 75 - 86.

[29] Douglas, J.D. (1976). Investigative Social Research[M]. Beverly Hills: Sage.

[30] Driscoll, C. and Gregg, M. (2010). My profile: The ethics of virtual ethnography[J]. Emotion, Space and Society, 3(1): 15 - 20.

[31] Drummond M. (2011). Sport and violence: a critical examination of sport[J]. Annals of Leisure Research, 14(1): 100 - 101.

[32] Duffy B., Smith K. (2005). Comparing data from online and face-to-face surveys[J]. International Journal of Market Research, 47(6): 615 - 639.

[33] Farrington, N., Kilvington, D., Price, J. and Saeed, A. (2015). Sport, Racism and Social Media[M]. London: Routledge.

[34] Fielding, N . (2010). Virtual fieldwork using access grid[J]. Field Methods, 22(3): 195 - 216.

[35] Flinders. D.J. (1992). In search of ethical guidance: constructing a basis for dialogue[J]. Qualitative Studies in Education, 5(2): 101 - 116.

[36] Fontana, A & Frey, J.H. (1994). Interviewing: The Art of Science. In N.K. Denzin & Y. S. Lincoln (Eds.) Handbook of Qualitative Research [M]. Thousand Oaks: Sage p.373.

[37] Fox, F., Morris, M. and Rumsey, N. (2007). Doing synchronous online focus groups with young people: methodological reflections[J]. Qualitative Health Research, 17(4): 539 - 547.

[38] Gaiser, T.J. (2008). Online focus groups, in N. Fielding, R.M. Lee and G. Blank (eds.), The Handbook of Online Research Methods[M]. Thousand Oaks, CA: Sage Publications, 290 - 306.

[39] Gans, H.J. (1962). The Urban Villagers: Group and Class in the Life of a New Suburban Community[M]. London: Allen Lane.

[40] Garcia, Angela C., Alecea I. Standlee, Jennifer Bechkoff & Yan Cui. (2009). Ethnographic Approaches to the Internet and Computer-mediated Communication [J]. Journal of Contemporary Ethnography, 38(1): 52 - 84.

[41] Gibbons, T. (2014). English National Identity and Football Fan Culture: Who

Are Ya? [M]. London: Ashgate.

[42] Glaser, B.G. (1978). Theoretical sensitivity[M]. Mill Valley, CA: The Sociology Press.

[43] Glaser, B.G. (2002). Conceptualization: on theory and theorizing using grounded theory[J]. International Journal of Qualitative Methods, 1(2): 23 - 38.

[44] Glesne. C., Peshkin. A. (1992). Becoming Qualitative Researchers. White Plains: Longman, pp.36 - 37.

[45] Gratton, C. and Jones, I. (2010). Research Methods for Sports Studies (2nd Edition)[M]. London: Routledge, p.7.

[46] Grodzinsky, F.S. and Tavani H.T. (2010). Applying the "Contextual Integrity" Model of Privacy to Personal Blogs in the Blogospher[J]. International Journal of Internet Research Ethics, 3(1): 38 - 47.

[47] Guba, E.G, Lincoln, Y.S. (1994). Competing Paradigms in Qualitative Research in Denzin, N.K, Lincoln, Y.S. (eds)[M]. Handbook of Qualitative Research, Thousand Oasks, CA: sage.

[48] Hamilton, R.J. and Bowers, B.J. (2006). Internet recruitment and E-Mail interviews in qualitative studies[J]. Qualitative Health Research, 16(6): 821 - 835.

[49] Hammersley, M., Atkinson, P. (1983). What's Wrong with Ethnography? [M]. London & New York: Routledge.

[50] Harriman, S. and Patel, J. (2014). The ethics and editorial challenges of internet-based research[J]. BMC Medicine, 12(1): 124.

[51] Hine, C.M. (2000). Virtual Ethnography[M]. London: Sage.

[52] Hine, C.M. (2008). Virtual ethnography: Modes, varieties, affordances, in N. Fielding, R.M. Lee and G. Blank (eds.), The Handbook of Online Research Methods[M]. Thousand Oaks, CA: Sage Publications.

[53] Hooley. T, Wellens. J, Marriott. J. (2012). What is online research? Using the internet for social science research[M]. Bloomsbury.

[54] Ison, N. (2009). Having their say: E-mail interviews for research data collection with people who have verbal communication impairment [J]. International Journal of Social Research Methodology, 12(2): 161 - 172.

[55] Jamie C., Kevin D., Daniel K. (2020). Online research methods in sport studies[M]. London: Routledge. pp.13 - 14.

[56] James, N. and Busher, H. (2006). Credibility, authenticity and voice: dilemmas in online interviewing[J]. Qualitative Research, 6(3): 403 - 420.

[57] Jang, W., Byon, K.K. (2020). Sportscape, emotion, and behavioral intention: a case of the big four US-based major sport leagues[J]. European Sport Management Quarterly, 20(3): 321 - 343.

[58] Jolynna S. and Tom M. (2016). Ethnography. In: Routledge Handbook of Qualitative Research in Sport and Exercise[M]. New York: Routledge, p.179.

[59] Langer, R. and Beckman, S.C. (2005). Sensitive research topics: netnography revisited[J]. Qualitative Market Research: An International Journal, 8(2): 189 - 203.

[60] Leiner, B.M., Cerf, V.G., Clark, D.D., Kahn, R.E., Kleinrock, L., Lynch, D.C., Postel, J., Roberts, L.G. and Wolff, S. (2009). A brief history of the internet[J]. ACM SIGCOMM Computer Communication Review, 39(5): 22 - 31.

[61] Kilvington, D. and Price, J. (2019). From backstage to frontstage: Exploring football and the growing problem of online abuse. In Lawrence, S. and Crawford, G. (Eds.) Digital Football Cultures Fandom, Identities and Resistance[M]. London: Routledge, pp.69 - 85.

[62] Kivits, J. (2005). Online interviewing and the research relationship. In Hine, C. (Ed.) Virtual Methods: Issues in Social Research on the Internet[M]. Oxford: Berg, pp.35 - 50.

[63] Knight, C. J., Dorsch, T.E., Osai, K.V., Haderlie, K.L. and Sellars, P.A. (2016). Influences on parental involvement in youth sport[J]. Journal of Sport, Exercise and Performance Psychology, 5(2): 161 - 178.

[64] Kozinets, Robert. (2002). The Field behind the screen: Using Netnography for Marketing Research in Online Communities[J]. Journal of Marketing Research, 39(2): 61 - 72.

[65] Kozinets, Robert. (2006). Netnography2. 0, in russell W. Belk (ed.), Handbook of qualitative Research Methods in Marketing[M]. Cheltenham,

UL and Northampton, MA: Edward Elgar Publishing. pp.129 – 142.

[66] Krug, S. (2005). Don't Make Me Think: A Common Sense Approach to Web Usability (2nd ed.)[M]. Berkeley: New Riders Press.

[67] Kvale, S. (2006). Dominance through interviews and dialogues[J]. Qualitative Inquiry, 12(3): 480 – 500.

[68] Maines D R. (2001). The fault line of consciousness: a view of interactionism in sociology[M]. New Youk: Aldine de Cruyter.

[69] McGannon, K., McMahon, J. and Gonsalves, C. (2016). Mother runners in the blogosphere: A discursive psychological analysis of online recreational athlete identities[J]. Psychology of Sport and Exercise, 28: 125 – 135.

[70] McNeil, P. and Chapman, S. (2005). Research Methods (3rd Edition)[M]. New York, NY: Routledge, p.95.

[71] Micol Pizzolati, Davide Sterchele. (2016). Mixed-sex in sport for development: a pragmatic and symbolic device. The case of touch rugby for forced migrants in Rome[J]. Sport in Society, 19(8): 1267 – 1288.

[72] Miller, D., Costa, E., Haynes, N., McDonald, T., Nicolescu, R., Sinanan, J., Spyer, J., Venkatramen, S. and Wang, X.(2016). How the world changed social media[M]. London: UCL Press, p.28.

[73] Miles, M. B., Huberman, A. M. (1993). Qualitative Date Analysis: A Sourcebook of New Methods, 2nd Ed[M]. Newbury Park: Sage.

[74] Minhua, L., Huan, X. (2022). Virtual identities and women's empowerment: the implication of the rise of female esports fans in China[J]. Sport in Society, 26(3): 431 – 453.

[75] Mishler, E.G. (1986). Research Interviewing: Context and Narrative[M]. Cambridge,USA: Harvard University Press.

[76] Markham, AN. (2004). Internet communication as a tool for qualitative research, In D Silverman (ed.), Qualitative research: theory, method, and practices[M]. 2nd edn, Sage, London, p.95.

[77] Markham, AN. (2010). Internet research, In D Silverman (ed.), Qualitative research: theory, method, and practices[M]. 3rd edn, Sage, London.

[78] Morse, J. M. (1994). Designing Funded Qualitative Research. In N. K.

Denzin & Y.S. Lincoln (Eds). Handbook of Qualitative Research. Thousand Oaks: Sage, p.230.

[79] Murray, J. (2014). Survey design: Using internet-based surveys for hard-to-reach populations[M]. Sage Research Methods Cases.

[80] O'Connor, H., Madge, C., Shaw, R. and Wellens, J. (2011). Internet based interviewing. In Fielding, N., Raymond, M. and Blank, G. (Eds.) The Sage Handbook of Online Research Methods [M]. London: Sage Publications, pp.271 - 289.

[81] Pew Research Center. (2018). Collecting survey data, available at: https://goo.gl/XTSRuf (accessed February 8).

[82] Phillips. N., Hardy. C. (2002) Discourse Analysis: Investigating Processes of Social Construction[M]. Sage Publications, p.2.

[83] Postill J, Pink S. (2012). Social Media Ethnography: The Digital Researcher in a Messy Web[J]. Media International Australia, 145(1): 123 - 134.

[84] Punch, M. (1994). Politics and Ethics in Qualitative Research. In N. K. Denzin & Y. S. Lincoln (Eds.) Handbook of Qualitative Research [M]. Thousand Oaks: Sage.

[85] Rees, T. (2016). The race for the café: A Bourdieusian analysis of racing cyclists in the training setting[D]. Ph.D. Thesis. Teesside University, UK.

[86] Rheingold, H. (1993). The Virtual Community: Homesteading on the Electronic Frontier[M]. Harper Perennial.

[87] Rheingold, H (2000). The Virtual Community: Homesteading on the Electronic Frontier[M]. Cambridge: The MIT Press, p.3.

[88] Robert. V. Kozinets. (2002). The Field behind the Screen: Using Netnography for Marketing Research in Online Communities[J]. Journal of Marketing Research, 39(1): 61 - 72.

[89] Robert. V. Kozinets. (2010). Netnography: Doing Ethnography Research Online[M]. London: Sage, pp.58 - 63.

[90] Rosenberg, A. (2010). Virtual world research ethics and the private/public distinction[J]. International Journal of Internet Research Ethics, 3(1).

[91] Rubin, H. and Rubin, I. (2012). Qualitative Interviewing: The Art of

Hearing Data[M]. London: Sage Publications.

[92] Ruihley, B.J. and Hardin, R (2014). Sport fans and online data collection: Challenges and ethics[J]. Journal of Applied Sport Management, 6(3): 1 - 15.

[93] Salmons, J. (2016). Doing Qualitative Research Online. London: Sage Publications.

[94] Seidma, I.E. (1994). Interviewing as Qualitative Research: A Guide for Researchers in Education and the Social Sciences[M]. New York: Teachers College.

[95] Seitz, S. (2016). Pixilated partnerships, overcoming obstacles in qualitative interviews via Skype: A research note[J]. Qualitative Research, 16(2): 229 - 235.

[96] Sharf, Barbara F. (1999). Beyond Netiquette: the Ethics of Doing Naturalistic Discourse Research on the Internet[A]. in Jones, Steve, ed. Doing Internet Research: Critical Issues and Methods for Examining the Net[C]. Thousand Oaks, CA: Sage, pp.243 - 256.

[97] Sieber, J.E. (1992). Planning Ethically Responsive Research[M]. Newbury Park: Sage.

[98] Soukup, C. (1999). The gendered interactional patterns of computer-mediated chatrooms: A critical ethnographic study[J]. Information Society, 15(3): 161 - 176.

[99] Stewart, K. and Williams, M. (2005). Researching online population: the use of online focus groups for social research[J]. Qualitative Research, 5(4): 395 - 416.

[100] Straussa, Corbin J.M. (1990). Basic of Qualitative Research: Grounded Theory Procedures and Techniques[M]. Thousand Oaks: Sage Publications.

[101] Strauss, A., Corbin, J. (1994). Grounded Theory Methodology: An Overview. In: Denzin, N.K. and Lincoln Yvonna, S., Eds., Handbook of Qualitative Research[M]. Sage Publications, Thousand Oaks.

[102] Sue, V.M. and Ritter, L.A. (2012). Developing the survey instrument. In Sue, V.M. and Ritter, L.A. Conducting Online Surveys[M]. Thousand Oaks, CA: Sage Publications, pp.1 - 31.

[103] Suddaby R. (2006). From the editors: what grounded theory is not[J]. Academy of Management Journal, 49(4): 633-642.

[104] Vicente, P. and Reis, E. (2011). Internet surveys: Opportunities and challenges. In CruzCunha, M. M. and Moreira, F. (Eds.) Handbook of Research on Mobility and Computing: Evolving Technologies and Ubiquitous Impacts[M]. Hershey, PA: IGI Global, pp.805-820.

[105] Walliman, N. (2011). Your Research Project: Designing and Planning your Work (3rd Edition)[M]. London: Sage Publications.

[106] Walther, J. (1999). Researching Internet behavior: Methods, issues and concerns. National Communication Association Summer Conference on Communication and Technology[M]. Washington, DC.

[107] Walther, J. (2002). Research ethics in internet-enabled research: human subjects issues and methodological myopia[J]. Ethics and Information Technology, 4(3), 205-216.

[108] Wann D L. (2006). Understanding the positive social psychological benefits of sport team identification: the team identification-social psychological health model[J]. Group Dynamics: Theory, Research, and Practice, 10(4): 272-296.

[109] Weber, R.P. (1985). Basic Content Analysis[M]. Beverly Hills, CA: Sage.

[110] Weiss, R. (1994). Learning from Strangers: The Arts and Method of Qualitative Interview Studies[M]. New York: The Free Press.

[111] Wengraf, T. (2001). Qualitative Research Interviewing — Biographic Narrative and Semi-structured Methods[M]. London: Sage Publications.

[112] Westberg, K., Stavros, C., Smith, A., Munro, G. and Argus, K. (2018). An examination of how alcohol brands use sport to engage consumers on social media[J]. Drug and Alcohol Review, 37(1): 28-35.

[113] Whiteman, N. (2010). Control and Contingency: Maintaining Ethical Stances in Research[J]. International Journal of Internet Research Ethics, 3(1): 6-22.

[114] Yan, T., Conrad, F.G., Tourangeau, R. and Couper, M.P. (2010). Should Istay or should I go: The effects of progress feedback, promised task duration, and length of questionnaire on completing web surveys[J]. International Journal of Public Opinion Research, 23(2): 131-147.

后　记

对体育研究方法的关注还要追溯到我攻读博士的时光，彼时正值我国体育强国与体育智慧化建设高速发展之际，在数字技术与社会转型加速社会行为、关系、文化和结构变革的时代浪潮下，日益普及的互联网和社交媒介对日常生活的介入不仅使人们的体育行为与运动经历开始被改写，体育社会问题与体育社会文化现象被重塑，健身场域与运动情境被创造，也让我对大众数字体育行为产生了浓厚兴趣与深度关切。然而，在接触相关研究并开启大众体育交往实践与数字体育生活新图景探索时，相关研究在方法使用规范性认识上的误区与偏差，以及实操层面误用、混用及乱用苗头的显现，让我深切地意识到"工欲善其事，必先利其器"的重要性，以及找到一种适合探究数字时代体育实践研究"利器"的迫切性。于是在之后的几年里，我基于自己语言学、传播学与体育学的跨学科背景，对国内外前沿的方法类文献进行了大量的研读与梳理，并在结合自己求学、工作中的知识积累、审视观察和经验总结的基础上完成了本书的撰写工作。

鉴于当前数字社会所出现的新体育现象和体育社会问题，以及学界跨学科、跨文化、跨地域展开研究的主流趋势，本书也试图从理论、方法和实践层面为我国学者探究移动互联时代的体育交往实践和数字体育行动提供一定的思路和启发，以推动体育研究者在对社会情境的透视性过程中、在跨学科与混合研究开展的历程中、在开放性和动态化探索路径的基础上不断丰富在线体育研究的面向、拓宽在线体育研究的边界、增加在线体育研究的厚度。

本书从执笔到完成历时近 2 年，凝聚了大量心血，本书的顺利出版得益于诸多师友在资料收集、学术会议和观点思路上的无私分享与长期以来的鼓励支持，他们是华南师范大学莫雷教授、周爱光教授、邓星华教授、宋亨国教授，伊利诺伊大学廖天（Tim Liao）教授，中山大学涂炯教授，浙江大学城市学院郭晴教授，广州大学郭建斌教授，南京体育学院闫成栋教授，电子科技大学韩鸿教授，武汉体育学院李爱群编审，成都体育学院杨茜博士。此外，本书的完成也离不开家人的支持与包容，正是他们给予的无限理解和关爱，才让我能够安心地投入到本书的写作之中。最后感谢上海社会科学院出版社对本书提供的平台，杨国编辑在出版过程中提供的帮助，以及广东第二师范学院学术出版基金的资助。

图书在版编目(CIP)数据

在线研究 ：数智时代体育研究的方法与实践 / 贾晨著 .— 上海 ：上海社会科学院出版社，2024
ISBN 978 - 7 - 5520 - 4314 - 3

Ⅰ.①在… Ⅱ.①贾… Ⅲ.①数字技术—应用—体育事业—发展—研究—中国 Ⅳ.①G812 - 39

中国国家版本馆 CIP 数据核字(2024)第 039344 号

在线研究：数智时代体育研究的方法与实践

著　　者：贾　晨
责任编辑：杨　国
封面设计：杨晨安
出版发行：上海社会科学院出版社
上海顺昌路 622 号　邮编 200025
电话总机 021 - 63315947　销售热线 021 - 53063735
https://cbs.sass.org.cn　E-mail:sassp@sassp.cn
排　　版：南京展望文化发展有限公司
印　　刷：上海万卷印刷股份有限公司
开　　本：710 毫米×1010 毫米　1/16
印　　张：14
插　　页：1
字　　数：209 千
版　　次：2024 年 4 月第 1 版　　2024 年 4 月第 1 次印刷

ISBN 978 - 7 - 5520 - 4314 - 3/G・1301　　定价：78.00 元